民法总则讲义

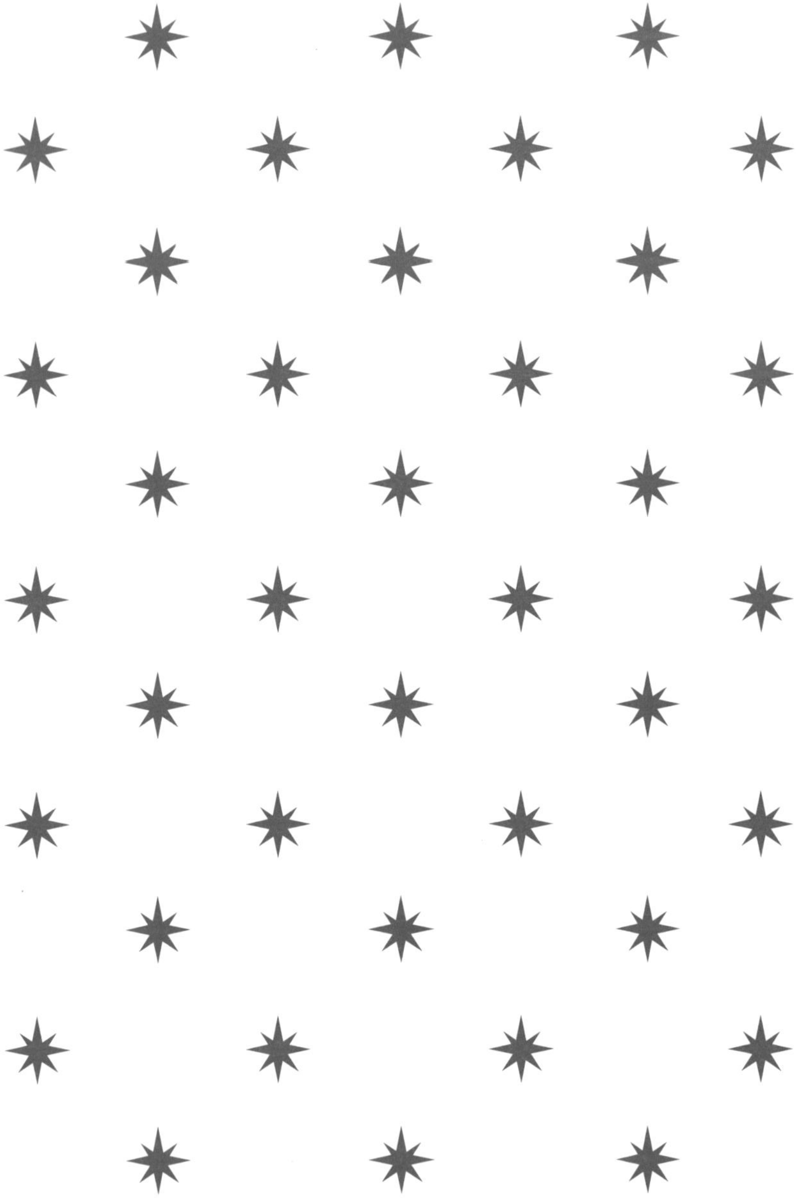

民法总则讲义

|修订版|

梁慧星 著

法律出版社
LAW PRESS · CHINA

作者小传

1944年1月生,四川眉山青神人。1962年,毕业于眉山县青神区中学;1966年,毕业于西南政法学院法律系;1981年,毕业于中国社会科学院研究生院,获民法学硕士学位。1981年10月,进入中国社会科学院法学研究所,从事民法学研究。1983年,任助理研究员;1985年至1988年,任《法学研究》杂志副主编;1988年,晋升研究员;1990年,获得国家人事部授予的"有突出贡献中青年专家"称号;1988年至1998年,任民法研究室主任;1993年,任民法学博士生导师;1999年至2013年,任《法学研究》杂志主编;2006年,被评为中国社会科学院学部委员。2001年至2007年,兼任山东大学法学院院长。2012年起,任第六届、第七届北京仲裁委员会主任。2013年起,任北京理工大学珠海学院民商法律学院名誉院长。

曾任第四、五、六届国务院学位委员会委员;中国人民政治协商会议第十届全国委员会委员、社会和法制委员会委员;第十一届全国人民代表大会代表(主席团成员)、法律委员会委员。

主要著作如下:独著《民法总论》《为了中国民法》《民法解释学》《裁判的方法》《法学学位论文写作方法》《读条文 学民法》《民

事解答录》等;合著《中国物权法研究》《中国物权法草案建议稿附理由》《中国民法典草案建议稿附理由》等;主编《民商法论丛》(已出版 70 卷)、《中国民商法专题研究丛书》(100 部)、中国法学学术文库等。

修订版序言

中国《民法典》已于2020年5月28日通过，将自2021年1月1日起施行。此前施行的《民法总则》(2017年3月15日通过、自2018年1月1日起施行)，已编入《民法典》作为其总则编。

民法总则，不仅是中国《民法典》的总则，甚至不仅是包括《民法典》及《民法典》之外的民商事特别法的中国私法的总则，而是当今中国法律体系的总则。

学习民法的传统方法，系以民法概念体系为对象。即所谓教义学方法。是现今法学院民法课堂教学采用的方法。通过这种学习方法，可以掌握一整套民法概念、原则、制度和理论的体系，为今后从事法律职业奠定知识基础。但法官裁判案件、律师办理案件，所面对、所理解、所解释、所适用的，却不是民法理论，而是民法条文。于是，须将在法学院所习得的民法理论体系，转换为民法条文体系。这是作者提倡以民法条文体系为对象的学习方法的缘由。

本书初版于2018年5月，时值《民法总则》施行之际。内容为对《民法总则》重要条文的解读。此次修订，除对初版内容作了订正外，增加了对初版未解读条文的解读。亦即修订版对《民法典》总则编全部条文作了解读。请读者留意。

希望修订版将有益于法律人对《民法典》总则编的理解、解释和适用！

谨向为本书出版付出辛勤劳动的法律出版社教育分社领导和编辑同志表示真诚的谢意！

梁慧星

于昆明呈贡之荒凉山庄

2020年8月10日

序　言

这本小书，是以我在两家高级人民法院和几个律师协会讲解《民法总则》的记录稿为基础，针对课堂内外法官和律师提出的各种问题，结合民法基本原理和裁判实践经验，斟酌探求法律条文所蕴含的立法者意思，经反复推敲修改补充完善最终形成的讲义。希望对法官、律师和法学院学生理解掌握和运用《民法总则》有所帮助。恳请方家不吝赐正。

感谢出版社编辑为本书出版付出的辛劳。

中国社会科学院学部委员
北理工珠海学院民商法律学院名誉院长　梁慧星

2018 年 1 月 8 日于珠海

目　录

基本规定

基本规定，包括《民法典》的立法目的、调整对象、基本原则、法源及地域效力等。中国民法仍属于权利本位的立法。

第一条　立法目的、立法依据

为了保护民事主体的合法权益，调整民事关系，维护社会和经济秩序，适应中国特色社会主义发展要求，弘扬社会主义核心价值观，根据宪法，制定本法。

在法律第 1 条明定立法目的和立法根据，是中国的立法惯例。本条规定《民法典》的立法目的有三：

第一，保护民事主体的合法权益。所谓“民事主体”，按照《民法典》总则编（第二、三、四章）的规定，包括自然人、法人和非法人组织；所谓“合法权益”，包括权利和受法律保护的利益，在《民法典》总则编第五章有列举规定，而《民法典》第 3 条概括为“人身权利、财产权利以及其他合法权益”。某项利益是否属于权利,取决于现行法律规定。法律明文规定为权利,即是权利;法律未明文规定为权利,即不是权利。判断某项不属于权利的利益,是否应受法律保护,首先须判断该项利益是否合法。法律只保护合法利益,不保护非法利益(不合法利益)。唯须注意,民法所谓“合法”,不仅指符合现行法律的规定,还包括不违反现行法律的规定。质言之,凡不违反现行法律规定的利益,均可谓为合法利益。其次,还须判断该项合法利益是否具有法律予以保护的必要性和可能性。即使属于合法利益,如无予以保护的必要性和可能性,仍然不受法律保护。

第二,调整民事关系。民法规范,具有行为规范和裁判规范的双重性质。民法规范为民事主体从事经济活动和家庭生活预定行为规则,并使之可以预见自己行为的法律后果,即已具有某种调整民事关系的含义。但本条所谓“调整民事关系”,着重于民事关系发生纠纷难于通过当事人协商解决时,采用诉讼、仲裁或者调解等纠纷解决方式,消除、化解纠纷,以恢复民事关系之正常状态。这种情形,民法规范即是人民法院、仲裁机构、调解机构据以裁判、裁决、调解纠纷的法律基准(根据)。故所谓“调整民事关系”一语,与《民法典》第 10 条所谓“处理民事纠纷”一语,含义相当。

第三,维护社会和经济秩序。《民法典》(以及《民法典》之外的民事特别法)规定一套内容进步、体系完整、逻辑谨严的规范体系,为建立正常的、良性的社会和经济秩序提供前提条件,再经由诉讼、仲裁、调解等纠纷解决机制及时解决民事纠纷、正确调整民事关系,妥善保护人民和企业的合法权益,达成维护正常的、良性的社会经济秩序之目的,确保中华民族伟大复兴目标之实现。

请特别注意三项立法目的之间的逻辑关系,第一项立法目的,即保护民事主体合法权益,是实现第二项、第三项立法目的的前提条件。违背第一项立法目的,民事主体合法权益得不到保护,就谈不到正确调整民事关系和维护社会经济秩序。

本条规定了三项立法依据。一是中国特色社会主义发展要求;二是弘扬社会主义核心价值观;三是依据现行《宪法》。第一项、第二项,是《民法典》编纂和各项具体制度设计的根据,其理自明,无须赘言。唯对第三项立法根据,即“根据宪法”,须稍作解释。“根据宪法”一句,具有两层含义:第一层含义,是指编纂《民法典》的立法权,来自现行《宪法》的授权。现行《宪法》第 58 条规定,全国人民代表大会和全国人民代表大会常务委员会行使国家立法权。《立法法》第 7 条进一步规定,全国人民代表大会行使民事基本法(《民法典》)的立法权。第二层含义,是指现行《宪法》关于经济生活和家庭生活的原则规定,是《民法典》编纂和具体制度设计的立法根据。例如,现行《宪法》关于实行市场经济体制的规定(第 15 条);关于保护个体经济、私营经济等非公有经济的合法权利和利益的规定(第 11 条);关于国家公共财产不可侵犯的规定(第 12 条);关于合法的私有财产不受侵犯、关于保护人民私有财产继承权、关于征收征用应予补偿的规定(第 13 条);等等。

最后应特别说明,本条关于《民法典》立法目的和立法根据的规定,既不是为民事主体制定的行为规范,也不是为人民法院审判民事案件制定的裁判规范,而是立法机关为自身设置的“立法规范”。亦即今后立法机关对《民法典》进行修订,或者制定、修改《民法典》之外的民事特别法,均须遵循、符合本条关于立法目的和立法根据的规定。进言之,国家若实行合宪性审查制度,本条将作为对一切民事法律、法规进行合宪性审查的审查标准。《民法典》规定立法目的和立法根据条款的重要意义在此。

第二条　调整对象

民法调整平等主体的自然人、法人和非法人组织之间的人身关系和财产关系。

本条包含两层含义:其一,民法调整两种社会关系,即人身关系和财产关系。本条所谓“人身关系”,是指婚姻、家庭关系,亦即传统民法理论所谓“身份关系”。本条所谓“财产关系”,包括物权关系、债权关系、遗产继承关系等。其二,民法调整的社会关系的主体,包括自然人、法人和非法人组织。须注意的是,在传统民法理论和立法例,民事主体只有自然人和法人两种。《民法通则》制定时,曾发生所谓“两主体说”与“三主体说”的争论。《民法通则》在形式上维持了“两主体说”,而在实际上承认了既不是自然人也不是法人的第三主体。[1]《民法典》明文规定三种主体,即总则编第一章自然人、第二章法人、第三章非法人组织。

按照现代法律思想,整个社会生活被划分为两个领域:民事生活领域和政治生活领域。民事生活领域涵盖了全部经济生活和家庭生活,亦称“市民社会”。政治生活领域包括国家的组织以及国家的活动,即立法、司法、行政以及公民政治权利的行使等,亦称“政治国家”。民事生活领域和政治生活领域所应遵循的法律规则不同:民法是民事生活领域的法律规则,公法是政治生活领域的法律规则。

一个国家的全部法律规则,构成一个内部井然有序的法律体系。法律体系划分为若干重要构成部分,每一个重要构成部分,称为一个独立的法律部门。民法是中国统一的社会主义法律体系的一个重要构成部分。作为独立的法律部门的民法,以民事生活领域为其调整范围。但是,民事生活领域存在多种社会关系,并非都适于由法律调整,如社交、情感、友谊等关系,就既不适于也无必要由法律调整。适于且有必要由法律调整的,只是其中的财产关系和人身关系。根据本条规定,中国民法的调整对象包括两种社会关系,即发生在自然人、法人、非法人组织之间的财产关系和人身关系。中国民法是调整自然人、法人、非法人组织之间的人身关系和财产关系的法律规范的总称。

按照民法原理,法人、非法人组织,属于社会组织体,法律赋予其权利主体资格,是为了适应经济生活的需要。法人、非法人组织,只参加经济生活,只发生财产关系,不参加家庭生活,不发生人身关系;法人、非法人组织,只能成为财产关系的主体,不能成为人身关系的主体。民法调整的财产关系范围甚宽,包括物权关系、债权关系、知识产权关系、遗产继承关系。法人、非法人组织不能参加家庭生活,也就不能成为遗产继承关系的主体。本条规定的中国民法的调整对象,包括自然人、法人、非法人组织之间的财产关系,以及自然人之间的人身关系。

所谓“人身关系”,传统民法理论称为“身份关系”。《民法通则》改称“人身关系”,是受苏联和东欧国家民事立法的影响。须特别注意,民法上所谓“身份”,特指夫妻、亲子、家庭成员和近亲属的身份。所谓“人身关系”,不涉及“人格权”。人格权与人格(主体资格)不可分离,作为人格权客体的自然人的生命、身体、健康、自由、姓名、肖像、名誉、隐私等,是人格的载体。人格权与人格(主体资格)相终始,人格不消灭,人格权不消灭,人格消灭,人格权同时消灭。人格权是存在于主体自身的权利,不是存在于人与人之间的关系上的权利。只在人格权受侵害时才涉及主体与他人之间的关系,但这种关系是侵权责任关系,性质上属于债权关系。故无所谓“人格权关系”。

所谓“调整”,是指运用民法的基本原则和各项具体规定,对现实生活中发生的属于民法调整范围的各种人身关系和财产关系,分别予以确认、保护、限制,旨在保障民事主体的合法权益,建立和维护竞争、公平、统一的经济生活秩序,以及和睦、健康的家庭生活秩序。

本条虽然是以《民法通则》第 2 条的规定为依据,却将“财产关系”和“人身关系”的顺序调换了。《民法通则》的规定是,民法调整“财产关系和人身关系”;现在的条文改为,民法调整“人身关系和财产关系”。这与此前民法学界关于民法调整对象的争论有关,当时有学者批评《民法通则》是“重物轻人”。但是,现在《民法典》

总则编将“财产关系和人身关系”改为“人身关系和财产关系”,能否因此就认为《民法通则》的规定错了?能否因此认为人身关系比财产关系更重要?笔者认为不能。如前所述,民法是调整经济生活和家庭生活的法律,尤其对于自然人而言,同时生活在财产关系和人身关系中,既不能说财产关系比人身关系更重要,也不能说人身关系比财产关系更重要。但《民法典》将两者的位置颠倒过来,把人身关系摆在财产关系的前面,也必定有立法者意思!

中国经过40多年的改革开放,实现了经济起飞,国家强大了,人民生活富裕了,在这种情形下,民事立法应当更加关注人身关系的法律调整,更加关注人民群众非财产权利[2]的实现。此种理解,可以从《民法典》总则编第3条关于民事权利保护的规定和第五章民事权利的安排顺序调整得到印证。

《民法典》第3条关于民事权利保护的规定,是以《民法通则》第5条的规定为基础,而将《民法通则》所谓“民事权益”区分为“人身权利、财产权利以及其他合法权益”。值得注意的是,立法者将“人身权利”置于“财产权利以及其他合法权益”之前,并且将本条安排在平等原则(第4条)、意思自治原则(第5条)、公平原则(第6条)、诚信原则(第7条)、公序良俗原则(第8条)及生态环境保护原则(第9条)之前,作为第一项民法基本原则,其强调人身权利保护之立法者意思,非常明显。

《民法通则》第五章民事权利,其顺序是财产权在先、人身权在后(第一节物权、第二节债权、第三节知识产权、第四节人身权),《民法典》总则编第五章民事权利(不分节),其顺序是人身权在先

(第 109 条至第 112 条),然后依次规定物权(第 114 条至第 117 条)、债权(第 118 条至第 122 条)、知识产权(第 123 条)、继承权(第 124 条)、股权和其他投资性权利(第 125 条)、其他民事权利和利益(第 126 条)。立法者再次将人身权利置于财产权利以及其他民事权益之前,以强调对人身权利的法律保护。

第三条　私权保护原则

民事主体的人身权利、财产权利以及其他合法权益受法律保护,任何组织或者个人不得侵犯。

本条规定民事权利保护原则,是以《民法通则》第 5 条的规定为基础。《民法通则》第 5 条规定:“公民、法人的合法的民事权益受法律保护,任何组织和个人不得侵犯。”考虑到中国在改革开放前长期实行计划经济体制、否认“私权”“私利”,《民法通则》第 5 条明文规定此项原则,具有极其重大的意义。本条将“民事权益”概念,分解为“人身权利、财产权利以及其他合法权益”。关于人身权利、财产权利及其他合法权益,在《民法典》总则编的民事权利章(第五章)有列举规定。

此项原则,相当于传统民法所谓“私权神圣”之基本原理(原则),属于不言自明,立法例罕有规定。此所谓“私权”,是与“公权”相对应的法律概念,泛指私法关系上的权利,与中国民法习惯用语“民事权利”同义。不仅个人的民事权利属于私权,国有企业的民事权利属于私权,作为特别法人的国家机关(机关法人)享有的民事权利也属于私权。所谓“私权神圣”亦即“民事权利保护”，是现代法治第一要义、首要目的。中国立法规定为民法第一项基本原则，有其历史原因。

中华人民共和国历史上曾经实行单一公有制的计划经济体制，一度彻底否定私有、私益和私权。20 世纪 80 年代初开始实行改革开放、向市场经济转轨，“私有”、“私益”和“私权”逐渐得到认可。迄今中国特色社会主义市场经济的实践表明，正是因为承认和保护“私有”、“私益”和“私权”，激发了人民群众和企业的生产积极性和创造性，达成经济社会巨大发展的成就。同时在私权保护方面还存在不足之处，有必要进一步强调和强化对私权的法律保护。

此项原则，《民法通则》规定在第 5 条（在平等原则、公平原则和诚信原则之后）。《民法总则（草案）》曾经将这一原则规定在第 9 条，其位置在平等原则、意思自治原则、公平原则、诚信原则、公序良俗原则和生态环境保护原则之后。全国人民代表大会审议《民法总则（草案）》时，根据人大代表的意见，将其位置提前、规定在第 3 条，置于各项基本原则之首位。[3]私权保护作为第一项民法基本原则，其强调私权保护之立法者意思，突出了中国民法之权利本位色彩。

本条属于指导性原则，不仅是民事立法的既定方针、解释民事法律法规的准则，也是国家公权力行使的目的所在。但是，本条不具有裁判规范的性质和功能，人民法院裁判案件不得引用本条作为裁判依据，自不待言。

第四条　平等原则

民事主体在民事活动中的法律地位一律平等。

所谓平等原则,是指在民事活动中一切当事人法律地位平等,任何一方不得将自己的意志强加给对方。同时法律对当事人提供平等的法律保护。

平等原则,最集中地反映了民法所调整的社会关系的本质特征,是民法区别于其他部门法的主要标志,也是市场经济条件下对合同关系当事人的法律要求。此原则在法国、德国、日本、瑞士等国民法以及中国台湾地区"民法"中,未有明文规定,学者称为无须明文规定的公理性原则。鉴于中国在实行计划经济体制时期曾经背离平等原则,靠隶属关系组织生产和供应,改革开放以来也曾发生过强迫对方服从自己意志,签订所谓"霸王合同"的现象,因此法律明文规定平等原则,有其重要意义。[4]平等原则的含义是,参加民事活动的当事人,无论是自然人或法人,无论其所有制性质,无论其经济实力强弱,其在法律上的地位一律平等,任何一方不得把自己的意志强加给对方,同时法律也对双方提供平等的法律保护。

须特别注意的是,平等原则所要求的平等非指经济地位上的平等或经济实力的平等,而是"法律地位"的平等,以免滋生疑义。法律地位平等,是对民事活动当事人的基本要求,应贯彻民事活动之始终。无论自然人、法人或者非法人组织,无论营利性法人、非营利法人或者特别法人,他们在从事民事活动时,法律地位是一律平等的。但在民事活动之外,他们的法律地位就不见得平等。例如，机关法人在参加民事活动例如订立建设工程合同、政府采购合同、建设用地使用权出让合同时，是以特别法人身份，其与合同对方当事人之间，在法律地位上是完全平等的，既不能单方面决定合同内容或者变更合同内容，在不履行合同义务的情形下，也不能不承担违约责任；但同一国家机关在民事活动之外，是以行政法主体身份，行使行政、经济管理权，其与被管理的人民或者企业之间，是管理者与被管理者的关系，法律地位当然是不平等的。

须特别注意，平等原则是民事生活的指导性原则，不仅要求民事主体在参与民事活动中遵循平等原则、不得将自己的意思强加给对方，也要求人民法院和仲裁机构，在处理民事纠纷案件时平等对待双方当事人，不能偏袒任何一方。虽然如此，但平等原则不具有裁判规范的性质，不能直接作为裁判案件的依据。违反平等原则的民事法律行为（合同），不能直接依据平等原则认定其无效，而应当依据具体的裁判规范（如胁迫、显失公平）处理。

第五条　意思自治原则

民事主体从事民事活动，应当遵循自愿原则，按照自己的意思设立、变更、终止民事法律关系。

所谓意思自治原则，是指参加民事活动的当事人在法律允许的范围内享有完全的自由，按照自己的自由意思决定实施民事法律行为、缔结民事法律关系，为自己设定权利或对他人承担义务，任何机关、组织和个人不得非法干预。

须注意的是,意思自治原则在民法分则及民事特别法中有不同的称谓,在合同法中称为合同自由原则,在物权法中称为所有权自由原则,在婚姻家庭法中称为婚姻自由(包括结婚自由和离婚自由)原则和收养自由原则,在继承法中称为遗嘱自由原则,在商事特别法中称为营业自由原则。其中,以合同自由原则为典型,多数立法例往往仅对合同自由原则作明文规定。因此,民法理论常以合同自由原则代替意思自治原则。

中华人民共和国历史上的一段时期,曾经实行单一公有制为基础的计划经济体制,通过行政手段和方法(指令性计划、票证)组织生产、流通、分配和消费。无论生产者或者消费者,均无所谓自己的自由意思,当然也不存在真正意义上的合同制度。20 世纪 80 年代初实行经济体制改革和开放政策,向市场经济体制转轨,开始重视和发挥合同制度的重要作用,认识到没有意思自治就没有真正的合同和合同制度。于是《合同法》第 4 条明文规定了合同自由原则。改革开放以来的实践经验表明,由于承认和保护民事主体的合同自由(意思自治),激发了人民群众和企业的生产积极性和创造精神,是创造中国经济奇迹的主因。因此《民法典》总则编在《合同法》第 4 条规定合同自由原则的基础上,进一步在本条对意思自治原则作明确表述。

须特别注意的是,意思自治是贯彻整个私法的基本原则(原理),无论经济生活或者家庭生活,均应遵循不悖。但意思自治原则,不具有裁判规范的性质,不能直接作为认定民事法律行为(合同、身份关系上的协议)无效的依据。对于违背意思自治原则的合同或者协议，人民法院应当依据体现意思自治原则的具体裁判规范（如欺诈、胁迫、重大误解、显失公平）处理。

第六条　公平原则

民事主体从事民事活动，应当遵循公平原则，合理确定各方的权利和义务。

所谓公平原则，指民事法律行为内容的确定，应当合乎公平。由当事人一方或第三方确定民事法律行为内容的，其确定只在符合公平原则时，始得对他方当事人发生效力。民法公平原则，主要是针对合同关系而提出的要求，是当事人缔结合同关系，尤其是确定合同内容时，所应遵循的指导性原则。现代民法设立公平原则之目的，在于市场交易的合同关系，要求兼顾双方的利益，并为“诚实信用”原则、“情事变更”原则、“显失公平”规则树立判断基准。

本条规定，“民事主体从事民事活动，应当遵循公平原则，合理确定各方的权利和义务”。但“民事活动”一语文义过宽，包括民事经济活动和民事身份活动，而民事身份活动如父母子女关系及身份关系上的协议，并无公平原则适用余地，即使民事经济活动中的物权人行使权利、担保物权之设定和行使等，似也无公平原则直接适用之可能。因此，应当对“民事活动”一语作限缩解释，解释为民事经济活动中的合同行为。并且，合同作为一种“民事活动”，包括合同的订立和合同的履行两个阶段，而公平原则的实质是要求合同当事人之间在利益关系上大体平衡，系着重针对合同订立时权利义务的确定而言的,至于合同的履行阶段,则主要受诚信原则之支配。鉴于此,条文用“合理确定各方的权利和义务”一句,实际将公平原则的适用限定于合同的订立阶段,值得注意。

考虑到现实生活中存在依一方预先制定的格式合同条款签约的情形,而按照社会生活经验,制定格式条款的一方往往侧重于自己一方利益的考虑,易于导致格式条款内容有失公平,甚至有处于优势地位的当事人滥用合同自由、通过格式条款损害相对方合法权益的情形,因此《民法典》合同编通过对格式条款的规制(第 496 条、第 497 条、第 498 条),以确保公平原则之贯彻。

须特别注意,公平原则不具有裁判规范的性质。人民法院审理案件认定合同内容违背公平原则时,不得直接依据公平原则裁判,而应当适用体现公平原则的具体裁判规范,如显失公平(《民法典》第 151 条)、情事变更(《民法典》第 533 条),以及规制格式条款的条文(《民法典》第 496 条、第 497 条、第 498 条)。裁判实务中时有个别法官不懂得公平原则不具有裁判规范的性质和功能,竟直接依据公平原则认定合同无效。这样的判决构成法律适用错误,二审或再审法院当以适用法律错误为由予以撤销(发回重审)或者改判。

第七条　诚信原则

民事主体从事民事活动,应当遵循诚信原则,秉持诚实,恪守承诺。

诚实信用原则,简称诚信原则。这一原则要求民事活动的当事人在行使权利和履行义务时,应当遵循诚实信用的道德准则,秉持诚实,恪守承诺。诚信原则在各国民法上大多有明文规定。诚实信用,为市场经济活动中的道德准则。市场经济条件下,每一个有劳动能力的人,都应当通过市场交换获取利益和生活资料。用已有的财产(资金)牟利,用自己的技术、知识或者体力劳动换取工资报酬,均合乎诚实信用的道德标准,应受法律保护。

法律绝不允许靠损害他人利益和社会公益获得利益。诚实信用原则,涉及当事人之间的利益关系和当事人与社会之间的利益关系。诚实信用原则的目标,是要在这两重利益关系中实现平衡。在当事人之间的利益关系中,诚实信用原则要求尊重他人利益,以对待自己事务之注意对待他人事务,不得通过损害他人而谋取自己的利益。当发生特殊情况使当事人间的利益关系失衡时,应依据诚信原则予以调整,使利益平衡得以恢复,由此维持良性市场经济秩序。在当事人与社会的利益关系中,诚实信用原则要求当事人不得通过自己的活动损害第三人和社会的利益,必须以符合其社会经济目的的方式行使自己的权利。在现代化市场经济条件下,诚实信用已成为一切市场参加者所应遵循的道德准则。它要求市场参加者符合于"诚实商人"和"诚实劳动者"的道德标准,在不损害其他竞争者,不损害社会公益和市场道德秩序的前提下,去追求自己的利益。

鉴于条文"民事活动"语义过宽,应采限缩解释方法,将民事身份关系(婚姻家庭关系)的活动排除在外,限于民事经济(市场经济)活动中的权利行使和义务履行行为。质言之,诚信原则的适用范围,仅限于市场经济活动中的“行使权利、履行义务”。婚姻家庭关系及非市场经济关系领域的活动(行为),无所谓诚实信用,而应当遵循公序良俗原则(《民法典》第8条)。

诚实信用原则,性质上属于一般条款(授权条款),其实质在于,当出现立法当时未预见、未设具体法律规定的新案型时,授权法院依诚实信用原则,行使公平裁量权,直接调整当事人之间的权利义务关系,实现当事人之间利益关系的“衡平”。现代民法理论称为“帝王规则”。

特别要注意的是,人民法院适用诚信原则作为裁判依据,有严格的条件,必须涉案行为(合同)在现行法上未有具体规定、构成法律漏洞,并且既不能从习惯、司法解释及指导性案例获得裁判依据,也不能通过类推适用别的法条获得公正判决时,才能适用诚信原则裁判本案。即使构成法律漏洞,如果可以从习惯、司法解释或指导性案例获得裁判依据,或者可以采用类推适用方法类推适用类似法条获得公正判决,却直接适用诚信原则裁判案件,仍应构成法律适用错误。这在民法解释学上,称为(法官)“向一般条款的逃避”。

第八条　公序良俗原则

民事主体从事民事活动,不得违反法律,不得违背公序良俗。

本条规定公序良俗原则。“公序良俗”,是“公共秩序与善良风

俗”的简称。所谓公序良俗原则,指民事法律行为的内容及目的不得违反公共秩序或善良风俗。《民法通则》制定时,因受苏联民事立法和民法理论的影响,未使用公共秩序和善良风俗概念,而用“社会公德”“社会公共利益”代替,但民法学者仍将“社会公德”和“社会公共利益”解释为“公序良俗”。本条采用公序良俗这一通用法律概念,具有重要意义。

须注意公序良俗为大陆法系民法概念,如《法国民法典》第 6 条规定:“任何人不得以特别约定违反有关公共秩序和善良风俗的法律。”《日本民法典》第 90 条规定:“以违反公共秩序或善良风俗的事项为标的的法律行为无效。”英美法系“公共政策”(public policy)概念,与大陆法上的公序良俗概念相当。在英美法系合同法中,违反公共政策的合同,不具有强制执行的效力。

公序良俗原则,是现代民法一项重要的基本原则。在现代市场经济条件下,具有维护国家利益、社会公共利益及一般道德秩序的功能。立法者在制定法律时,不可能预见一切损害国家利益、社会公益和道德秩序的行为,并设置详尽的禁止性规定,故以公序良俗原则,弥补禁止性规定之不足。公序良俗原则,性质上为授权性规定。授权法院(法官),遇有损害国家利益、社会公益和社会道德秩序的行为,而又缺乏相应的禁止性法律规定时,以违反公序良俗为由判决该行为无效。

公序良俗原则和诚实信用原则,具有相同的性质和功能,为现代民法限制当事人意思自治、维护社会公益和法律秩序的有力手段。虽然诚实信用与善良风俗均属于一种道德准则,但二者存在和发生作用的领域不同。诚实信用系市场交易中的道德准则,而善良风俗系家族关系中的道德准则,亦即性道德和家庭道德。因此,须把握诚实信用为市场经济活动中的道德准则,仅对于市场交易及与市场交易密切相关的关系,适用诚实信用原则;凡不属于市场交易及与市场交易密切相关的关系,均不能适用诚实信用原则,而属于公序良俗原则的管控范围,以避免发生混淆。

值得注意的是,《民法典》总则编除在本条规定公序良俗原则之外,还在规定民事法律行为效力的第六章第三节,专设第 153 条第 2 款规定:“违背公序良俗的民事法律行为无效。”毋庸置疑,该款规定,是法院(法官)裁判案件据以认定违背公序良俗的民事法律行为无效的具体裁判规范。鉴于此,本条规定的公序良俗原则,仅作为一项指导性原则和行为规范发挥作用,不具有授权条款的性质和功能,此与大陆法系其他民法的情形有别。人民法院裁判案件认定涉案行为(合同、协议)违反公序良俗原则时,应当适用第 153 条第 2 款,而不得适用本条,请予特别注意。

第九条　生态环境保护原则

民事主体从事民事活动,应当有利于节约资源、保护生态环境。

本条规定生态环境保护原则。保护环境、节约资源,本属于环境保护法的基本原则。在中国经济高速发展的同时造成自然环境严重破坏的当下,《民法典》将其提升至基本法高度、规定为一项民法基本原则,当有其重大意义。(1)鉴于民法的行为规范性质,《民法典》将保护环境、节约资源明定为民法基本原则,作为民事主体从事民事活动、实施民事法律行为的行为准则;(2)本条规定环境保护基本原则,可以作为《民法典》侵权责任编规定和强化环境侵权责任的立法根据;(3)因本条之规定,“环境保护和节约资源”将属于我国“公共秩序”的当然内容,民事主体实施可能造成生态环境严重损害和资源严重浪费的民事法律行为,将被法庭认定为“公序违反行为”,并依据《民法典》第 153 条第 2 款关于“违背公序良俗的民事法律行为无效”的规定,确认该行为无效;[5](4)民事主体的权利行使行为(事实行为)造成环境严重损害或者资源严重浪费的,将构成权利滥用行为而被法庭依据《民法典》第 132 条禁止权利滥用原则,禁止其权利行使行为或者追究其侵权责任。

请注意第三项、第四项,赋予人民法院于民事主体的行为实际造成生态环境损害严重后果之前,以“公序良俗违反”或者“权利滥用”为由依法制止该行为,避免实际造成生态环境损害的严重(往往是无可补救)后果,弥补了此前民法只是在造成生态环境严重损害的结果之后追究侵权(赔偿)责任的不足。须注意的是,人民法院最终引用、作为裁判根据的是“公序良俗违反”(第 153 条第 2 款)或者“禁止权利滥用原则”(第 132 条),并不是本条“生态环境保护原则”。本条“生态保护原则”只是作为法庭判断被告危害生态环境的行为是否构成“公序良俗违反”和“权利滥用”的判断标准。质言之,本条不具有裁判规范的性质和功能。

鉴于损害生态环境行为之特殊性,往往不能确定具体的受害人(受害主体),因此不能像一般侵权行为案件那样由受害民事主体作为原告起诉,而应当由地方人民检察院作为原告提起公益诉讼案件,自不待言。

第十条　民法法源

处理民事纠纷,应当依照法律;法律没有规定的,可以适用习惯,但是不得违背公序良俗。

所谓法源,亦称法的渊源,其含义是法律的来源或者法律的存在形式。依据本条规定,我国民法的法源分为两个层次:一是法律;二是习惯。

在民法典中规定法源,始于《瑞士民法典》。《瑞士民法典》第1条规定:"(1)凡以本法文字或释义有相应规定的任何法律问题,一律适用本法。(2)无法从本法得出相应的规定时,法官应依据习惯法裁判;如无习惯法时,依据自己如作为立法者应提出的规则裁判。(3)在前一款的情况下,法官应依据公认的学理和惯例。"制定时间在前的《法国民法典》《德国民法典》都没有对法源的明文规定。《瑞士民法典》的这种做法为其后制定的民法典所仿效。[6]这些立法例对法源的规定一般分为三个层次,一是法律;二是习惯;三是法理。

虽然本条明文规定的民法法源仅有法律和习惯两项,但根据我国裁判实践,应当解释为,尚有第三项法源"最高法院司法解释",第四项法源"最高法院指导性案例",以及第五项法源"法理"。

(一)法律

本条所谓“法律”,不限于全国人大及其常委会制定的法律,还应该包括国务院依据行政立法权制定的行政法规,但不包括地方性法规和规章(部门规章及地方人民政府规章)。这样理解还不够,还应当注意法律规定(条文)的类型区分。

法律、行政法规的规定(条文)分为:(1)“原则性规定”,如《民法典》第 3 条至第 9 条关于民法基本原则的规定、第 11 条关于法律适用原则的规定、第 132 条关于禁止权利滥用原则的规定;(2)“概括性规定”,如《民法典》第 60 条关于法人独立承担责任的规定、第 104 条关于非法人组织的出资人或者设立人承担无限责任的规定、第 111 条关于个人信息受法律保护的规定、第 109 条关于一般人格权的规定、第 143 条关于民事法律行为有效要件的规定,第 209 条关于不动产物权登记生效主义的规定、第 214 条不动产物权变动生效时间的规定、第 311 条关于善意取得制度的规定等;(3)“定义性规定”,如《民法典》第 57 条关于法人定义的规定、第 76 条关于营利法人定义的规定、第 87 条关于非营利法人定义的规定、第 114 条关于物权定义的规定、第 115 条关于物的定义的规定、第 133 条关于民事法律行为定义的规定等;(4)“辅助性规定”,如《民法典》第 15 条关于出生时间、死亡时间认定的规定、第 64 条关于申请变更登记的规定,第十章关于期间计算的规定,以及物权编关于不动产登记的规定(第 210 条至第 212 条,第 216 条至第 221 条)等;(5)“法律具体规定”,即关于民事法律行为成立、不成立、生效、不生效、可撤销、解除的规定,及关于民事主体享有权利、承担义务和责任的规定。

须特别注意的是,本条所谓“法律”,非指法律、行政法规一切规定(条文),仅指其中可以作为裁判依据的法律规定(条文),主要是:“法律具体规定”“原则性规定”中的诚信原则(第7条)和禁止权利滥用原则(第132条),[7]以及“概括性规定”,如《民法典》关于非法人组织的出资人或者设立人承担无限责任的规定(第104条)、关于一般人格权的规定(第109条)、关于个人信息受法律保护的规定(第111条)、关于民事法律行为有效要件的规定(第143条),及关于不动产物权登记生效主义的规定(第209条、第214条)、关于善意取得制度的规定(第311条)等。

(二)习惯

本条所谓“习惯”,指民事习惯。《合同法》仅规定交易习惯。本条“习惯”的含义涵盖交易习惯及交易习惯之外的民事习惯。关于什么是交易习惯,最高人民法院《关于适用〈中华人民共和国合同法〉若干问题的解释(二)》(法释〔2009〕5号)第7条解释说:“下列情形,不违反法律、行政法规强制性规定的,人民法院可以认定为合同法所称‘交易习惯’:(一)在交易行为当地或者某一领域、某一行业通常采用并为交易对方订立合同时所知道或者应当知道的做法;(二)当事人双方经常使用的习惯做法。(第1款)对于交易习惯,由提出主张的一方当事人承担举证责任。(第2款)”理解本条所谓习惯(民事习惯),当然可以参考上述关于交易习惯的司法解释。按照本条规定,法庭采用作为裁判依据(法源)的习惯,不得违背公序良俗,[8]并且不得违反法律、行政法规的强制性规定，自不待言。

按照民法原理，法律是国家制定或者认可并以国家强制力保障其实施的行为规则。国家立法机关所制定的法律称为制定法。社会生活中存在的习惯（事实上的习惯），经法院采用作为裁判依据因而具有法律拘束力，该项事实上的习惯即因法院之采用（国家的认可）而成为习惯法。故本条所称“习惯”，应指事实上的习惯，不得解释为“习惯法”。《民法典》第 142 条所称“习惯”及合同编所称“交易习惯”（如第 509 条第 2 款），亦应作同一解释。[9]

另须注意的是，仅于法律无明文规定的事项，可以适用习惯，而对于法律有明文规定的事项，绝无适用习惯的余地。因此，习惯之作为法源，原则上仅具有补充法律的效力；作为此原则之例外，是在法律明文规定“如另有习惯”则不适用该法律规定的情形，此种情形习惯具有优先于法律的效力。这里介绍几则适用习惯的判决，供参考。

绍兴市中级人民法院民事判决书（2012）浙绍民终字第 950 号：按照民事法律适用原则，有法律依法律，无法律依民事习惯。虽祭奠权无法律明文规定，但仍应当按照民间的习惯进行保护。原告虽健在，但夫妻同穴安葬及生前为老人购置坟墓符合本地风俗习惯，故对原告的诉请购置双穴公墓，予以支持。

海安县人民法院民事判决书（2013）安开民初字第 2090 号：我国立法目前对“遗体瞻仰、告别、吊唁、知情权”还没有明确的规定，但根据民事法律适用原则，有法律依照法律规定，没有法律规定依照民事习惯。按照我国民间风俗习惯，亲人去世之后，死者近亲属对死者有瞻仰、告别、吊唁等权利,以寄托对死去亲人的哀思。

北京市房山区人民法院民事判决书(2014)房民初字第07513号:婚约在我国作为一种民事习惯,订立婚约既是对将要结婚的男女在各自行为上的一种约束,也是双方共同建立新生活的一个基点,但是婚约并不具备法律约束力,解除婚约往往会涉及财产纠纷。对于在婚约存续期间原告方的花费,本院本着有利于生产生活的原则,充分考虑物的可移动性和可利用价值,且以原告取回对被告房屋不造成新的损坏为标准酌情确定原告可取回的物品,对不宜取回的予以折价补偿,具体数额由本院酌定。

最高人民法院民事判决书(2013)民提字第216号:关于本案是否存在"交易习惯"的问题。从本案购销合同履行的实际情况看,双方的合同实际履行了8个月,交易30笔之多,双方都已实际接受且已履行完毕,原告并未在"前一笔交易结束后至下一笔交易开始前"的合理期限内,就结算价的问题提出书面异议,而是连续进行交易。整个系列合同的履行过程,是一个从订货、打款、供货、收货、结算、开具发票、收票抵扣、下载保证书、再订货、查询余款、不足再行补款等循环往复、连续实施的交易过程。经过双方长达8个月的履行,已经形成了双方的"交易习惯",符合《合同法》第22条及相关司法解释有关"交易习惯"的规定。

青岛市中级人民法院民事判决书(2016)鲁02民终8149号:上诉人与被上诉人签订的《履约金协议》对履约保证金利息的支付标准约定不明,根据《合同法》第61条关于双方可以协议补充,"不能达成补充协议的,按照合同有关条款或者交易习惯确定"的规定，本案履约保证金利息支付标准，应按交易习惯认定。双方之前两年的利息支付标准均是定期存款利率，一审法院以此认定本案履约保证金利息的支付标准为定期存款利率，并无不当。

（三）司法解释

按照《立法法》的规定，最高人民法院有权就法律如何解释适用制定司法解释，并报全国人大常委会备案。司法解释可以作为裁判依据，其效力低于法律（包括习惯法）。但须注意的是，最高人民法院司法解释可区分为两种类型：（1）“法条解释型”司法解释，如对《合同法》第73条债权人代位权的解释（法释〔1999〕19号第12条、第13条）、对《合同法》第74条债权人撤销权的解释（法释〔2009〕5号第18条、第19条）、对《合同法》第52条第5项“法律、行政法规的强制性规定”的解释（法释〔2009〕5号第14条）；（2）“补充漏洞型”司法解释，如对买卖预约的解释（法释〔2012〕8号第2条）、对情事变更原则的解释（法释〔2009〕5号第26条）、对侵害死者人格利益侵权责任的解释（法释〔2001〕7号第3条）、对哪些债权请求权不适用诉讼时效的解释（法释〔2008〕11号第1条）。严格言之，具有民法法源地位的司法解释，仅指“补充漏洞型”司法解释。

（四）指导性案例

除了制定司法解释之外，最高人民法院还发布指导性案例。指导性案例类似于国外的判例。我们的指导性案例是经过最高人民法院筛选的，对案件事实、关键词、相关法条、裁判要旨等进行概括和归纳，赋予其某种意义上的法律效力。依据最高人民法院

《〈关于案例指导工作的规定〉实施细则》第9条,各级人民法院审理的案件,在基本案情和法律适用方面,与最高人民法院发布的指导性案例相似的,应当参照相关指导性案例的裁判要点作出裁判。依此规定,法官对于指导性案例是参照适用,而不是直接适用。

换言之,法庭对于与指导性案例相似(类似)的案件,既可以按照指导性案例的裁判方案进行裁判,也可以不按照指导性案例的裁判方案进行裁判。当法官选择不按照指导性案例的裁判方案裁判,作出与指导性案例不同甚至相反的判决时,应当在裁判文书中说明理由。而如果法庭选择按照指导性案例的裁判方案进行裁判,应当在判决书的裁判理由部分引述指导性案例的编号和裁判要点,但不能引用指导性案例作为判决依据,而应当引用指导性案例的同一判决依据,作为本案的判决依据。例如,该指导性案例以诚实信用原则作为裁判依据,则本案也同样引用诚信原则作为判决依据。

法庭在参照指导性案例之后,可以不采用指导性案例的裁判方案、作出与指导性案例不同的判决,这种情形法庭有说理的义务,应当在判决书中说明这样做的理由。法官当然不能说指导性案例错误,而应当说明本案事实与指导性案例的事实有差别,如果采用指导性案例的裁判方案将导致本案判决结果违背诚信原则(未在当事人之间实现公平正义)。换言之,法官参照指导性案例,应当以诚信原则作为评价标准:凡采用指导性案例的裁判方案能够使本案判决结果符合诚信原则(在当事人之间实现公平正义)的,即应当按照指导性案例裁判本案;反之,则不应按照指导性案例而应当直接依据诚信原则裁判本案。

但须注意的是,最高人民法院发布的指导性案例,亦可分为两种类型:(1)“法条解释型”案例,如第33号案例解释《合同法》第52条第2项恶意串通行为无效,第83号案例解释《侵权责任法》第36条第2款的“通知”和“必要措施”。(2)“补充漏洞型”案例,如第50号案例创设“夫妻同意人工生殖子女视为婚生子女”规则,第65号案例创设“专项维修资金不适用诉讼时效”规则。应当肯定,具有民法法源地位的指导性案例,仅指“补充漏洞型”案例。[10]

(五)法理

虽然本条未明文规定“法理”为法源,并不等于裁判中不能适用法理。应当肯定,法庭所裁判的案件,既没有可以适用的法律、习惯,也没有相应的司法解释、指导性案例时,是可以引用相关法理作为裁判依据的。例如,最高人民法院在(2014)民提字第71号民事判决,就引用民法关于虚伪表示无效不得对抗善意第三人的法理作为裁判依据。下面再介绍几则人民法院适用法理的判决,供参考。

第一,债务加入亦即并存的债务承担。湖北省高级人民法院民事判决书(2017)鄂民终210号:根据民法理论,债务加入又称并存的债务承担,是指第三人、债务人与债权人达成三方协议或第三人与债权人达成双方协议或第三人向债权人单方承诺由第三人履行债务人的债务,但同时不免除债务人履行义务的债务承担方式。债务加入后,除当事人对责任承担方式另有约定外,债权人可以请求第三人与债务人共同承担责任,同时,第三人享有债务人对债权人享有的抗辩权。本案中,2007 年 8 月 17 日,湖北维新公司向咸宁国资公司出具《收购资金余款支付计划》,承诺在 2008 年 6 月前支付完收购余款。湖北维新公司仅于 2007 年 9 月支付 1,525,905 元后,余款 13,300,000 元一直拖欠未付。经多次催告后,湖北维新公司又于 2013 年 11 月 1 日出具一份维纺发(2013)32 号文件,确认欠咸宁国资公司企业改制收购款 13,300,000 元。上述承诺及确认行为属于合同外第三人即湖北维新公司向本案债权人即咸宁国资公司作出的单方承诺和确认,其行为属于并存的债务承担,即债务加入。香港维新公司没有脱离原债务关系,而湖北维新公司又加入原存的债务关系中,因此,香港维新公司与湖北维新公司应当共同承担清偿债务的责任。顺便指出,此项法理规则已经规定在《民法典》合同编第 552 条。

第二,代物清偿。河南省高级人民法院民事判决书(2016)豫民终 211 号:改造指挥部与三江源公司之间存在债权债务关系,改造指挥部在债务清偿期届满后,与北店街居委会一起与三江源公司达成的《还款协议》约定以所建房屋抵偿债务,《还款协议》的性质属于民法上的代物清偿。按照民法理论,代物清偿以债权人现实地受领给付为生效条件,在新债务未履行完毕前,原债务并不消灭。故改造指挥部、城关镇政府与三江源公司之间原债权债务关系依然存在。

第三,真意保留。武汉市武昌区人民法院民事判决书(2013)鄂武昌民商初字第 00127 号:该案中被告在借款合同、抵押合同中的意思表示属于民法理论中的“真意保留”行为。所谓真意保留,又称心中保留或单独虚伪表示，至表意人故意隐瞒其内心的真实意思，而表示与其真意不同之意思的意思表示。该案中银行并不知晓被告的真实想法，且被告亦未向银行作明确的真意表示。从保护交易安全和信赖保护的法理出发，亦应当认定该案中借款合同有效。

第四，添附。北京市第三中级人民法院民事判决书（2015）三中民终字第 11207 号：上诉人（原审被告）未经被上诉人（原审原告）允许在被上诉人的宅基地上建造房屋，符合民法理论中添附的表现形式，房屋所有权应归属于宅基地使用权人，故涉案房屋应归被上诉人所有。原审认定上诉人的建房行为构成侵权与添附竞合，并根据添附物所有权归属原则判令支持被上诉人的诉讼请求，于法有据，应予以维持。

关于法理的一个问题是，于法律未有规定的案件，法院可否以某个外国立法例作为法理规则而予以适用？王泽鉴先生在论及以比较法方法填补法律漏洞时说："填补法律漏洞之材料，非系本国法上既有之规定或制度，而是采自外国立法例时，则应认为系以外国立法例作为法理而适用。"[11]这里介绍我国台湾地区 1970 年台上字 1005 号判决："因上诉人之增加设施，所借用房屋之价值显然增加，在我'民法'使用借贷一节内，虽无得请求偿还或返还其价值之明文，然依据外国立法例，既不乏得依无因管理或不当得利之法则，请求偿还或返还之规定，则本于诚实信用之原则，似非不可将外国立法例视为法理而适用。"王泽鉴先生评论说，"以外国立法例作为认定法理之依据，其基本见解，应值赞同"。[12]以上见解值得重视。

《民法典》总则编制定时,有学者建议规定"政策"为法源,但此项建议未被采纳,理由如下:按照马克思主义法学原理,法律是通过国家立法程序予以规范化(法律化)并以国家强制力保障其实施的国家意志。法律的本质特征,一是规范性,经立法机关制定为法律规范,具有明确的适用范围、构成要件和法律效果,可以作为法院裁判的依据("法源");二是国家强制性,即由国家强制机关(公安、法院、检察院、羁押场所、监狱等)作为后盾,对违法行为人予以惩戒,保障法律的实施。这是法律与其他一切意识形态、行为规则(风俗习惯、宗教教规、团体内部规范)的根本区别所在。

执政党的各项政策,经国家立法机关通过立法程序,制定为国家法律予以颁布,使执政党的政策法律化、具有了法律的规范性和强制性,才能要求全体国民一体遵行,才能作为法院裁判案件的根据("法源")。质言之,政策是法律的依据和内容,法律是政策的规范化(法律化)。现行各项法律,实质上大多是党的各项政策的法律化(规范化)。政策,在经立法机关、立法程序予以规范化成为现行法律之前,不具有规范性和国家强制性,不能在法院裁判中引用、作为判决依据。这是政策不能作为"法源"的根本原因。

即使在法律很不完备的条件下,党的政策在经立法机关、立法程序制定为法律规范(法律化)之前,法院裁判案件也不能直接适用,而是由最高人民法院通过司法解释权之行使,将党的各项民事政策制定为具有某种规范性的司法解释规则,才能作为法院裁判的依据,才能成为"法源"。例如,20 世纪 60 年代初,民法领域仅有一部《婚姻法》,人民法院审理婚姻案件之外的民商事案件,缺乏裁判规范,因此最高人民法院收集归纳整理当时党中央有关政策文件中涉及各类民事关系的政策精神,制定为具有某种规范性的司法解释文件,即最高人民法院《关于贯彻执行民事政策几个问题的意见》(1963 年 8 月 28 日),下发各级人民法院,作为裁判民商事案件的根据。当时法院裁判民事案件所适用的、判决书中所引用的"法源"(裁判依据),是此司法解释文件,而不是直接引用"政策"。可见,在中国走上法治之路、贯彻党的十八届四中全会中共中央《关于全面推进依法治国若干重大问题的决定》的当下,《民法典》总则编不规定"政策"为法源,值得肯定。

第十一条　特别法优先原则

其他法律对民事关系有特别规定的,依照其规定。

所谓法律适用,是指法官用某个法律规范作为裁判本案的法律根据并据以作出本案判决的操作。民法解释学上相对应的概念叫"涵摄"(subsumieren),即将本案事实"涵摄"于既有法律规范之下以得出本案判决。易言之,即以某个法律规范作为大前提,以本案事实作为小前提,依形式逻辑推理得出本案判决。

法律适用有三种:一是狭义的法律适用,即前文所谓"涵摄",将本案事实"涵摄"于某个法律规范之下。因本案事实本在该法律规范适用范围之内,法官理当用该法律规范裁判其适用范围之内的本案。这是最常见的法律适用。二是"参照适用"(我国台湾地区及大陆法系立法例称为“准用”),即立法者明示授权法官用某个法律规范裁判本不在其适用范围(甚至立法目的范围)之内的与其适用范围内的案件相类似的案件。例如,《民法典》合同编第464条第2款规定,有关身份关系的协议,可以根据其性质“参照适用本编规定”。三是类推适用,指在没有立法者授权的情形,法官用某个法律规范裁判本不在其适用范围(甚至立法目的范围)之内的与其适用范围内的案件相类似的案件。换言之,本案在法律上没有规定,也不能从习惯、司法解释或者指导性案例获得裁判依据时,基于法官不得以缺乏法律根据为由拒绝裁判案件的原则(原理),从现行法律找到其适用范围内案型与本案具有类似性的法律规范,即用该法律规范作为裁判本案的法律依据。[13]

狭义法律适用,为裁判实务中最常见的法律适用,简称“法律适用”或者“适用”。鉴于裁判实务的通常情形,法庭审理的案件在现行法上往往有不止一个法律规范,法庭选择适用其中哪一个法律规范,须遵循一定的法律适用规则。本条规定的特别法优先适用原则,是选择适用法律规范的最常用的规则。但须特别注意,法律适用的规则并非仅仅一个特别法优先适用原则。特别法优先适用原则,只是两个或者多个法律规范相互之间存在一般与特殊的逻辑关系情形的适用规则。不存在一般与特殊的逻辑关系的情形,有其他法律适用规则。下面逐一讲解。

(一)特别法优先适用原则

所谓特别法优先适用原则,指法庭审理的案件(待决案件)在法律上有两个(或两个以上)法律规范的情形,如果这两个法律规范相互之间存在一般与特殊的逻辑关系，则应当优先适用属于特殊规则的法律规范，而不适用属于一般规则的法律规范。属于一般规则的法律规范，称为“一般法”；属于特殊规则的法律规范，称为“特别法”。在法律适用上，以特别法优先于一般法适用为原则。即对于待决案件有特别法时，应适用特别法，而不适用一般法；只在无特别法时才适用一般法，一般法起补充特别法的作用。

一般法与特别法的划分有多种标准。以适用之地域划分，则适用于一切地域的法律为一般法，而仅适用于特定地域的法律为特别法。如《民法典》继承编的规定为一般法，而民族自治地方关于继承的特殊规定为特别法。以所适用之主体划分，则适用于一切民事主体的法律规定为一般法，而仅适用于特殊主体的规定为特别法。如《民法典》侵权责任编关于产品责任的规定为一般法，而《食品安全法》第九章关于食品生产经营者、食品检验机构等特别主体侵权责任的规定为特别法。以法律规定的事项为标准，则关于一般民事关系的规定为一般法，而关于特殊民事关系的规定为特别法。如《民法典》总则编为一般法，《票据法》《海商法》为特别法。但须注意的是，一般法与特别法的关系是相对的。例如，《保险法》关于保险合同的规定，相对于《民法典》合同编通则的规定而言，是特别法；但相对于仅规定海上运输保险合同的《海商法》而言，《保险法》规定一切保险合同关系，因此又属于一般法，而《海商法》关于海上运输保险的规定为特别法。此外，不可拘泥于本条条文“其他法律”一语，误认为此项原则仅处理两个法律（本法与“其他法律”）之间的适用关系，而应当将“其他法律”理解为“其他法律规范”,与此相应将“本法”理解为“本法规定的法律规范”。

概言之,特别法优先适用原则,系基于待决案件在两个法律规范的适用范围之内,而两个法律规范相互之间构成一般法与特别法的逻辑关系。裁判实务中依特别法优先适用原则选择待决案件所应当适用的法律规范,应当遵循下面的具体规则:其一,《民法典》与《民法典》之外的民事单行法对于待决案件均有规定,《民法典》的规定为一般法、单行法的规定为特别法,应当优先适用单行法的规定。其二,《民法典》(或者别的法律)的总则和分则对于待决案件均有规定,总则的规定为一般法,分则的规定为特别法,应当优先适用分则的规定。其三,法律之中两个法律条文对于待决案件均有规定,如该两个法律条文相互之间构成一般法与特别法的逻辑关系,则应当优先适用属于特别法的法律条文。其四,(规定待决案件的一个)法律条文包含两款(及以上)规定,如果前款规定与后款规定之间构成一般法与特别法的逻辑关系,则应当优先适用后款规定。但须注意的是,一个法律条文的两款之间不构成一般法与特别法的逻辑关系(如构成并立关系)的情形不少。其五,规定待决案件的法律条文仅一款而可分为“前段”“后段”,则“前段”为一般法(一般规定),“后段”为特别法(特别规定),应当优先适用“后段”规定。其六,规定待决案件的法律条文末句(或句末)为“但书”规定,则“但书”规定之前为一般法(原则规定),“但书”规定为特别法(例外规定),应当优先适用“但书”规定。

(二)请求权竞合情形的法律适用

现代民法所谓请求权竞合,主要指侵权责任请求权与违约责任请求权的竞合。即法律明文规定，于待决案件事实既符合侵权责任的构成要件、也符合违约责任的构成要件时，发生侵权责任请求权与违约责任请求权的竞合，当事人可以选择依据合同法行使违约责任请求权，或者依据侵权法行使侵权责任请求权。

《民法典》第 186 条规定，“因当事人一方的违约行为，损害对方人身权益、财产权益的，受损害方有权选择请求其承担违约责任或者侵权责任”。按照此项规定，原告（受损害方）请求被告承担损害赔偿的案件，究竟适用侵权责任法的规范还是适用合同法（违约责任）的规范，应当由原告选择决定，原告起诉状未明确选择的，法庭应当予以释明，告知其在侵权法规范与违约责任规范之间选择其一。经法庭释明后原告仍然不做选择的，应当驳回起诉。须注意，属于请求权竞合的待决案件，原告一旦做出选择（选择侵权责任规范或者违约责任规范），无论是否获得胜诉判决，均不得再依据另一法律规范起诉。换言之，请求权竞合情形，如原告选择侵权责任请求权，则违约责任请求权归于消灭；反之，相同。

（三）规范重合情形的法律适用

所谓“规范重合”，指待决案件事实符合两个或者多个法律规范的适用范围，而该两个或者多个法律规范相互之间不存在一般法与特别法的逻辑关系，并且也不构成权利竞合关系。“规范重合”情形，在民法上很常见。例如，购买的标的物属于赝品情形，将符合瑕疵担保责任法律规范（《民法典》第 582 条）、欺诈的撤销权规范（《民法典》第 148 条）、重大误解的撤销权规范（《民法典》第 147 条）、产品瑕疵不能实现合同目的的法定解除权规范（《民法典》第 610 条)等的适用范围,而这些法律规范相互间既不具有一般法与特别法的逻辑关系,也不构成权利竞合关系,而属于“规范重合”。

须注意的是,规范重合情形的法律适用规则是:原告可选择其中任一法律规范作为起诉的法律依据,如果获得法院支持(获得胜诉判决),当然不得再依据(构成规范重合的)其他法律规范另案起诉;但如果未获得法院支持(未获得胜诉判决),则尚可依据(构成规范重合的)另一法律规范另案起诉。前面的例子,买受人如依据《民法典》第 582 条起诉追究出卖人瑕疵担保责任未获得法院支持,尚可依据第 148 条关于欺诈的规定起诉请求撤销买卖合同;如欺诈的撤销权行使之诉仍未获得法院支持,则不妨再依据第 147 条关于重大误解的规定提起撤销权行使之诉;如果仍然未获得法院支持,则还可以再依据第 610 条关于产品瑕疵不能实现合同目的的规定提起法定解除权行使之诉。

第十二条　地域效力

在中华人民共和国领域内的民事活动,适用中华人民共和国法律。法律另有规定的,依照其规定。

本条是关于民法地域效力规则的规定。条文中的“法律另有规定”,是指现行《涉外民事关系法律适用法》(2010 年)。现行《涉外民事关系法律适用法》第 2 条规定,“涉外民事关系适用的法律,依照本法确定”。这就明确了涉外民事关系法律适用法与本条的关系:本条是关于民法地域效力的原则规定,涉外民事关系法律适用法是关于民法地域效力的特别规则。凡涉外民事关系,应当适用依照《涉外民事关系法律适用法》所确定的法律(可能是外国法、中国法、国际公约),涉外民事关系之外的民事关系,则应当适用中国法。

注 释

1 《民法通则》第二章自然人的第五节规定"个人合伙",第三章法人的第四节规定"联营"。

2 按照民法原理,民事权利以是否具有财产价值为标准,分为财产权与非财产权。财产权包括物权、债权、知识产权、继承权、投资性权利(如股权等)。非财产权包括人格权和身份权。值得注意的是,苏联民法理论采用"与人身不可分离的非财产权"一语,指称(包含)人格权和身份权。改革开放初的民法理论,将继受自苏联民法的"与人身不可分离的非财产权"简化为"人身权",并为《民法通则》起草人采用为正式法律概念。《民法通则》第五章民事权利,其中,第一节物权、第二节债权、第三节知识产权、第四节人身权。《民法典》总则编沿用"人身权"概念,以涵括"人格权"和"身份权"。

3 与之相应,在民事权利章增加关于平等保护财产权利的规定(第113条)、关于征收和征用须公平合理补偿的规定(第117条)。

4 参见[日]星野英一:《未有条文的民法"原则"》,载《法学教室》1993年第5期。

5 民事主体实施可能造成环境严重损害和资源严重浪费的民事法律行为,亦可认定为权利滥用行为而依据《民法典》第132条禁止权利滥用原则确认该行为无效。但依据第132条禁止权利滥用原则确认该行为无效,须以该民事主体具有损害他人(包括国家)之故意为要件,故不如认定为“违反公序行为”而依据《民法典》第153条第2款的规定确认该行为无效简便。参见第132条的解说。

6 例如,中国台湾地区“民法”第1条:“民事,法律所未规定者,依习惯;无习惯者,依法理。”第2条:“民事所适用之习惯,以不背于公共秩序或善良风俗者为限。”《韩国民法典》第1条:“关于民事,如无法律规定,从其习惯法;如无习惯法则依条理。”

7 按照民法原理和外国立法例,公序良俗原则亦可作为裁判依据,但因《民法典》专设第153条第2款规定“违背公序良俗的民事法律行为无效”,故法庭以“违背公序良俗”为由认定民事法律行为(合同)无效,应当依据第153条第2款的规定,而不得依据第8条关于公序良俗原则的规定。

8 这里介绍两则我国1949年以前最高法院的判例:(1)“现行法上并无认不动产之近邻有先买权之规定,即使有此习惯,亦于经济之流通,地方之发达,均有障碍,不能予以法之效力。(1941年上字第191号)”(2)“卖产应先尽亲房之习惯,有悖于公共秩序,不能认有法之效力。(1930年上字第1710号)”

9 《大清民律草案》第1条:“民事,法律所未规定者,依习惯法,无习惯法者,依条例。”系体现自然法观点,即认为社会生活中存在之习惯即是法律。1929年以《大清民律草案》第1条为基础制定《中华民国民法》第1条,立法者删去“习惯法”的“法”字,并改“条理”为“法理”。仅称“习惯”而不称“习惯法”,表明立法者持实定法观点,即事实上之习惯须经国家认可方才成为法律。1928年上字第613号判例:“习惯法之成立,须以多年惯行之事实及普通一般人之确信心为其基础。”同年上字第691号判例：“习惯法则应以一般人所共信不害公益为要件，否则纵属旧有习惯，亦难认为有法之效力。”是以《大清民律草案》第1条为解释依据。《中华民国民法》总则编于1929年5月15日公布，同年10月10日施行。施行后涉及第1条、第2条的判例多达20余则（依据陈忠五主编《民法》），均一律称“习惯”，而不称“习惯法”。值得注意的是，若干民法著作，仍拘泥于《中华民国民法》施行前的两件判例，而将《中华民国民法》第1条所称“习惯”曲解为“习惯法”，将第2条所称“习惯”解释为包括“习惯法”和“事实上之习惯”在内，并将此外条文所称“习惯”解释为“事实上之习惯”。此种解释，亦违背同一法律所用同一法律概念必须作同一解释的法律解释原则，读者不可不察。

10 笔者认为，“漏洞补充型”指导性案例（其裁判要旨），属于人民法院于裁判实践中为补充现行法之不足（漏洞）而创设，并经最高人民法院依特定程序审查认可的“判例规则”，理应准许最高人民法院自身及各级地方人民法院于审理同类型案件时直接引为裁判依据。

11 王泽鉴：《民法学说与判例研究》（第2册），中国政法大学出版社1998年版，第30页。

12 王泽鉴：《民法总则》，台北，1996年自版，第33页。

13 例如，上海市第一中级人民法院（2016）沪01民终4642号民事判决，就民办学校举办者的知情权，类推适用《公司法》第33条关于股东知情权的规定。

自然人

自然人，是指有血肉之躯和生命的人类。在现代社会中，凡自然人均可为民事权利主体。

第十三条　权利能力的起止

自然人从出生时起到死亡时止，具有民事权利能力，依法享有民事权利，承担民事义务。

民事权利能力是自然人具有法律人格的标志，是人类社会自由、平等观念的体现。民事权利能力不仅确定了自然人的法律地位，同时是自然人享有任何民事权利的前提条件。对于是否享有、何时享有财产方面的具体权利，自然人固然可以选择决定，但人格权等人身权利为法定权利，自然人一旦出生，即依法律规定而当然享有，既不可以转让或者放弃，非经法定程序，也不可以进行任何限制。因此，民事权利能力与自然人须臾不可分离，自然人一旦出

生,即具有民事权利能力,而死亡,则是自然人丧失民事权利能力的唯一法定事由。

自然人因出生而取得民事权利能力。依本条规定,出生为民事权利能力之始期。关于何谓出生,学说上有一部露出说、全部露出说、独立呼吸说。通说为全部露出说。此所谓出生,须具备两项要件:其一,须胎儿身体之全部与母体分离。与母体分离之前为胎儿,分离之后即成为法律上的人。胎儿身体之全部与母体分离,谓之“出”。其二,须与母体分离之际保有生命。胎儿与母体分离之际已无生命者,谓之死胎。分离之际保有生命者,称为“出生”,而不论其出生后生命之久暂。

自然人因死亡而丧失民事权利能力。依本条规定,死亡为自然人民事权利能力之终期。古代法上有所谓法律上的死亡,即自然人生存之时依法强行剥夺其权利能力,如罗马法上的“人格大减等”。近现代民法贯彻民事权利能力平等原则,认为民事权利能力不可剥夺,以自然死亡为自然人民事权利能力消灭之唯一原因。此所谓死亡,为自然人生命的绝对消灭。死亡的时间,在法律上有重大意义,如决定继承开始、婚姻关系消灭、人身保险之保险金领取权发生。法律上判定自然人死亡的通行标准是:以呼吸断绝、脉搏消失且心脏鼓动停止之时为死亡之时。

须注意的是,本条规定以死亡为民事权利能力之终期,而对于死亡原因,是老死、病死或遭遇事故致死,则不予考虑。此所谓死亡为事实死亡,不包括宣告死亡。被宣告死亡的人如生存于他处,其民事权利能力不因在原住所地被宣告死亡而受影响(《民法典》

第49条)。

此外,二人以上同时遇难,其死亡之先后无法证明时,各国民法设有推定制度。如德国、瑞士推定为同时死亡;法国则依年龄、性别之不同推定其中一方先死。我国裁判实务中的做法是,区分同时遇难之人相互间是否有继承关系。相互间无继承关系的,推定为同时死亡。相互间有继承关系的,推定没有继承人的人先死亡。死亡人各自都有继承人的,如辈分不同,推定长辈先死亡;辈分相同,推定同时死亡。

第十四条　权利能力平等

自然人的民事权利能力一律平等。

近代民法承认一切自然人在法律地位上平等,均得独立享有民事权利、承担民事义务,并由此赋予自然人以民事主体资格,这种资格就是民事权利能力。因此,是否具有民事权利能力,是自然人能否成为民事主体、能否参加民事法律关系并为自己创设民事权利义务的前提条件。自然人的民事权利能力,既包括自然人享有民事权利的资格,也包括自然人承担民事义务的资格。有人主张改称"民事权利义务能力"。考虑民法以权利为本位,有享受民事权利的资格,当然也就有承担民事义务的资格。且民事权利能力或权利能力,为民法理论和立法固有概念,不宜轻率改变。

对于民事权利能力的本质,学者间有不同看法,有人认为民事权利能力是人格权之一种,有人认为是享有权利的资格。由于民事权利能力不同于具体的民事权利,如将之视为人格权,则无法解释自然人取得人格权的基础。因此,通说认为,民事权利能力是自然人据以充当民事主体、享受民事权利和负担民事义务的法律地位或者资格。法律赋予自然人以民事权利能力,目的在于确定自然人的民事法律地位即法律人格。质言之,自然人的民事权利能力,是自然人具有法律人格的前提。

在奴隶社会,只有奴隶主才享有民事权利能力,才能充当民事法律关系的主体。奴隶不具有民事权利能力,在法律上看,奴隶不是人,而是会说话的工具,其法律地位与牛马、器物相同,只能成为民事法律关系的客体。在封建社会中,人们享有的民事权利能力大小不等,取决于他们在封建等级制度中所处的地位。贫苦农民处于封建等级制度的最底层,其地位最低,因而其民事权利能力最小,实际上只是承担义务的能力。无论奴隶制家庭或封建制家庭,都只有家长才具有民事权利能力,才可以参加民事法律关系,才能够享有民事权利和承担民事义务。妻和子女不享有民事权利能力,其法律地位与奴隶相似。资产阶级在推翻封建统治之后,建立了资本主义的经济制度和政治制度,在法律上规定了自然人民事权利能力平等的原则。相对于奴隶社会和封建社会,无疑是一大进步。

近现代民法规定自然人的民事权利能力一律平等,即自然人的民事主体资格不因其性别、年龄、种族、宗教信仰、职业等而有任何差别。民事权利能力为对自然人民事主体资格的确定,并非对社会财富的分配,因此,平等的民事权利能力并不意味着实际享有财产权利的均等。且民事权利能力毕竟只是一种法律资格，享有这一资格并不等于实际取得民事权利。能否在实际上享有民事权利，除必须具备民事权利能力外，还必须实施民事法律行为或有其他法律事实，而最终取决于一定的物质条件。

第十五条　出生时间、死亡时间的确定

自然人的出生时间和死亡时间，以出生证明、死亡证明记载的时间为准；没有出生证明、死亡证明的，以户籍登记或者其他有效身份登记记载的时间为准。有其他证据足以推翻以上记载时间的，以该证据证明的时间为准。

《民法典》第13条规定，“自然人从出生时起到死亡时止，具有民事权利能力，依法享有民事权利，承担民事义务”。照此规定，自然人因出生当然取得权利能力，因死亡权利能力当然丧失。出生和死亡是重要的法律事实，关系权利能力的取得和丧失。出生和死亡对于继承而言尤其重要，自然人自出生之时就享有继承权，可以继承遗产。同样，自然人一旦死亡，自死亡之时继承开始，其所拥有的财产就变成了遗产，并且成为继承人的共有财产。《民法通则》对于出生和死亡时间的认定未作规定，最高人民法院有关司法解释“以户籍登记的时间为准”。户籍登记由公安机关负责，所承担的主要是管理功能，以之作为认定出生和死亡时间的证据，属于额外赋予户籍登记以证据效力。

本条规定，可以作为法庭认定自然人出生和死亡时间的依据。

分为三个层次:第一个层次是以出生证明、死亡证明记载的时间为准;第二个层次是以户籍登记或者其他有效身份登记记载的时间为准;第三个层次是有其他证据足以推翻以上记载时间的,以该证据证明的时间为准。

按照社会生活经验,绝大多数自然人的出生和死亡均发生在医院,医生是出生和死亡事实的见证人,医生于出生、死亡事实发生当时出具的出生证明、死亡证明,理当具有优先于户籍登记的证据效力。又按照社会生活经验,自然人出生或者死亡之后,往往经过或长或短的期间,其近亲属才到户籍登记机关(公安派出所)办理出生登记或者死亡登记,办理户籍登记的警察并没有见证出生、死亡事实的发生。此外自然人基于种种不正当目的篡改户籍登记的现象也不罕见,影响户籍登记的证据效力。这是本条明文规定出生证明、死亡证明的证据效力优先于户籍登记的理由。所谓"其他有效身份登记",是指在中国没有户籍登记的外籍人、无国籍人的身份证明如护照等。

请特别注意,本条第三句规定,"有其他证据足以推翻以上记载时间的,以该证据证明的时间为准",其意思是:出生证明、死亡证明以及户籍登记、其他有效身份登记的证据效力是相对的、不是绝对的。出生证明、死亡证明以及户籍登记、其他有效身份登记所记载的出生时间、死亡时间,可以被其他证据否定。即在诉讼中,应由主张出生证明、死亡证明以及户籍登记、其他有效身份登记所记载的出生时间、死亡时间不正确的一方当事人承担举证责任,该当事人举出的证据被法庭认为足以推翻出生证明、死亡证明以及户籍登记、其他有效身份登记所记载的出生时间、死亡时间的，则法庭应当“以该证据证明的时间为准”。

第十六条　胎儿特别保护

涉及遗产继承、接受赠与等胎儿利益保护的，胎儿视为具有民事权利能力。但是，胎儿娩出时为死体的，其民事权利能力自始不存在。

按照《民法典》第13条的规定，人的权利能力始于出生，则出生前之胎儿，尚未成为法律上的人，自不享有权利能力，不得为民事权利之主体。但若严格贯彻此一原则，势将对行将出生之胎儿保护不周，不无违反人情之虞。因此，从罗马法以来，关于胎儿利益之保护，成为民法一大问题。

现今各国家及地区，关于胎儿之保护，有三种主义：(1)总括的保护主义。即就胎儿利益之保护，一般地将胎儿视为已出生。此为罗马法所采取之主义，《瑞士民法典》第31条第2款从之。中国台湾地区“民法”亦采此主义，其第7条规定：胎儿以将来非死产者为限，关于其个人利益之保护，视为既已出生。(2)个别的保护主义。即胎儿原则上无权利能力，但于若干例外情形视为有权利能力。法国、德国、日本均采此主义。所谓例外情形有权利能力，如依《德国民法典》第1923条第2款规定，胎儿有继承权；依第844条第2款规定，在扶养义务人因侵权行为致死的情形，胎儿对加害人有损害赔偿请求权。依《日本民法典》第721条的规定，胎儿有基于不法行为的损害赔偿请求权;依第886条、第965条规定,胎儿有继承权、受遗赠权等。(3)绝对主义。即绝对贯彻胎儿不具有民事权利能力的原则,依此立法主义,胎儿不具有权利能力,不得为民事权利主体。1964年的《苏俄民法典》属于此种立法主义。

上述三种立法主义,就对胎儿利益的保护而言,总括的保护主义最有力,而个别的保护主义次之,尤以绝对主义最次。《民法通则》采绝对主义,未设置保护胎儿利益的特别规则,仅在《继承法》第28条规定分割遗产时应为胎儿预留份额的规定,对胎儿利益保护非常不利。实务界已经有认可胎儿损害赔偿请求权的案例。《民法典》总则编制定时,立法机关接受学术界和实务界的建议,创设本条规定胎儿利益特别保护规则。按照本条规定,凡涉及胎儿利益保护时,包括遗产继承、对胎儿的侵权损害、赠与或者遗赠等,将胎儿视为具有民事权利能力,使其权利和利益可以受到法律的保护。将胎儿视为具有权利能力,目的在于保护胎儿的利益,并非一般地赋予胎儿以民事权利能力,且只在涉及胎儿利益保护的事项,才将胎儿视为具有民事权利能力。此胎儿的民事权利能力,仅指胎儿享有民事权利的资格,不得因此使胎儿承担民事义务。

条文中的"视为"一词,为民法技术性概念,其含义是,胎儿因为未出生、属于母亲身体之一部,按照自然人的权利能力始于出生的规定(《民法典》第13条),本不具有民事权利能力,但基于保护胎儿利益的法律政策目的,将胎儿当作具有民事权利能力的民事主体对待。换言之,胎儿因未出生,还不算一个民事主体(自然人),为了实现保护胎儿利益的法律目的,《民法典》把胎儿当作已出生的自然人对待,使之具有民事权利能力。这样规定的结果,如果胎儿在母亲怀胎期间遭受侵害,就可以行使损害赔偿请求权,向法院提起人身伤害的侵权之诉;如果在出生之前父亲死亡,胎儿可以享有继承权,作为第一顺序继承人参与遗产分配,或者在继承权受侵害时,向法院提起侵害继承权的侵权之诉。如果胎儿娩出时是死体,因为胎儿利益保护的法律目的落空,因此视为其自始不具有民事权利能力。胎儿视为具有民事权利能力这个制度,非常重要,创设此项制度,体现了中国民法对生命高度尊重的人道主义精神。

胎儿毕竟还没有出生、不能像已经出生的自然人那样行使权利,其继承遗产、接受赠与、行使损害赔偿请求权,[1]应当类推适用关于未成年人监护制度的规定,即由监护人(父母)作为法定代理人代理胎儿行使权利。须注意的是,胎儿父母的法定代理权,较之未成年人父母的法定代理权,范围较窄:胎儿父母只能代理胎儿受让权利和利益,但不得为胎儿设定义务;非为胎儿利益,不得处分胎儿的财产。

但因胎儿没有出生,还没有姓名,赠与合同书的受赠人只能写监护人的姓名,但实际的受赠人是胎儿而并不是监护人,所以应当在赠与合同中载明该财产是赠与胎儿的。同理,胎儿行使损害赔偿请求权,也是由监护人以法定代理人的身份起诉。此时监护人代为起诉与一般的法定代理并不一样,当监护人作为未成年人的法定代理人起诉的时候,起诉状上的原告是这个未成年人,而在被监护人是胎儿的情形,起诉状上的原告只能写他的监护人。但监护人所行使的是胎儿的权利,因此应当在起诉状中明确表述其所行使的是胎儿的损害赔偿请求权。

本条第二句还规定,“胎儿娩出时为死体的,其民事权利能力自始不存在”。也就是说,当胎儿出生时为死体,就否定了胎儿的民事权利主体地位,当作其民事权利能力从来不存在。有一个问题,如果胎儿生出来是死胎,那么其已经取得的权利(财产)应如何处置?按照民法理论,胎儿已继承的遗产、受赠的财产及获得的损害赔偿金,应当按不当得利处理。[2]即所获得遗产应当在其他继承人之间重新分配,赠与人有权收回赠与财产,支付损害赔偿金的人有权要求返还该金额。

条文“娩出”一语中的“娩”指“分娩”,不仅指自然分娩,还应包括人工分娩即“剖腹产”;所谓“出”指胎儿与母体分离之时,脐带是否剪断在所不问。

第十七条　成年

十八周岁以上的自然人为成年人。不满十八周岁的自然人为未成年人。

现代民法,以自然人具有意思能力为赋予民事行为能力之前提条件。有意思能力,始有民事行为能力;无意思能力,即无民事行为能力。须注意的是,此所谓意思能力,并非法律所赋予的地位或资格,是指自然人认识自己行为的动机与结果,并根据此认识决定其正常的意思之实际的能力。意思能力,亦称判断能力或者识别能力。而意思能力之有无,是事实问题,理当就各个具体的民事

法律行为,考虑行为人的年龄、智力及精神状态而决定之,不应规定统一的标准。但这在实践上又难以彻底贯彻,否则将影响交易活动的正常进行,并增添许多法律程序和手续。因此,民法采取变通办法,规定成年的年龄,成年人属于有完全民事行为能力,未成年人属于无民事行为能力或者限制民事行为能力。本条规定以 18 周岁为成年标准,年满 18 周岁为成年人,不满 18 周岁为未成年人。

第十八条　完全行为能力、视为完全行为能力

成年人为完全民事行为能力人,可以独立实施民事法律行为。

十六周岁以上的未成年人,以自己的劳动收入为主要生活来源的,视为完全民事行为能力人。

民事行为能力和民事权利能力,是现代民法上两项最重要的法律资格。民事权利能力,是充当民事法律关系主体所必须具备的法律资格。凡具有民事权利能力,均可成为民事法律关系主体,可以享有民事权利和承担民事义务。所谓"民事行为能力",指民事主体据以独立参加民事法律关系,独立实施民事法律行为以取得民事权利或承担民事义务的法律资格。须特别注意的是,民法关于民事权利能力和民事行为能力的规定,均属于强行法规定,任何人均不得放弃其民事权利能力或者民事行为能力,限制或者剥夺自然人民事权利能力或者民事行为能力的行为,应绝对无效。

民法理论上,关于民事行为能力概念,有广义概念与狭义概念之别。广义民事行为能力概念,既包括实施民事法律行为的能力,

也包括实施非法行为的能力;狭义民事行为能力概念,仅指实施民事法律行为的能力。非法行为,如侵权行为,唯发生行为人的责任问题,而不发生行为是否生效问题,理当不要求有民事行为能力。至于合法行为中的事实行为,亦仅发生构成(成立)问题,而不发生效力问题,也无须要求有民事行为能力。可见所谓广义民事行为能力概念,并无实益可言。因此,中国民法上的民事行为能力概念,为狭义概念。

关于自然人的民事行为能力分类,立法例有“二分法”与“三分法”之别。“二分法”,将自然人的民事行为能力分为“有行为能力”和“无行为能力”两种。“三分法”,则将自然人的民事行为能力分为“有行为能力”、“限制行为能力”和“无行为能力”三种。我国《民法通则》采“三分法”,分为完全民事行为能力、限制民事行为能力和无民事行为能力,《民法典》总则编维持不变。

本条第1款规定,成年人为完全民事行为能力人,可以独立实施民事法律行为。现代民法,均以成年作为自然人享有完全民事行为能力的标准。因成年人一般已具有相当的知识和社会经验,且开始独立生活,在社会交往中能够判断和预见自己行为的法律后果。法律赋予完全民事行为能力,使其能够不依赖他人而独立实施民事法律行为,参加民事法律关系。

本条第2款规定“视为”完全民事行为能力制度,相当于立法例上的“拟制成年”制度。各国家及地区关于自然人成年年龄的规定不同,如《法国民法典》规定为18岁;《德国民法典》原规定为21岁,后改为18岁;《日本民法典》规定为20岁;我国台湾地区“民法"亦规定为20岁。因此,规定的法定结婚年龄低于成年年龄的,一般设有所谓"拟制成年"制度。如《日本民法典》第753条规定,"未成年人结婚后,视为成年"。我国台湾地区"民法"第13条第3款规定,"未成年人已结婚者,有行为能力"。

因我国法律所规定的结婚年龄高于成年年龄,故不存在自然人因结婚而"拟制成年"的问题。但根据我国《劳动法》的规定,16岁以上的自然人享有劳动权,得订立劳动合同并获得稳定的工资收入。这类未成年人一旦就业,即取得独立生活的地位。因此《民法通则》规定,"十六周岁以上不满十八周岁的公民,以自己的劳动收入为主要生活来源的,视为完全民事行为能力人",此规定与"拟制成年"制度类似。本条沿用《民法通则》的规定。

第十九条　限制行为能力

八周岁以上的未成年人为限制民事行为能力人,实施民事法律行为由其法定代理人代理或者经其法定代理人同意、追认;但是,可以独立实施纯获利益的民事法律行为或者与其年龄、智力相适应的民事法律行为。

民法设立限制民事行为能力制度的立法目的,在于限制未成年人对其财产的管理、处分权限,避免因其意思能力不足或欠缺社会经验而遭受不利益,以求其财产的维持与保全。因此,未成年人实施对其财产无不利益的行为,法律并无干涉之必要、应允许其单独实施。本条规定,限制行为能力的未成年人实施民事法律行为,原则上应由法定代理人代理或征得法定代理人的同意。在未由法定代理人代理或者征得法定代理人同意的情形下,经法定代理人追认的,该民事法律行为有效;法定代理人拒绝追认的,该民事法律行为无效。

请注意本条设有“但书”规定:限制民事行为能力人“可以独立实施纯获利益的民事法律行为或者与其年龄、智力相适应的民事法律行为”。

所谓“纯获利益的民事法律行为”,如接受无负担的赠与行为、取消非书面赠与的行为。所谓“与其年龄、智力相适应的民事法律行为”,是指:(1)未成年人自由财产的处分行为,包括学费、旅费等由法定代理人预定使用目的的财产,及零用钱等未预定使用目的的财产之处分行为。(2)被法定代理人许可营业的年满16周岁的未成年人的营业行为。(3)我国法律规定满16周岁的未成年人可以参加工作,当然可以独立缔结劳动合同和请求劳动报酬。在校学习的未成年人利用课余或假日从事勤工俭学劳动,当然可以独立缔结劳动合同和请求劳动报酬。(4)日常生活中的定型化行为。如利用网络购买生活及学习用品,利用公共交通工具,购票进入公园等。

第二十条　无行为能力

不满八周岁的未成年人为无民事行为能力人,由其法定代理人代理实施民事法律行为。

本条规定未满 8 周岁的未成年人为无民事行为能力人，其实施民事法律行为必须由法定代理人代理。此外，《民法典》第 144 条规定无民事行为能力人实施的民事法律行为无效。但按照社会生活经验，未成年人年满 6 周岁即应上小学，“未满八周岁的未成年人”，相当于小学一、二、三年级学生，他们难免要独自乘坐公共交通工具、购买学习用品及玩具和零食，更为重要的是他们往往玩网络游戏、手机购物等，如严格按照本条规定这些行为均应一律无效。这显然违背社会生活经验，并且不合情理。

鉴于此，应当认为本条存在法律漏洞，建议类推适用《民法典》第 19 条末句“但书”关于限制行为能力人“可以独立实施纯获利益的民事法律行为或者与其年龄、智力相适应的民事法律行为”的规定。所谓“纯获利益”的民事法律行为，指接受无负担的赠与行为。所谓“与其年龄、智力相适应的民事法律行为”，指未满 8 周岁未成年人的自由财产的处分行为，包括学费等由法定代理人预定使用目的的财产，及零用钱等未预定使用目的的财产之处分行为；以及玩（无害于身心健康的）网络游戏，利用网络购买生活和学习用品，乘坐公共交通工具，购票进入公园等行为。

第二十一条　成年智力障碍者（一）

不能辨认自己行为的成年人为无民事行为能力人，由其法定代理人代理实施民事法律行为。

八周岁以上的未成年人不能辨认自己行为的，适用前款规定。

本条所谓“不能辨认自己行为的成年人”,立法例上称为“成年障碍者”。但立法例所谓“成年障碍者”,包括“智力障碍者”、“功能障碍者”和“肢体障碍者”,而本条所规定的“不能辨认自己行为的成年人”及第22条规定的“不能完全辨认自己行为的成年人”,仅指其中的“成年智力障碍者”。盖因《民法典》总则编的立法者认为,成年人仅“功能障碍”或者“肢体障碍”,并不影响其意思能力(辨认自己行为的能力),因此不影响其民事行为能力,应无为其设立监护人、法定代理人之必要。再将“成年智力障碍者”,以“智力障碍”的严重程度,区分为“完全智力障碍”与“部分智力障碍”,并相应决定其为无民事行为能力人(本条),或者限制民事行为能力人(《民法典》第22条)。

本条第1款规定,“不能辨认自己行为的成年人”,即“成年完全智力障碍者”,为无民事行为能力人,须由其法定代理人代理实施民事法律行为。又考虑到“八周岁以上的未成年人”,本应属于限制民事行为能力人(《民法典》第19条),如其属于“不能辨认自己行为”即“完全智力障碍”,亦应与“完全智力障碍”的成年人同样对待。因此本条第2款规定,“八周岁以上的未成年人不能辨认自己行为的,适用前款规定”。

第二十二条　成年智力障碍者(二)

不能完全辨认自己行为的成年人为限制民事行为能力人,实施民事法律行为由其法定代理人代理或者经其法定代理人同意、追认;但是,可以独立实施纯获利益的民事法律行为或者与其智力、精神健康状况相适应的民事法律行为。

本条规定不能完全辨认自己行为的成年人,即成年部分智力障碍者,为限制民事行为能力人。其实施民事法律行为,须由其法定代理人代理或者经其法定代理人同意、追认。并设"但书"规定,"可以独立实施纯获利益的民事法律行为或者与其智力、精神健康状况相适应的民事法律行为"。所谓"纯或利益"的民事法律行为,指接受无负担赠与的行为;所谓"与其智力、精神健康状况相适应的"民事法律行为,主要是购买日常生活的食品、用品的行为,及向银行支取购买日常生活的食品、用品的相应金额的行为。

第二十三条　法定代理人

无民事行为能力人、限制民事行为能力人的监护人是其法定代理人。

本条规定无民事行为能力人、限制民事行为能力人的监护人,是其法定代理人。至于监护人如何确定,则应依本章第二节的规则。

第二十四条　成年人无行为能力、限制行为能力的认定与恢复

不能辨认或者不能完全辨认自己行为的成年人,其利害关系人

或者有关组织,可以向人民法院申请认定该成年人为无民事行为能力人或者限制民事行为能力人。

被人民法院认定为无民事行为能力人或者限制民事行为能力人的,经本人、利害关系人或者有关组织申请,人民法院可以根据其智力、精神健康恢复的状况,认定该成年人恢复为限制民事行为能力人或者完全民事行为能力人。

本条规定的有关组织包括:居民委员会、村民委员会、学校、医疗机构、妇女联合会、残疾人联合会、依法设立的老年人组织、民政部门等。

未成年人之属于无民事行为能力、限制民事行为能力,依年龄确定,未满 8 周岁即属于无民事行为能力,满 8 周岁即属于限制民事行为能力,不发生认定问题。但成年智力障碍者之属于无民事行为能力或者限制民事行为能力,则有一个认定问题。无民事行为能力、限制民事行为能力之认定,实质上是对成年人所具有的民事行为能力的剥夺或者限制,关系该成年人及其利害关系人的重大利益,故本条规定其认定机关为人民法院。换言之,唯有人民法院(应当是基层人民法院)拥有此项权力。但人民法院不能主动认定,须由申请人提出申请。本条规定,申请人须是该成年人的利害关系人或者有关组织。

人民法院认定无民事行为能力或者限制民事行为能力的案件,适用《民事诉讼法》规定的特别程序。按照《民事诉讼法》第 187 条的规定,申请认定公民无民事行为能力或者限制民事行为能力,由其近亲属或者其他利害关系人向该公民住所地基层人民法院提出。申请书应当写明该公民无民事行为能力或者限制民事行为能力的事实和根据。须注意的是,关于申请人,本条第1款规定的是“其利害关系人或者有关组织”,《民事诉讼法》规定的是“其近亲属或者其他利害关系人”,应当统一解释为,由该成年人的“近亲属或者其利害关系人、有关组织”提出申请。

按照《民事诉讼法》第189条的规定,人民法院审理认定公民无民事行为能力或者限制民事行为能力的案件,应当由该公民的近亲属为代理人,但申请人除外。近亲属互相推诿的,由人民法院指定其中一人为代理人。该公民健康情况许可的,还应当询问本人的意见。人民法院经审理认定申请有事实根据的,判决该公民为无民事行为能力或者限制民事行为能力人;认定申请没有事实根据的,应当判决予以驳回。

本条第2款规定,被人民法院认定为无民事行为能力人或者限制民事行为能力人的,经本人、利害关系人或者有关组织申请,人民法院可以根据其智力、精神健康恢复的状况,认定该成年人恢复为限制民事行为能力人或者完全民事行为能力人。条文所谓“认定该成年人恢复为限制民事行为能力人或者完全民事行为能力人”,实际上指人民法院撤销此前认定该成年人为无民事行为能力人或者限制民事行为能力人的原判决。

按照《民事诉讼法》第190条的规定,人民法院根据被认定为无民事行为能力人、限制民事行为能力人或者他的监护人的申请,证实该公民无民事行为能力或者限制民事行为能力的原因已经消除的,应当作出新判决,撤销原判决。须注意的是,《民事诉讼法》的规定与本条的规定有不一致之处:《民事诉讼法》规定的申请人是本人“或者他的监护人”,而本条第2款规定的申请人是“本人、利害关系人或者有关组织”。显而易见,关于此“申请人”的规定,《民事诉讼法》遗漏了“利害关系人”,本条第2款遗漏了“监护人”。故本条第2款“经本人、利害关系人或者有关组织申请”,应当解释为,“经本人或者其监护人、利害关系人申请”。《民事诉讼法》第190条相应规定,亦应作同一解释。

联系《民法典》第28条和第32条的规定,成年人已经依据本条第1款的规定被人民法院认定为无民事行为能力人或者限制民事行为能力人,即已依法为其确定了监护人,此监护人可以是“有关组织”(民政部门,或者居民委员会、村民委员会),故本条第2款条文中的申请人,应通过解释增加“监护人”,并同时删除“有关组织”。

鉴于认定成年人无民事行为能力或者限制民事行为能力案件的性质,人民法院依据本条第1款作出的认定成年人无民事行为能力或者限制民事行为能力的判决,以及依据本条第2款作出的认定该成年人恢复限制民事行为能力或者完全民事行为能力的判决(撤销原判决的新判决),应当自判决作出之时立即生效。

第二十五条　住所

自然人以户籍登记或者其他有效身份登记记载的居所为住所;经常居所与住所不一致的,经常居所视为住所。

所谓“住所”，是指民事主体发生法律关系之中心地域。住所在法律上具有重要意义。自然人的住所，是决定监护关系，决定宣告失踪、宣告死亡，决定债务履行地，决定诉讼管辖地，决定涉外法律适用之准据法的重要因素。例如，《民法典》第31条规定，对监护人的确定有争议的，由被监护人住所地的居民委员会、村民委员会或者民政部门指定。《民事诉讼法》第183条规定，宣告失踪案件，由“下落不明人住所地”的基层人民法院管辖。本条规定，“自然人以户籍登记或者其他有效身份登记记载的居所为住所；经常居所与住所不一致的，经常居所视为住所”。

请注意，“居所”“经常居所”“住所”三概念，均指“地域”。“居所”指居住的地域，“经常居所”指经常居住的地域，“住所”是法定居住的地域。例如，家住北京市东城区西总布胡同第某号的自然人，北京市东城区是其住所。假如他退休后一直居住在昆明市五华区某街某小区，则昆明市五华区是其经常居所。因其经常居所（昆明市五华区）与法定住所（北京市东城区）不一致，故应将昆明市五华区（经常居所）视为其住所。

鉴于无民事行为能力人、限制民事行为能力人，系由其法定代理人代受意思表示、代收法律文书，故无民事行为能力人、限制民事行为能力人，应当以其法定代理人的住所，视为其住所。此外，在中华人民共和国领域内无户籍登记和经常居所的外国人、无国籍人，应将其居所视为住所。

第二十六条　父母与子女相互的义务

父母对未成年子女负有抚养、教育和保护的义务。

成年子女对父母负有赡养、扶助和保护的义务。

监护制度源于罗马法。罗马法上对于未成年人所设的监护人,称保护人;对于智力障碍的成年人所设的监护人,称照管人。监护人为保护人与照管人的总称。被监护人为被保护人与被照管人的总称。近现代民法监护制度,仍分为未成年人监护与(智力障碍的)成年人监护,但无保护人与照管人之分,而统称监护人。鉴于成年监护制度的实质是禁止智力障碍的成年人(被称为"禁治产人")处分自己的财产,故成年监护制度亦称为"禁治产制度"。20世纪末,欧美诸国相继对成年监护制度进行改革,废除"禁治产制度",建立以维护成年障碍者人格尊严和正常社会参与为宗旨的成年照顾制度。《民法典》总则编之制定,总结《民法通则》实施以来的监护实践,并参考发达国家和地区监护立法经验,对《民法通则》规定的未成年监护制度予以充实完善,并废除精神病人监护(禁治产)制度,设立成年(智力障碍者)监护制度,以构成统一的监护制度。

民法监护制度之立法目的,在于弥补被监护人民事行为能力之欠缺,着重于保护被监护人之合法权益,而非为监护人自身之利益。因此,监护并不是监护人的权利。罗马法亦未视监护为权利,而称之为一种公职。《民法典》总则编规定监护制度,纯粹为保护被监护人的合法权益,绝对不允许监护人借监护以谋取自身利益。

第 34 条明文规定,“监护人的职责”是“保护被监护人的人身权利、财产权利以及其他合法权益”。故监护之本质为一种职责而非民事权利,应毋庸置疑。

本节规定监护制度,但其第一个条文(本条)不规定监护的定义,而是规定父母对未成年子女的义务及成年子女对父母的义务。本条第 1 款规定,“父母对未成年子女负有抚养、教育和保护的义务”。第 2 款规定,“成年子女对父母负有赡养、扶助和保护的义务”。

推测本条之立法者意思,似有认为父母子女相互间的权利义务关系,是监护制度之基础(根据)的意义。《民法典》规定,未成年人的监护人首先是其父母,仅在其父母均死亡或者没有监护能力的情形,才由别的人担任其监护人(第 27 条);对于智力障碍的成年人,如无配偶或者配偶不能担任监护人,则其成年子女担任监护人(第 28 条)。可见,《民法典》总则编立法者认为,父母对未成年子女负有“抚养、教育和保护的义务”,是父母担任未成年子女监护人的“前提”;确保父母对未成年子女所负有的“抚养、教育和保护的义务”之切实履行,则是监护制度的本质和目的。抚养义务、教育义务,可由父或母支付抚养费、教育费的办法保障其实现,而保护义务则非由父母双方或者父母一方(父母双亡或无监护能力时由别的人)“身体力行”、承担“保护”职责不可。罗马法称未成年人之监护人为“保护人”,原因在此。成年子女担任有智力障碍的父母的监护人,亦是如此。《民法典》总则编在本节监护制度之第一个条文(本条)规定父母对未成年子女的义务、成年子女对父母的义务,其理由和逻辑在此。

第二十七条　未成年人的监护人

父母是未成年子女的监护人。

未成年人的父母已经死亡或者没有监护能力的,由下列有监护能力的人按顺序担任监护人:

(一)祖父母、外祖父母;

(二)兄、姐;

(三)其他愿意担任监护人的个人或者组织,但是须经未成年人住所地的居民委员会、村民委员会或者民政部门同意。

如前所述,未成年人监护制度的目的,在确保父母对于未成年子女的“抚养、教育和保护的义务”之实现。因此,本条第1款规定,“父母是未成年子女的监护人”。仅在父母双方均死亡或者均没有监护能力的情形下,才由父母之外的人担任未成年子女的监护人。第2款所谓“父母已经死亡”,指父母双方均已经死亡。此“死亡”概念,包括实际死亡和被宣告死亡。所谓“没有监护能力”是指不能亲自对未成年子女进行“抚养、教育”,特别是不能亲自以“保护人”身份保护未成年子女的人身安全。至于其不能亲自对未成年子女进行“抚养、教育”,特别是不能亲自以“保护人”身份保护未成年子女的人身安全的原因,是其身患严重疾病或者在监狱服刑等,则在所不问。

本条第2款在规定由父母之外的人担任未成年子女监护人的

前提条件之后,明确规定了可以担任监护人的范围和顺序。第一顺序是有监护能力的祖父母、外祖父母;第二顺序是有监护能力的兄、姐;第三顺序是其他“愿意担任监护人的个人或者组织”。

请特别注意的是,此第三顺序的个人或者组织担任监护人,须经该未成年人住所地的居民委员会、村民委员会或者民政部门同意。之所以这样规定,是出于被监护的未成年人最大利益的考虑。未成年人住所地的居民委员会、村民委员会或者民政部门,不仅要审查“愿意担任监护人的个人”是否具有“监护能力”,还要审查其道德品质是否优良和担任监护人的动机是否纯正。仅在没有个人愿意担任监护人或者愿意担任监护人的个人经审查未获得居民委员会、村民委员会或者民政部门同意的情形下,才考虑由“组织”担任监护人。

但本条未明示哪些组织可以担任未成年人的监护人。探求本条立法目的,可以担任监护人的“组织”,应当是该未成年人父母所在(或所属)的单位,或者该未成年人住所地的居民委员会、村民委员会,或者住所地的民政部门。此外,未成年人父母所在(所属)组织担任监护人,亦须经该未成年人住所地的居民委员会、村民委员会或者民政部门同意;未成年人住所地的居民委员会或者村民委员会担任监护人,须经民政部门同意。鉴于民政部门作为国家机关的性质和职能,其担任未成年人的监护人,无须经被监护人住所地居民委员会、村民委员会同意,自不待言。

第二十八条　成年智力障碍者的监护人

无民事行为能力或者限制民事行为能力的成年人,由下列有监护能力的人按顺序担任监护人:

(一)配偶;

(二)父母、子女;

(三)其他近亲属;

(四)其他愿意担任监护人的个人或者组织,但是须经被监护人住所地的居民委员会、村民委员会或者民政部门同意。

本条规定被认定为无民事行为能力人、限制民事行为能力人的成年智力障碍者的监护人。按照本条规定,第一顺序是该成年智力障碍者具有监护能力的配偶;第二顺序是具有监护能力的父母、子女;第三顺序是其他具有监护能力的近亲属;第四顺序是其他愿意担任监护人的个人或者组织,但须经被监护人住所地的居民委员会、村民委员会或者民政部门同意。

须注意的是,条文未明示所谓(愿意担任监护人的)"组织"究竟指什么样的"组织",按照立法目的解释,这里的愿意担任被认定为无民事行为能力或者限制民事行为能力的成年智力障碍者的监护人的"组织",应当是指被监护人所在(所属)单位,或者对被监护人实施强制医疗的医疗机构(精神病医院)。

第二十九条　遗嘱监护人

被监护人的父母担任监护人的，可以通过遗嘱指定监护人。

按照本条规定，被监护人的父母担任监护人的，可以通过遗嘱指定监护人。须注意，本条遗嘱监护人制度，应当适用于未成年人监护和成年人（成年智力障碍者）监护。条文中的“被监护人”，指由其父母（父或母）担任其监护人的未成年人、成年智力障碍者。所谓“遗嘱监护人”，即担任监护人的父母（父或母）生前在所立遗嘱中为被监护人指定的监护人。遗嘱属于死因行为，须在遗嘱人死亡之时发生效力，被指定的监护人须于遗嘱人死亡之时获得监护人资格并开始履行监护职责。

民法上的“遗嘱”，本是自然人处分自己死后的“遗产”的单方民事法律行为，其成立和生效应当遵循《民法典》继承编的有关规定及关于民事法律行为的规定。“遗嘱”本属于（处分遗产的）财产行为，因遗嘱人依本条规定，用遗嘱为自己监护之下的未成年子女、智力障碍的成年子女指定监护人，遗嘱也就具有了身份行为的性质。如果遗嘱内容仅限于指定遗嘱监护人，此项遗嘱应当属于身份行为；如果遗嘱既有处分遗产的内容，也有指定监护人的内容，则此项遗嘱便兼有财产行为和身份行为的双重性质。

一个问题是，遗嘱监护人是否受《民法典》第 27 条规定担任未成年人的监护人、第 28 条规定担任成年智力障碍者监护人的范围和顺序的限制？按照监护制度立法目的及条文间的逻辑关系，应当肯定，遗嘱指定监护人应当受该两个条文规定担任监护人的范围的限制,而不受规定担任监护人顺序的限制。亦即为未成年人指定的遗嘱监护人,应当属于第 27 条第 2 款规定范围内的个人或者组织,为成年智力障碍者指定的遗嘱监护人,应当属于第 28 条规定范围内(父母除外)的个人或者组织。且指定第 27 条第 2 款第 3 项、第 28 条第 4 项规定的"其他愿意担任监护人的个人或者组织"担任遗嘱监护人的,在遗嘱生效后,须经被监护人住所地的居民委员会、村民委员会或者民政部门同意。如果被监护人住所地的居民委员会、村民委员会或者民政部门不同意,则该遗嘱关于指定监护人的内容不生效,应当按照《民法典》规定另行为被监护人确定监护人。

另一个问题是,遗嘱所指定的监护人(个人或者组织)可否拒绝担任监护人?按照"遗嘱"的性质,遗嘱人订立遗嘱无论是自书遗嘱或者公证遗嘱,均不要求事先征得拟指定的人(个人或者组织)同意,依据意思自治原则,遗嘱内容公开后被指定的个人或者组织理当可以拒绝担任监护人。这种情形,则该遗嘱关于指定监护人的内容归于无效,应当按照《民法典》规定另行为被监护人确定监护人,自不待言。

第三十条　协商确定监护人

依法具有监护资格的人之间可以协议确定监护人。协议确定监护人应当尊重被监护人的真实意愿。

本条规定有监护资格的人协商确定监护人。条文所谓"有监护资格的人”,指《民法典》第27条和第28条明文规定可以担任监护人范围内的个人或者组织。此“监护资格”为法律赋予的特定法律资格。具有此项资格,才可以担任未成年人或者智力障碍的成年人的监护人。并且,仅法律规定属于同一顺序的有监护资格的人之间可以协议确定监护人,虽有监护资格但属于不同顺序的人不得协议确定监护人。

例如,按照本条规定,父母之间可以协议确定由父或母单独担任或者父母共同担任未成年子女的监护人。如果父母之间未进行此项协议,应当认定为父母共同担任监护人。此外,祖父母、外祖父母之间可以协议确定由谁单独(或者谁与谁共同)担任监护人;同样,兄姐之间也可以进行此项协议。在被监护人父母双亡或者没有监护能力,并且不能由第一、第二顺序的人担任监护人的情形下,“其他愿意担任监护人的个人或者组织”之间也可以协议确定监护人,所确定的监护人须经被监护人住所地的居民委员会、村民委员会或者民政部门同意。协议确定智力障碍的成年人的监护人与此相同,兹不赘述。

本条第二句规定“协议确定监护人应当尊重被监护人的真实意愿”,应当如何理解?鉴于无民事行为能力的(不满8周岁的)未成年人和(完全智力障碍的)成年人,不可能形成和决定自己的意愿(意思),仅具有限制民事行为能力的(年满8周岁的)未成年人和(部分智力障碍的)成年人,可能形成和决定自己的意愿(意思),故对第二句中的“被监护人”应当作限缩解释,限于“具有限制民事行为能力的被监护人”。因此,本条第二句应解释为:协议确定监护人应当尊重"具有限制民事行为能力的被监护人的真实意愿"。

第三十一条　指定监护人

对监护人的确定有争议的,由被监护人住所地的居民委员会、村民委员会或者民政部门指定监护人,有关当事人对指定不服的,可以向人民法院申请指定监护人;有关当事人也可以直接向人民法院申请指定监护人。

居民委员会、村民委员会、民政部门或者人民法院应当尊重被监护人的真实意愿,按照最有利于被监护人的原则在依法具有监护资格的人中指定监护人。

依照本条第一款规定指定监护人前,被监护人的人身权利、财产权利以及其他合法权益处于无人保护状态的,由被监护人住所地的居民委员会、村民委员会、法律规定的有关组织或者民政部门担任临时监护人。

监护人被指定后,不得擅自变更;擅自变更的,不免除被指定的监护人的责任。

本条规定指定监护人和临时监护人。第1款规定指定监护人的前提条件和指定(权)人。指定监护人的前提条件是"对监护人的确定有争议"。谁对监护人的确定有争议?有什么样的争议?按照监护制度立法目的及条文间的逻辑关系,应指《民法典》第27条第2款、第28条规定的同一顺序有监护资格的人,对于监护人

的确定有争议。亦即同一顺序有监护资格的人在二人以上,他们之间不能达成确定谁担任或者共同担任监护人的协议。这种情形,即属于“对监护人的确定有争议”,应当由被监护人住所地的居民委员会、村民委员会或者民政部门指定监护人。

第1款接下来规定:“有关当事人对指定不服的,可以向人民法院申请指定监护人;有关当事人也可以直接向人民法院申请指定监护人。”所谓“有关当事人”,指对于确定监护人有争议的各方当事人(同一顺序有监护资格的人),对居民委员会、村民委员会或者民政部门的指定不服,包括对指定谁担任监护人不服以及被指定担任监护人的人对指定不服(不愿意担任监护人)。这种情形,有关当事人可以向被监护人住所地的人民法院申请指定监护人。最后一句规定,对确定监护人有争议的各方当事人,也可以不经居民委员会、村民委员会或者民政部门指定而径直向被监护人住所地的人民法院申请指定监护人。请注意人民法院指定监护人,须“有关当事人”向人民法院申请,而被监护人住所地的居民委员会、村民委员会或者民政部门无须“有关当事人”申请而主动指定监护人。

本条第2款规定指定监护人的原则和在什么范围的人中间指定。本款规定,指定监护人“应当尊重被监护人的真实意愿,按照最有利于被监护人的原则”。实际是两项原则:其一,尊重被监护人的真实意愿原则;其二,最有利于被监护人原则。如何理解两项原则的适用范围及二者之间的逻辑关系?前已述及,唯具有限制民事行为能力的被监护人才有形成和决定其意愿的意思能力,而无民事行为能力的被监护人没有形成和决定其意愿的意思能力,故尊重被监护人的真实意愿原则仅适用于年满8周岁的未成年人和部分智力障碍(条文表述是“不能完全辨认自己行为”)的成年人。仅为年满8周岁的未成年人和部分智力障碍的成年人指定监护人,应当“尊重被监护人的真实意愿”。为不满8周岁的未成年人、完全智力障碍(条文表述是“不能辨认自己行为”)的成年人指定监护人,则应当按照最有利于被监护人原则。至于指定谁为监护人“最有利于被监护人”,则由指定单位针对被监护人的具体情况按照社会生活经验进行判断。

请特别注意,最有利于被监护人原则对于具有限制民事行为能力的被监护人亦有使用余地。按照社会生活经验,被监护人的真实意愿在多数情形与最有利于被监护人原则是一致的,但也有少数情形尊重被监护人的真实意愿反而对被监护人不利。鉴于监护制度立法目的,并考虑到具有限制民事行为能力的被监护人毕竟意思能力不足(不能完全辨认自己行为的“后果”),因此,于指定单位认为被监护人的真实意愿与最有利于被监护人原则抵触的情形,应当按照最有利于被监护人原则指定监护人,而不考虑被监护人的“意愿”。

还应注意的是,本条第2款规定指定单位“尊重被监护人的真实意愿,按照最有利于被监护人的原则在依法具有监护资格的人中指定监护人”,意思是,指定单位依据本条指定监护人,应受第27条、第28条规定的具有监护资格人的“范围”的限制、但不受两个条文规定的(担任监护人)“顺序”的限制。

本条第3款规定“临时监护人”。按照本条第1款由指定单位指定监护人之前,因“对监护人的确定有争议”,被监护人处于无人监护状态,亦即条文所谓“被监护人的人身权利、财产权利以及其他合法权益处于无人保护状态”,这种情形由被监护人住所地的居民委员会、村民委员会或者民政部门担任临时监护人。“临时监护人”身份,于“对监护人的确定”发生争议之时“当然取得”,于(正式)监护人被指定之时归于消灭。此“临时监护人”的职责与“正式”监护人职责相同。从条文关于“临时监护人”的规定看,担任“临时监护人”的首先是被监护人住所地的居民委员会或者村民委员会,该居民委员会或者村民委员会“没有监护能力”的,应当主动报告当地民政部门,由该民政部门担任临时监护人。

本条第4款规定被指定的监护人“擅自变更”的责任。请注意,本款条文未明示被指定的监护人可否拒绝担任监护人,只是规定“不得擅自变更”。立法者意思是,监护人具有“公职”的性质(源于罗马法),担任监护人是具有监护资格的人的一种(公职)义务。因此,本条第2款规定指定单位依据法律规定的原则,从具有监护资格的人中“指定”(人民法院是以“判决”指定)监护人,无须征得被指定人“同意”,也不允许被指定人“拒绝”。但考虑到社会生活的复杂性,被指定的监护人如果有不能履行监护职责的不得已事由,可以与其他有监护资格的人协商“变更”监护人,即由其他有监护资格的人代替自己担任监护人。但本款明确规定,被指定监护人进行此种(协商)“变更”必须征得原指定单位同意。未征得原指定单位同意而(协商)“变更”监护人,属于本款所谓“擅自变更","擅自变更的,不免除被指定的监护人的责任"。亦即"擅自变更"后的监护人不履行监护职责或者侵害被监护人合法权益,依据《民法典》第 34 条第 3 款规定所发生的法律责任,仍应由被指定的监护人承担。反之,如属经原指定单位同意的"变更",被指定的监护人无须承担这样的法律责任。

第三十二条　民政部门等担任监护人

没有依法具有监护资格的人的,监护人由民政部门担任,也可以由具备履行监护职责条件的被监护人住所地的居民委员会、村民委员会担任。

本条所谓"没有依法具有监护资格的人",指在被监护人是未成年人的情形,该未成年人的父母均死亡或者均没有监护能力,并且也没有第 27 条第 2 款规定的具有监护资格的人;在被监护人属于智力障碍的成年人的情形,没有第 28 条规定的具有监护资格的人。按照本条规定,被监护人"没有依法具有监护资格的人",即由民政部门担任监护人。但如被监护人住所地的居民委员会、村民委员会"具备履行监护职责条件",也可以由居民委员会或者村民委员会担任监护人。从条文可知,民政部门担任监护人,是其行政机关职能决定的、无条件的。只要被监护人"没有依法具有监护资格的人",当地民政部门就应当担任监护人。居民委员会、村民委员会担任监护人,是有条件的:须"具备履行监护职责条件"。所谓"具备履行监护职责条件"究何所指?联系《民法典》第 34 条关于

监护职责的规定,此所谓“具备履行监护职责条件”,是指该居民委员会或者村民委员会的“工作人员”中,有能够履行“监护人职责”,即“代理被监护人实施民事法律行为,保护被监护人的人身权利、财产权利以及其他合法权益等”的适当人选。

第三十三条　意定监护人

具有完全民事行为能力的成年人,可以与其近亲属、其他愿意担任监护人的个人或者组织事先协商,以书面形式确定自己的监护人,在自己丧失或者部分丧失民事行为能力时,由该监护人履行监护职责。

依据本条规定,具有完全民事行为能力的成年人,可以与自己的近亲属、其他愿意担任监护人的个人或者组织事先协商,以书面形式确定自己的监护人。协商确定的监护人,于本人意思能力衰退不能处理自己的事务时履行监护职责。请注意条文“事先”一词,指该成年人具有意思能力、智力正常、完全能够自己处理自己的事务,即不需要由别人“监护”之时;所谓“协商”,指该成年人(本人)与自己选定的可信赖的人(相对人)商定(约定),于自己智力衰退、需要人“监护”时,由相对人担任自己的监护人。所谓“以书面形式确定自己的监护人”,即本人(该成年人)与相对人(本人选定的可信赖的人)协商达成书面协议,协议的内容即由相对人担任本人(将来的)监护人。

依据本条产生的监护人,称为“意定监护人”,即由被监护人自己选定的监护人。须注意的是,意定监护人,仅适用于成年人监护,不适用于未成年人监护。并且,须成年人智力完全正常(尚不需要监护)之时协商确定自己的(意定)监护人,一旦该成年人智力衰退(不能完全辨认自己行为),就不能由他自己协商确定(意定)监护人,而应当按照《民法典》第 28 条至第 32 条的规定,(由他人)为其确定监护人。

虽然本条仅要求"意定监护"须采取"书面形式",但从监护制度立法目的和监护职责之关系被监护人重大利益考虑,此项书面协议以采取公证形式订立为宜。[3]考虑到社会生活的复杂性,依据本条以书面形式确定的(意定)监护人,于本人智力衰退、需要监护之前已经丧失监护能力或者不再受本人信赖,本人当然有权撤销此前订立的书面协议(相对人因此丧失监护人身份),并另订书面协议确定另外的、值得信赖的人为自己的(意定)监护人。于本人智力衰退、需要监护之时,如原书面协议确定的(意定)监护人丧失监护能力或者不适于担任监护人(如有《民法典》第 36 条规定情形之一),则人民法院应当根据有关个人或者组织的申请,撤销该(意定)监护人资格(身份),同时为本人另外指定监护人,自不待言。

第三十四条　监护职责

监护人的职责是代理被监护人实施民事法律行为,保护被监护人的人身权利、财产权利以及其他合法权益等。

监护人依法履行监护职责产生的权利,受法律保护。

监护人不履行监护职责或者侵害被监护人合法权益的,应当承担法律责任。

因发生突发事件等紧急情况,监护人暂时无法履行监护职责,被监护人的生活处于无人照料状态的,被监护人住所地的居民委员会、村民委员会或者民政部门应当为被监护人安排必要的临时生活照料措施。

本条第1款规定,“监护人的职责是代理被监护人实施民事法律行为,保护被监护人的人身权利、财产权利以及其他合法权益等”。本款将监护职责区分为两项:一是代理被监护人实施民事法律行为;二是保护被监护人的人身权利、财产权利以及其他合法权益。实际是在《民法通则》第18条第1款规定的“保护被监护人的人身、财产及其他合法权益等”(本款第二项职责)基础上,增加了(作为被监护人的法定代理人)“代理被监护人实施民事法律行为”(本款第一项职责)。

理解和解释本款关于监护人职责的规定,可参考最高人民法院《关于贯彻执行〈中华人民共和国民法通则〉若干问题的意见(试行)》(以下简称《民通意见》)第10条的解释:“监护人的监护职责包括:保护被监护人的身体健康,照顾被监护人的生活,管理和保护被监护人的财产,代理被监护人进行民事活动,对被监护人进行管理和教育,在被监护人合法权益受到侵害或者与人发生争议时,代理其进行诉讼。”最高人民法院此司法解释,经长期实践证明是适当的。

参考最高人民法院上述司法解释,本条第 1 款规定的监护人的监护职责是:(1)保护被监护人的人身安全;(2)对被监护人进行管理和教育;(3)照顾被监护人的生活;(4)管理和保护被监护人的财产;(5)代理被监护人实施民事法律行为和进行诉讼活动。

请特别注意,其中第一项至第四项,是将本款条文"保护被监护人的人身权利、财产权利以及其他合法权益等",解释为可以准确把握、实施的具体"事实行为"。因条文"保护被监护人的人身权利、财产权利以及其他合法权益等"一句,难以涵盖对被监护人进行管理(无民事行为能力的未成年人和成年人)和教育(未成年人)、照顾被监护人的生活、管理被监护人的财产等重要的"监护职责"。

质言之,起草人未能注意到"权利"与"权利主体""权利客体"之间的区别。"保护被监护人的人身权利",不能代替"对被监护人进行管理和教育",不能代替"照顾被监护人的生活",不能代替为被监护人决定医疗、手术、疗养、护理及是否入住养老院等事务;"保护被监护人的财产权利",不能代替"对被监护人财产的日常管理"(如对房屋的日常管理、维护以及出租等)。故采目的解释方法予以补全。

其中第五项,是在条文"代理被监护人实施民事法律行为"的基础上,补充了代理被监护人"进行诉讼活动"。监护人作为被监护人的法定代理人,在被监护人合法权益受到侵害或者与人发生争议时,代理被监护人进行诉讼活动(起诉、应诉),是监护人职责应有之义,但条文"实施民事法律行为"一语未予涵盖,亦采目的解释方法予以补全。

本条第 2 款规定监护人履行监护职责所产生权利受法律保护。条文所谓“履行监护职责产生的权利”,并非所谓“监护权”,因“监护”对于监护人而言,仅是“职责”而非“权利”。条文“履行监护职责产生的权利”,例如,监护人作为被监护人财产的管理人拥有“财产管理权”;监护人作为被监护人的法定代理人,代理被监护人实施民事法律行为或者进行诉讼活动时拥有代理权及诉讼权利。

值得注意的是,监护人履行监护职责,可否产生“报酬请求权”,《民法典》及《民法通则》均无明文规定。按照监护制度之立法目的并参考立法例,应当肯定,法定扶养义务人(被监护人的父母、配偶和近亲属)及居民委员会、村民委员会或者民政部门担任监护人,不发生报酬请求权。因为,对于法定扶养义务人而言,担任监护人、履行监护职责,本属于其法定义务;对于居民委员会、村民委员会和民政部门而言,担任监护人、履行监护职责,属于其公职(职能)。但是,《民法典》第 27 条、第 28 条规定的“其他愿意担任监护人的个人或者组织”,对于被监护人并无法定(抚养、赡养、扶养)义务,没有理由要求其无偿履行监护职责。为鼓励其积极履行监护职责,实现监护制度的立法目的,并体现民法权利义务相一致的原则,应当肯定其有请求合理报酬的权利。[4]

因此,居民委员会、村民委员会、民政部门或者人民法院指定“其他愿意担任监护人的个人或者组织”担任监护人的,应同时明示是否支付报酬及支付报酬的标准。具有完全民事行为能力的成年人依据《民法典》第33条规定协议确定(意定)监护人的,其协议中如约定向(意定)监护人支付报酬,该约定当然有效。至于对被监护人无法定义务的个人或者组织担任监护人,所发生的“监护费用”(履行监护职责的合理费用),应当从被监护人财产中支付,自不待言。

本条第3款规定监护人的法律责任。依据本款规定,监护人不履行监护职责或者侵害被监护人合法权益的,应当对被监护人承担法律责任。监护人滥用监护权或者不履行监护职责致被监护人遭受损害的,监护人须承担法律责任,是立法例公认的原则。监护人责任,是促使监护人认真履行监护职责、保护被监护人合法权益的必要制度。所谓“法律责任”,主要是损害赔偿责任。此损害赔偿责任,属于过错侵权责任,以加害人具有过错(故意、过失)为构成要件。其“监护人过失”之判断,应以“善良管理人之注意”为标准。[5]监护人的侵害行为已构成犯罪的,应追究其刑事责任,自不待言。

第三十五条　监护原则

监护人应当按照最有利于被监护人的原则履行监护职责。监护人除为维护被监护人利益外,不得处分被监护人的财产。

未成年人的监护人履行监护职责,在作出与被监护人利益有关的决定时,应当根据被监护人的年龄和智力状况,尊重被监护人的真实意愿。

成年人的监护人履行监护职责,应当最大程度地尊重被监护人的真实意愿,保障并协助被监护人实施与其智力、精神健康状况相适应的民事法律行为。对被监护人有能力独立处理的事务,监护人不得干涉。

本条第1款实际上规定了两项基本原则:第一项是"最有利于被监护人的原则",是监护人履行监护职责必须遵循的基本原则;第二项是"除为维护被监护人利益外,不得处分被监护人的财产"的原则,是监护人管理被监护人的财产必须遵循的基本原则。这两项基本原则,对未成年人监护、成年人监护均应适用。

请注意,第二项基本原则,即"除为维护被监护人利益外,不得处分被监护人的财产"的原则,明文禁止监护人滥用"财产管理权"为监护人自己的利益和目的处分被监护人的财产,具有十分重要的意义。但条文未就监护人应当如何管理被监护人财产作出规定,有不利于妥善保护被监护人财产之虞。鉴于保护被监护人的财产权益是设立监护制度的目的之一,并且被明确规定为监护人的监护职责(第34条),应采目的解释方法并参考有关立法例补充此项漏洞。监护人管理被监护人的财产,应当遵循如下要点(要求):(1)监护人应当制作被监护人财产的目录,明确区别哪些是被监护人的财产、哪些是自己的财产,避免发生二者的"混同";(2)监护人在管理被监护人的财产时,应尽与管理自己财产同一之注意义务,此与监护人保护被监护人的人身权益应尽"善良管理人(善良家父)之注意义务"稍有区别;(3)禁止为监护人自己的利益(目的)处分被监护人的财产;(4)如需对被监护人财产作重大处分行为(如不动产转让、抵押等),事前应征得被监护人住所地的居民委员会、村民委员会或者民政部门的同意;[6](5)禁止对被监护人财产为无偿处分(赠与、捐赠)行为。

第2款规定适用于未成年人监护的“尊重被监护人的真实意愿”的原则。亦即未成年人的监护人履行监护职责,除必须遵循第1款规定的两项基本原则外,“在作出与被监护人利益有关的决定时,应当根据被监护人的年龄和智力状况,尊重被监护人的真实意愿”。

须注意的是,条文“应当根据被监护人的年龄和智力状况”一句,是尊重被监护人真实意愿原则的适用前提。鉴于无民事行为能力(不满8周岁)的未成年人,一般不具有形成和决定自己真实意愿的意思能力,限制行为能力(年满8周岁)的未成年人可能具有形成和决定自己真实意愿的意思能力,故尊重被监护人真实意愿原则,似应仅对年满8周岁的未成年人的监护人适用。但考虑到,6周岁至8周岁的未成年人通常上小学一、二、三年级,对于事关自己利益的某些事项,已经具有形成和决定自己真实意愿的意思能力;反之,也有8周岁以上的未成年人因身体发育迟缓或者智力障碍不具有形成和决定自己真实意愿的意思能力的情形。因此,本款条文没有采用“年满八周岁”或者“具有限制民事行为能力”的“硬性”标准,而采用“根据被监护人的年龄和智力状况”的“弹性”标准,是适当的。

第3款规定适用于成年人监护的“最大程度地尊重被监护人

的真实意愿”的原则。亦即成年人的监护人履行监护职责，除必须遵循本条第1款规定的两项基本原则外，还“应当最大程度地尊重被监护人的真实意愿，保障并协助被监护人实施与其智力、精神健康状况相适应的民事法律行为。对被监护人有能力独立处理的事务，监护人不得干涉”。

按照第1款规定的两项基本原则及第3款规定的最大程度尊重被监护人真实意愿原则，监护人应以符合被监护人最大利益的方式履行监护职责，照顾被监护人的生活，尽可能地治疗、改善被监护人的疾患、障碍，防止其疾患、障碍的恶化。监护人在安排被监护人的生活、疾患治疗（住院及手术）、疗养看护、是否入住养老院等，以及处理被监护人财产（如不动产、动产、知识产权、股权等）管理事务时，应当最大程度地尊重被监护人的真实意愿，保障并协助被监护人实施与其智力、精神健康状况相适应的民事法律行为（如购买日常生活资料、用品及相应的资金存取）。对于被监护人有能力处理的事务（如购买日常生活资料、用品及相应的资金支付），监护人不得干涉。

须特别注意的是，基于现行宪法关于人权保护的规定，监护人不得限制被监护人（即使患严重精神疾病的被监护人）的人身自由。仅在被监护人有自残、自杀或者伤害他人的危险时，监护人可以对被监护人采取无损人格尊严的、限制人身自由的适当措施。只要被监护人没有自残、自杀或者伤害他人的危险，监护人不得对被监护人采取任何限制人身自由的措施。[7]

第三十六条　监护人资格的撤销

监护人有下列情形之一的,人民法院根据有关个人或者组织的申请,撤销其监护人资格,安排必要的临时监护措施,并按照最有利于被监护人的原则依法指定监护人:

(一)实施严重损害被监护人身心健康的行为;

(二)怠于履行监护职责,或者无法履行监护职责且拒绝将监护职责部分或者全部委托给他人,导致被监护人处于危困状态;

(三)实施严重侵害被监护人合法权益的其他行为。

本条规定的有关个人、组织包括:其他依法具有监护资格的人,居民委员会、村民委员会、学校、医疗机构、妇女联合会、残疾人联合会、未成年人保护组织、依法设立的老年人组织、民政部门等。

前款规定的个人和民政部门以外的组织未及时向人民法院申请撤销监护人资格的,民政部门应当向人民法院申请。

本条第1款是关于撤销监护人资格的规定。第1项所谓“实施严重损害被监护人身心健康行为”,指对被监护人实施家庭暴力、性侵犯,或者虐待、遗弃被监护人等严重损害被监护人的身心健康的行为。第2项所谓“无法履行监护职责”,如监护人不具备监护能力,或者监护人下落不明(无论是否被宣告失踪),或者监护人因犯罪被判处有期徒刑以上刑罚。条文“拒绝”将监护职责部分或者全部委托给他人,应当解释为“拒绝或者不能”将监护职责部分或者全部委托给他人。“监护人下落不明”的情形,并非“拒绝”

委托他人,属于“不能”委托他人。第3项所谓“严重侵害被监护人合法权益的其他行为”,如监护人滥用财产管理权、为自己的利益(目的)处分被监护人财产,导致被监护人的财产权益受严重侵害的行为。

按照本条规定,撤销监护人资格的权限属于人民法院(当然是指被监护人住所地的基层人民法院)。但人民法院行使此项权限撤销监护人资格,必须根据“有关个人或者组织的申请”。

按照本条第2款的规定,可以向人民法院提出撤销监护人资格申请的“有关个人或者组织”包括:(属于第27条、第28条规定的)“其他依法具有监护资格的人”;(被监护人住所地的)居民委员会或者村民委员会;(被监护人所在的)学校;(被监护人入住的)医疗机构;(被监护人为女性,其住所地的)妇女联合会;(被监护人为残疾人,其住所地的)残疾人联合会;(被监护人为未成年人,其住所地的)未成年人保护组织;(被监护人为老年人,其住所地的)依法设立的老年人组织;(被监护人住所地的)民政部门等。

本条第3款规定,(第2款规定的)上述“有关个人和组织”(不包括民政部门)未及时向人民法院提出撤销监护人资格申请的,应当由当地民政部门向人民法院提出撤销监护人资格申请。按照本条第1款的规定,人民法院撤销监护人资格,须同时“安排必要的临时监护措施,并按照最有利于被监护人的原则依法指定监护人”,以避免被监护人因监护人“缺位”而遭受损害,自不待言。

第三十七条　撤销监护资格不影响义务履行

依法负担被监护人抚养费、赡养费、扶养费的父母、子女、配偶等,被人民法院撤销监护人资格后,应当继续履行负担的义务。

本条规定撤销监护人资格不影响法定义务的履行。是指被监护人的父母、子女、配偶等担任监护人的情形,依据《民法典》第36条规定其监护人资格被撤销后,仍应继续履行其对被监护人支付抚养费、赡养费、扶养费的义务。因该等义务,是基于与被监护人之间身份关系的法定义务,与是否担任监护人无关,应不受义务人的监护人资格被撤销的影响,自不待言。

第三十八条　监护人资格的恢复

被监护人的父母或者子女被人民法院撤销监护人资格后,除对被监护人实施故意犯罪的外,确有悔改表现的,经其申请,人民法院可以在尊重被监护人真实意愿的前提下,视情况恢复其监护人资格,人民法院指定的监护人与被监护人的监护关系同时终止。

本条对恢复监护人资格规定了严格的条件:(1)仅限于被监护人的父母或者子女被撤销监护人资格后,可以考虑恢复其监护人资格。此外的监护人被撤销监护人资格后,一律不得恢复其监护人资格。(2)即使属于被监护人的父母或者子女,须其被撤销监护人资格的原因,不属于“对被监护人实施故意犯罪”行为,才可以考

虑恢复其监护人资格。因“对被监护人实施故意犯罪”而被撤销监护人资格,即使是被监护人的父母或者子女,并且确有悔改表现,也一律不得恢复其监护人资格。(3)即使是被监护人的父母或者子女,其被撤销监护人资格的原因非“对被监护人实施故意犯罪”,并且“确有悔改表现”,人民法院在考虑是否恢复其监护人资格时,还必须“尊重被监护人真实意愿”。对于不具有意思能力的被监护人,因不能形成和决定自己的真实意愿,人民法院应当以“最有利于被监护人”,代替“尊重被监护人真实意愿”。(4)在具备前三项条件的情形下,人民法院并非必须恢复其监护人资格,而是“视情况恢复其监护人资格”。

所谓“视情况”,即由人民法院结合被监护人、被撤销监护资格的人(被监护人的父母或者子女)以及现任指定监护人的具体情况,判断恢复监护人资格,是否符合《民法典》第 35 条规定的基本原则,是否“最有利于”被监护人。如果认为现任指定监护人履行监护职责,“最有利于”被监护人,而恢复原监护人的监护资格、由其履行监护职责,并非“最有利于”被监护人,则人民法院不应恢复其监护人资格。人民法院作出恢复监护人资格的决定的,现任(此前指定的)监护人与被监护人之间的监护关系同时终止,自不待言。

第三十九条　监护关系终止

有下列情形之一的,监护关系终止:

(一)被监护人取得或者恢复完全民事行为能力;

(二)监护人丧失监护能力;

(三)被监护人或者监护人死亡;

(四)人民法院认定监护关系终止的其他情形。

监护关系终止后,被监护人仍然需要监护的,应当依法另行确定监护人。

依据本条第1款的规定,在有下列情形之一时,监护关系终止:(1)被监护人取得或者恢复完全民事行为能力。如被监护的未成年人,因成年(《民法典》第17条)或者拟制成年(《民法典》第18条)而取得完全民事行为能力;被监护的成年人因疾病治愈、恢复正常智力,经人民法院认定恢复完全民事行为能力(《民法典》第24条第2款)。(2)监护人丧失监护能力。此"监护能力",指亲自履行监护职责的能力(《民法典》第27条、第28条)。"监护人丧失监护能力",包括监护人因患病、年老、长期外出、下落不明等不能履行监护职责的情形。(3)被监护人或者监护人死亡。所谓"死亡"包括自然死亡和宣告死亡。(4)人民法院认定监护关系终止的其他情形。例如,监护人被人民法院撤销监护人资格(《民法典》第36条);被监护人的父母或者子女被撤销监护人资格后,又被人民法院恢复其监护人资格,致此前指定的监护人与被监护人之间的监护关系终止(《民法典》第38条)。

第2款规定,监护关系终止后,被监护人仍然需要监护的,应当另行为其确定监护人。指导致监护关系终止的原因在于监护人一方的情形，如监护人丧失监护能力、监护人死亡或者监护人被撤销监护人资格，应当依法另行为被监护人确定（指定）监护人。

第四十条　宣告失踪的要件

自然人下落不明满二年的，利害关系人可以向人民法院申请宣告该自然人为失踪人。

宣告失踪和宣告死亡，是现代民法不可缺少的法律制度。由于战争、自然灾害及从事具有一定危险性的航海、航空、登山和科学探险等活动，使人们遭遇各种危险而致失踪，是经常发生的事。其他原因，如一些居民流动或外逃，也常造成一些人失踪而下落不明。失踪人的财产关系及身份关系势必处于不确定状态。这种不确定状态的长期持续，将不利于失踪人财产的管理和利用，不利于社会经济的发展和社会秩序的稳定，并且必然损及与失踪人有利害关系的第三人的利益。

从社会利益考虑，与失踪人有关的财产关系和身份关系宜尽快予以确定。但若仅以失踪事实作为民事法律关系变化之根据，又势必损害失踪人的财产权利及其他合法权益，且更易造成社会关系的紊乱。于是，民法有宣告失踪制度。宣告失踪制度之立法目的，在为失踪人设置财产代管人，以维护失踪人的合法财产权益。

按照本条规定，宣告自然人为失踪人，属于人民法院的权限。其他任何单位和机关均无权宣告自然人为失踪人。人民法院作失踪宣告,须具备两项条件:其一,须自然人下落不明满 2 年;其二,须由利害关系人申请。第一项条件所谓"下落不明",为一种事实状态。指自然人离开向来之居所,而他人不知其所在、不明其生死。此下落不明状态持续存在,已满 2 年,其利害关系人向人民法院提出申请,人民法院可宣告该自然人为失踪人。

所谓"利害关系人",指失踪人的近亲属,包括失踪人的配偶、父母、子女、兄弟姐妹、祖父母、外祖父母、孙子女、外孙子女,以及其他与失踪人有民事权利义务关系的人(其债权人、债务人、财产共有人等)。鉴于申请宣告自然人失踪为诉讼行为,申请人须具备完全民事行为能力,因此前述失踪人的近亲属如果属于无民事行为能力人或者限制民事行为能力人,仍不具有宣告失踪申请人的资格,应予注意。此外,失踪宣告为对下落不明的自然人失踪客观事实的司法确认,对于失踪人所涉及的人身关系和财产关系均不发生实质性的影响,故利害关系人向人民法院提出失踪宣告的申请,并无先后顺序的限制。

考虑民法设失踪宣告制度的目的,在于为失踪人设置财产管理人、保护失踪人的财产;而下落不明的自然人如果属于无民事行为能力人或者限制民事行为能力人,本来就有法定代理人(监护人)为其管理财产,或者下落不明的自然人属于完全民事行为能力人且自己设定了财产管理人,即无宣告失踪的必要。因此,在解释本条第一项条件"自然人下落不明满二年"时,应当采取目的性限缩方法,将"下落不明的自然人有法定代理人或者财产管理人"的情形,排除在外。

按照《民事诉讼法》的规定，自然人下落不明满 2 年，利害关系人申请宣告其失踪的，应向下落不明人住所地的基层人民法院提出。申请书应当写明失踪的事实、时间和请求，并附有公安机关或者其他有关机关关于该自然人下落不明的书面证明。人民法院受理申请后，应当发布寻找失踪人的公告，公告期为 3 个月。公告期满，失踪人仍无音讯的，人民法院即应作出宣告失踪的判决，判决自作出之时生效。

考虑到，无法定代理人及财产管理人的自然人下落不明达到法定期间，因无利害关系人或有利害关系人却不提出申请，而不宣告其失踪则其财产可能遭受损害或者将使他人合法权益遭受损害，因此应由失踪人住所地人民检察院提出宣告失踪的申请。人民检察院向人民法院申请宣告失踪案件，属于公益诉讼性质。

第四十一条　下落不明的起算

自然人下落不明的时间自其失去音讯之日起计算。战争期间下落不明的，下落不明的时间自战争结束之日或者有关机关确定的下落不明之日起计算。

按照本条规定，自然人下落不明时间的起算点分为：一般情况下的下落不明，和战争期间下落不明。一般情况下的下落不明的期间，“自其失去音讯之日起计算”。所谓“失去音讯之日”，如自然人离开向来之居所，一去不返，无人知其去向，其最后离开居所日之次日，为“其失去音讯之日”。战争期间下落不明的，“自战争结束之日或者有关机关确定的下落不明之日起计算”。因战争持续期间,通讯困难甚至通讯断绝,不能判断其是否下落不明,故下落不明的期间,一般应从战争结束之日开始计算;但如有关机关曾确定该自然人下落不明的,则该自然人下落不明的期间,应自该有关机关确定其下落不明之日起计算。

须注意,本条未规定自然人因意外事故下落不明的期间如何计算,构成“漏洞”。自然人因“意外事故”,如“地震”“空难”“海难”等下落不明的,参考立法例及裁判实践,其下落不明的期间,应当从“意外事故”发生之日起计算。

第四十二条　财产代管人

失踪人的财产由其配偶、成年子女、父母或者其他愿意担任财产代管人的人代管。

代管有争议,没有前款规定的人,或者前款规定的人无代管能力的,由人民法院指定的人代管。

宣告失踪制度的立法目的,在于为失踪人设置财产代管人,以维护失踪人的财产利益及利害关系人的财产利益。财产代管人的确定,具有十分重要的意义。《民法通则》第21条第1款规定,“失踪人的财产由他的配偶、父母、成年子女或者关系密切的其他亲属、朋友代管。代管有争议的,或无以上规定的人或者以上规定的人无能力代管的,由人民法院指定的人代管”,并不要求人民法院在宣告自然人失踪的同时,即为其确定财产代管人,只是在代管人的确定发生争议或者无代管人的情形下,才由人民法院指定财产代管人。本条沿用了《民法通则》的规定。

本条第1款规定,"失踪人的财产由其配偶、成年子女、父母或者其他愿意担任财产代管人的人代管"。所谓"其他愿意担任财产代管人的人",应当指与失踪人关系密切的亲属或者朋友。通常情况下,最适合担任财产代管人的人,是失踪人的配偶,如失踪人无配偶或其配偶不适宜担任代管人的,则应由其"成年子女、父母或者其他愿意担任财产代管人的人"担任其财产代管人。须特别注意,本款条文虽然依次提到"其配偶、成年子女、父母或者其他愿意担任财产代管人的人",但却没有为他们担任财产代管人规定"顺序",[8]这里讲的"通常情况下"的做法,只是社会生活经验,不是硬性的"顺序"。正是由于立法者没有规定担任财产代管人的"顺序",才会发生所谓"代管争议"。

第2款规定,"代管有争议,没有前款规定的人,或者前款规定的人无代管能力的,由人民法院指定的人代管"。即三种情形,应当由人民法院指定财产代管人:一是"代管有争议",二是"没有前款规定的人",三是"前款规定的人(均)无代管能力"。所谓"代管有争议",指依照法律规定具有担任财产代管人资格的人为二人以上,他们之间就谁担任失踪人的财产代管人发生争执,或者互不相让(都想担任),或者互相推脱(都不愿担任)。

出现"三种情形"之一,人民法院为失踪人指定财产代管人,应当首先考虑在"前款规定的人"(配偶、成年子女、父母或者其他愿意担任财产代管人的人)中指定;但"没有前款规定的人"或者"前款规定的人(均)无代管能力”的情形,人民法院可以指定其他人(“前款规定的人”之外的人)担任失踪人的财产代管人。

虽然本条不要求人民法院作出宣告失踪的判决,须同时为失踪人指定财产代管人,但按照失踪宣告制度立法目的解释,人民法院于作出宣告失踪的判决前,应当就“财产代管人是否(能否)确定”询问申请人;经询问并查明有本条第2款规定三种情形之一的,人民法院应当在作出宣告失踪判决的同时,为失踪人指定财产代管人(并载入判决主文)。

第四十三条　代管人的权限和责任

财产代管人应当妥善管理失踪人的财产,维护其财产权益。

失踪人所欠税款、债务和应付的其他费用,由财产代管人从失踪人的财产中支付。

财产代管人因故意或者重大过失造成失踪人财产损失的,应当承担赔偿责任。

本条第1款规定:“财产代管人应当妥善管理失踪人的财产,维护其财产权益。”据此规定,代管人获得对失踪人财产的管理权,通过此项管理权之行使,“妥善管理失踪人的财产,维护其财产权益”。代管人对失踪人财产进行管理,包括对失踪人财产的保存行为、必要的经营行为和处分行为。所谓保存行为,指维护财产的既有状况和价值的行为,如对财产进行必要的保存、维修、保养,并及时收取失踪人财产所产生的天然孳息、法定孳息及其他收益等。

所谓经营行为,如对失踪人拥有的企业进行经营管理、用失踪人资金进行投资等;所谓处分行为,指出卖失踪人财产、收回价款等。代管人对失踪人财产为必要的经营行为和处分行为,是以失踪人的法定代理人身份,行使法定代理权。当失踪人的财产权益遭受不法侵害时,代管人将以失踪人的法定代理人身份实施诉讼行为,追究侵害人的法律责任、维护失踪人的财产权益。

须特别注意,按照失踪人财产代管制度的立法目的对第1款条文进行解释,应当肯定该款的立法者意思是:(1)代管人对失踪人财产实施经营行为和处分行为,必须以“维护其财产权益”为目的(前提),非出于维护失踪人财产权益的目的,不得对失踪人财产实施经营行为和处分行为。(2)要求代管人,无论对失踪人财产为保存行为或者为必要的经营行为、必要的处分行为,都必须尽“善良管理人的注意义务”。条文所谓“妥善管理”一语,亦即以“善良管理人的注意义务”进行管理。现代民法所谓“善良管理人的注意义务”,指诚实、谨慎而富有经验的管理人所应当且能够达到的注意程度之注意义务。

本条第2款规定:“失踪人所欠税款、债务和应付的其他费用,由财产代管人从失踪人的财产中支付。”代管人从失踪人的财产中支付失踪人所欠税款、债务及其他费用时,是以失踪人的法定代理人身份为之。在债权人向人民法院起诉失踪人偿还欠债的诉讼中,代管人为被告(失踪人)的法定代理人,并可以失踪人法定代理人身份为失踪人聘请诉讼代理人。条文“应付的其他费用”,如拖欠税款的滞纳金、拖欠债务的违约金、律师费、诉讼费等。代管人管理失踪人财产所实际支出的合理费用,亦应从失踪人财产中支付,自不待言。须注意,本条未规定失踪人(对他人)的债权如何处理,构成"漏洞",应当采目的解释方法解释为:如失踪人对他人享有债权,代管人应以失踪人的法定代理人身份,依法(必要时向人民法院起诉)向债务人追偿。

本条第3款规定:"财产代管人因故意或者重大过失造成失踪人财产损失的,应当承担赔偿责任。"条文"故意",相当于代管人"滥用管理权"。代管人将失踪人的财产供自己利益(目的)使用,或者为自己利益(目的)、非为"维护失踪人财产权益"的目的,对失踪人财产为经营行为和处分行为,即应构成"故意"。如前所述,《民法典》要求代管人管理失踪人财产(实施保存行为、必要的经营行为或者处分行为),须尽"善良管理人的注意义务",未尽"善良管理人的注意义务"造成失踪人财产损害的,即构成"过失";此"过失"又依其严重程度分为"重大过失""一般过失""轻(微)过失"。须注意,判断代管人是否具有"过失",以是否达到"善良管理人的注意"为标准;在认定代管人具有"过失"的前提下,再依"过失"的严重程度,判断其属于"重大过失"、"一般过失"或者"轻(微)过失"。本款规定,代管人仅在具有"故意"和"重大过失"情形下,才对失踪人所受财产权益损失承担赔偿责任。而代管人的"过失"属于"一般过失""轻(微)过失"情形,则不对失踪人所受财产损失承担赔偿责任。显而易见,如此规定出于鼓励财产代管人积极行使管理权及平衡代管人与失踪人利益关系的考量。

第四十四条　代管人的变更

财产代管人不履行代管职责、侵害失踪人财产权益或者丧失代管能力的，失踪人的利害关系人可以向人民法院申请变更财产代管人。

财产代管人有正当理由的，可以向人民法院申请变更财产代管人。

人民法院变更财产代管人的，变更后的财产代管人有权请求原财产代管人及时移交有关财产并报告财产代管情况。

按照本条第1款规定，失踪人的利害关系人在三种情形可以向人民法院申请变更财产代管人：(1)"财产代管人不履行代管职责"。所谓"不履行代管职责"，包括怠于履行代管职责，及履行代管职责时未尽善良管理人之注意义务（已经造成或者可能造成失踪人财产的损失）。(2)财产代管人"侵害失踪人的财产权益"。所谓"侵害失踪人的财产权益"，应限于"故意侵害"。只要代管人有侵害失踪人财产权益的故意，无论是否已造成实际损失，即构成"侵害失踪人的财产权益"。反之，如代管人不具有侵害失踪人财产权益的故意，仅因过失造成失踪人的财产权益损失的，不构成"侵害失踪人的财产权益"。(3)财产代管人丧失代管能力。所谓"丧失代管能力"，包括代管人丧失或者部分丧失民事行为能力，成为无民事行为能力人或者限制民事行为能力人，或代管人因年老、患病、长期外出等原因无法实际履行代管职责的情形。本款规定可以向人民法院提出变更财产代管人申请的（失踪人的）"利害关系人”,应当与《民法典》第 40 条规定向人民法院提出“失踪宣告”申请的(下落不明的人的)“利害关系人”,作同一解释,自不待言。

本条第 2 款规定,“财产代管人有正当理由的,可以向人民法院申请变更财产代管人”。本款规定的是代管人自己申请变更,与第 1 款规定的“利害关系人申请变更”不同。所谓“正当理由”,应当指代管人“因年老、患病、长期外出等”原因不能实际履行代管职责的情形。

请特别注意,在具备变更财产代管人的法定事由的情况下,因失踪人无利害关系人或者利害关系人明知财产代管人应予变更却不向人民法院提出变更代管人申请,并且代管人自己没有提出变更申请的正当理由或者虽有正当理由却不向人民法院提出变更申请,这种情形应当由(失踪人住所地的)人民检察院向人民法院提出变更财产代管人的申请。人民检察院申请变更财产代管人案件,具有公益诉讼的性质,自不待言。

第 3 款规定:“人民法院变更财产代管人的,变更后的财产代管人有权请求原财产代管人及时移交有关财产并报告财产代管情况。”请求原代管人“及时移交有关财产并报告财产代管情况”,属于变更后的代管人的权限;向变更后的代管人“及时移交有关财产并报告财产代管情况”,属于原代管人的义务。这是失踪人财产代管人制度应有之义,无须赘言。

第四十五条　失踪人重新出现

失踪人重新出现，经本人或者利害关系人申请，人民法院应当撤销失踪宣告。

失踪人重新出现，有权要求财产代管人及时移交有关财产并报告财产代管情况。

本条第1款规定："失踪人重新出现，经本人或者利害关系人申请，人民法院应当撤销失踪宣告。"所谓"失踪人重新出现"，指被宣告失踪的人回到原住所（或居所）地，或者有确切证据证明其下落（生活在某地），如本人通过信件、电话或其他通讯方式与家人（亲属）取得了联系。这种情形，经"本人或者利害关系人申请"，人民法院应当撤销失踪宣告（撤销宣告其失踪的判决）。失踪宣告一旦被撤销，则对失踪人的财产设定的代管措施亦被撤销，财产代管人即丧失其代管权利。因此，财产代管人应当停止其管理活动，并向本人移交其财产（和财务账目）并报告代管情况，自不待言。

须特别注意，本条第2款规定："失踪人重新出现，有权要求财产代管人及时移交有关财产并报告财产代管情况。"依文义解释，失踪人重新出现，无须先申请人民法院撤销失踪宣告，即可"要求财产代管人及时移交有关财产并报告财产代管情况"。当重新出现的失踪人提出移交财产并报告代管情况的要求时，代管人不得以失踪宣告未被撤销（代管人身份未被撤销）为借口，拒绝其要求。

本条第2款之所以不要求重新出现的失踪人先申请撤销失踪宣告，而后才要求代管人移交财产并报告情况，是考虑到失踪人的财产权(如动产、不动产的所有权)并未因自己被宣告失踪而受影响。因此,失踪人一经重新出现,当然可以财产权主体(权利人)身份要求代管人移交财产并报告代管情况。如果重新出现的失踪人先申请人民法院撤销失踪宣告,然后再要求(丧失代管人身份)的原代管人移交财产并报告代管情况,当然也是可以的。至于先要求移交财产或者先申请撤销失踪宣告,取决于失踪人的意思自治,法律不宜干涉(限制)。

第四十六条　宣告死亡的条件

自然人有下列情形之一的,利害关系人可以向人民法院申请宣告该自然人死亡:

(一)下落不明满四年;

(二)因意外事件,下落不明满二年。

因意外事件下落不明,经有关机关证明该自然人不可能生存的,申请宣告死亡不受二年时间的限制。

宣告死亡制度与宣告失踪制度的目的不同。宣告失踪制度的目的是解决失踪人财产的保护问题,宣告死亡制度的目的是解决因失踪所引起的民事法律关系的不确定问题。根据宣告死亡制度,依照法定程序,“宣告”失踪人为“已死亡”,使之产生与自然死亡同样的法律后果。

按照本条规定,宣告死亡须具备的条件如下:(1)须自然人失踪,即下落不明。所谓下落不明,指失踪人离开向来之居所,既不能判定其尚生存,也无法证明其已死亡之状态。(2)须法定失踪期间届满。此法定失踪期间,分为普通期间与特别期间。因意外事件失踪,适用特别期间(2 年);意外事件之外的失踪,适用普通期间(4 年)。条文所谓"意外事件失踪",指遭遇地震、海难、空难及其他重大灾变而失踪。法定失踪期间的计算,属于通常情形之失踪,应从失踪人离开其住所或居所而失去音讯之日起算;属于意外事件失踪,应从意外事件发生之日起算,但战争期间失踪应当"自战争结束之日或者有关机关确定的下落不明之日起算"。[9](3)须失踪人的利害关系人向人民法院申请。此所谓利害关系人,包括失踪人之近亲属及与其有民事权利义务关系的自然人和法人。例如,配偶、继承人(遗嘱继承人和法定继承人)、受遗赠人、债权人、债务人、法定代理人、人寿保险合同之受益人等。

值得注意的是,《民通意见》第 25 条将死亡宣告的申请人分为四个顺序:(1)配偶;(2)父母、子女;(3)兄弟姐妹、祖父母、外祖父母、孙子女、外孙子女;(4)其他有民事权利义务关系的人。按照这一司法解释,如有前顺序申请人而前顺序申请人不提出申请,则后顺序申请人无权提出申请。此项司法解释违背死亡宣告制度之立法目的,已为《民法典》总则编立法者所否定。[10]

人民法院受理利害关系人的书面申请后,应即发出寻找下落不明人的公告,公告期间为 1 年;因意外事故下落不明,经有关机关证明该下落不明人不可能生存的,公告期间为 3 个月(《民事诉讼法》第 185 条第 1 款)。公告期届满仍不能确定失踪人尚生存的,即作出宣告死亡的判决。

关于宣告死亡的形式,有不同立法例。有"视为死亡"与"推定为死亡"之分。《日本民法典》第31条为"视为死亡",《德国失踪法》第9条、《瑞士民法典》第38条第1款、《菲律宾民法典》第390条为"推定死亡"。二者的效力不同。以被宣告死亡人的继承人向保险公司请求人寿保险金为例,如采"推定死亡",则保险公司如能证明该投保人现尚生存,即可拒绝保险金的支付;如采"视为死亡",则保险公司须先向法院申请撤销死亡宣告,否则不能拒绝保险金的支付。《民法典》虽未明文规定认定死亡的形式,但结合第48条将判决作出之日"视为其死亡的日期"的规定,应解释为其采"视为死亡"。

关于死亡宣告的一个重要问题是,如果失踪人无利害关系人或虽有利害关系人而利害关系人不申请,将使设立死亡宣告制度之立法目的落空。针对这种情形,《法国民法典》第90条、第122条规定,检察官可以提出死亡宣告申请。我国台湾地区"民法"第8条所规定的死亡宣告申请人限于利害关系人,20世纪80年代初该"民法"总则编修正时,特增设检察官为申请人,[11]且检察官系代表国家行使职权,无论有无利害关系人,均得单独申请。[12]

鉴于本条规定死亡宣告申请人限于失踪人之利害关系人,如果失踪人的利害关系人不提出申请或者失踪人没有利害关系人,将不能宣告该失踪人死亡,致使创设死亡宣告制度之立法目的落空,构成法律漏洞。因此项漏洞之存在,与失踪人有关的民事法律关系将一直处于不确定状态,如遗产不能依法继承,身份关系不能消灭,债权债务关系不能了结,对于社会经济法律秩序之维护殊为不利。且自改革开放以来,已经发生其利害关系人出于侵占下落不明的自然人的财产、损害其他利害关系人合法权益,以及冒领其退休金、养老金、补助金等违法目的,故意不提出死亡宣告申请的社会问题。中国退休人口数量庞大,他们领取养老金并不亲自到社保机构领取,而是由社保机构定期将养老金额汇入其银行账户,该退休人及其配偶、子女甚至不必到银行提取现金,用银行卡甚至手机即可消费该金额。退休人长期失踪而其配偶、子女不申请宣告死亡,而社保机构照常定期向该长期失踪的退休人账户汇付养老金、社保金的情形,所在多有。这种情形,宣告该人死亡关系社会公共利益和法律秩序之维护,具有公益诉讼的性质。因此,应当由该失踪人住所地的人民检察院提出宣告死亡申请。

第四十七条　宣告失踪与宣告死亡争议

对同一自然人,有的利害关系人申请宣告死亡,有的利害关系人申请宣告失踪,符合本法规定的宣告死亡条件的,人民法院应当宣告死亡。

如前所述,自然人下落不明达到法定申请宣告失踪的条件时,利害关系人只能申请宣告其失踪。但自然人下落不明达到宣告死亡的条件时,也当然符合宣告失踪的条件,这种情形,其利害关系人既可以申请宣告其失踪,也可以申请宣告其死亡,还可以先申请宣告其失踪,然后再申请宣告其死亡。本条规定在符合申请宣告死亡条件的情况下,如利害关系人中有人申请宣告失踪,有人申请宣告死亡,则人民法院应当宣告其死亡,而不能仅宣告其失踪。

宣告失踪是对自然人失踪事实的司法确认,目的在保护失踪人的财产权益;宣告死亡是对失踪人已经死亡的法律推定,目的在保护利害关系人的合法权益(财产权益、身份权益)。两项制度各有其不同的立法目的、法律要件和法律效果。宣告死亡不以宣告失踪为条件,宣告失踪不是宣告死亡的前置程序。就同一自然人而言,宣告其死亡即已排除宣告其失踪的可能。因此,在利害关系人分别提出宣告失踪申请和宣告死亡申请时,人民法院应当宣告其死亡。质言之,此项规定,是基于失踪人的利害关系人合法权益保护优先于失踪人财产权益保护之立法考量。

第四十八条　死亡日期之确定

被宣告死亡的人,人民法院宣告死亡的判决作出之日视为其死亡的日期;因意外事件下落不明宣告死亡的,意外事件发生之日视为其死亡的日期。

关于被宣告死亡人的"死亡日期"之确定,有不同规定模式。瑞士民法及土耳其民法,以最后音信或灾难发生之日,为死亡日期;奥地利民法,以裁判宣告或宣告确定之日,为死亡日期;法国民法以可得推定死亡的情形发生之日,为死亡日期,无此日期的,以失踪之日为死亡日期;日本民法及我国台湾地区"民法",以法定期间届满之日,为死亡日期;1994 年的《魁北克民法典》,以法定期间届满之日为死亡日期,可得推定死亡之情形发生于法定期间届满

之日前的,以该情形发生之日为死亡日期。各种规定模式,孰优孰劣,学者评价不一。《民法通则》未明确规定认定死亡的日期,最高人民法院的解释亦有不同,先解释为“判决中确定的失踪人的死亡日期”,以后见解改变,解释为“判决宣告之日”。[13]

本条规定:“被宣告死亡的人,人民法院宣告死亡的判决作出之日视为其死亡的日期;因意外事件下落不明宣告死亡的,意外事件发生之日视为其死亡的日期。”依据本条文义解释,“人民法院宣告死亡的判决作出之日视为其死亡的日期”,是原则规定;“意外事件发生之日视为其死亡的日期”,属于例外规定。如该人属于意外事件失踪,则应在判决书中明示“该意外事件发生之日”为该自然人死亡日期;如该人不属于意外事件失踪,则判决书中无须明示该自然人死亡日期,此种情形,该“判决作出之日”即被“视为其死亡的日期”。

须特别注意,本条关于失踪仅区分为:“因意外事件”失踪,及“意外事件”之外的原因失踪。与《民法典》第 46 条“下落不明”,仅区分为“因意外事件”下落不明,及“意外事件”之外的原因下落不明,完全相同。所存在的问题相同,即遗漏了“战争期间”失踪、“战争期间”下落不明,属于“法律漏洞”。

按照民法原理,“事件”在时间流上是一个“时间点”,“战争”在时间流上是一个“时间段”。地震、空难、海难,其发生可以用日、时、分(甚至秒)表示,是“时间点”,故属于“意外事件”。但“战争”是一个过程(爆发、扩大、持续、结束),表现为“某年某月某日战争爆发至某年某月某日战争结束”的一个“时间段”,因此“战争”、

“战争期间”,绝不属于“意外事件”。对照《民法典》第 41 条明文规定“战争期间下落不明”,可知第 46 条未规定“战争期间下落不明”、本条未规定“战争期间失踪”,同样构成“法律漏洞”,并且同样应当采用类推适用《民法典》第 41 条关于“战争期间下落不明”的规定予以补充。因此,本条关于判决宣告死亡的人的死亡日期,在“战争期间下落不明被宣告死亡的”,判决书应当(明示)以“战争结束之日或者有关机关确定的下落不明之日”,“视为其死亡的日期”。

第四十九条　死亡宣告的效力

自然人被宣告死亡但是并未死亡的,不影响该自然人在被宣告死亡期间实施的民事法律行为的效力。

自然人一旦被宣告死亡,即发生与自然死亡相同的法律效果,亦即被宣告死亡的人的民事权利能力归于消灭,其财产成为遗产,由其遗嘱继承人或者法定继承人继承,其婚姻关系归于消灭。但如被宣告死亡人实际上还生存于他方,其在当地的法律关系,并不受死亡宣告的影响,在当地所实施的民事法律行为,并不因其在原住所地被宣告死亡而无效。

关于死亡宣告的效力,有四种学说(立法例):其一,死亡宣告的效力,仅及于财产关系。此为德国普通法时代之通说,《泰国民商法典》原第 75 条即采此说。依此说,则身份关系不受死亡宣告的影响。其二,死亡宣告的效力,不仅及于财产关系,并及于身份关系。依此说,婚姻关系一并消灭。《法国民法典》第 128 条、第 132 条,1994 年的《魁北克民法典》第 95 条、第 97 条采此说。其三,死亡宣告的效力,原则上及于一切关系,但婚姻关系须配偶已为再婚,始为解除,如《德国民法典》第 1319 条第 2 款。其四,死亡宣告的效力,原则上及于一切关系,但如被宣告死亡的人归来或生存,则其配偶之再婚无效,如《意大利民法典》第 65 条、第 68 条。

《民法通则》对此未有明文规定,但依最高人民法院解释,"被宣告死亡的人与配偶的婚姻关系,自死亡宣告之日起消灭"。《民法典》总则编肯定最高人民法院此项司法解释,明文规定"被宣告死亡的人的婚姻关系,自死亡宣告之日起消除[14]"(第 51 条),可见关于死亡宣告的效力,系采第二种学说。因此,宣告死亡发生与自然死亡同样的法律效力,即以被宣告死亡人原住所地为中心的一切财产关系和身份关系,均归于消灭。一切享有以该人死亡为条件的财产权利的人,即可因此获得权利,如继承人开始继承,受遗赠人取得遗赠。其婚姻关系也一并消灭,其配偶当然可以再婚。

第五十条　撤销死亡宣告

被宣告死亡的人重新出现,经本人或者利害关系人申请,人民法院应当撤销死亡宣告。

本条所谓"重新出现",指被宣告死亡的人事实上并未死亡,其后来回到原住所地,或者(利害关系人)确知其并未死亡(尚生存于某地),则人民法院宣告其死亡的判决应当被撤销。按照本条规

定,应经本人或者利害关系人申请,由人民法院撤销原宣告死亡的判决。

第五十一条　死亡宣告及其撤销对婚姻的效力

被宣告死亡的人的婚姻关系,自死亡宣告之日起消除。死亡宣告被撤销的,婚姻关系自撤销死亡宣告之日起自行恢复,但是,其配偶再婚或者向婚姻登记机关书面声明不愿意恢复的除外。

按照本条规定,在已婚自然人被宣告死亡的情形,由于宣告死亡产生与自然死亡相同的法律效果,致被宣告死亡人的婚姻关系归于消灭,其配偶当然得另行缔结婚姻关系。在宣告死亡被撤销时,被宣告死亡人与其配偶的婚姻关系是否恢复,应视不同情形处理:如其配偶未再婚的,原则上其婚姻关系从撤销死亡宣告之日起自行恢复,亦即死亡宣告的撤销的效力,溯及该人被宣告死亡之时,其婚姻关系视为自始未消灭,双方当事人无须再履行任何婚姻登记手续。

须特别注意,本条设有"但书"规定,"其配偶再婚或者向婚姻登记机关书面声明不愿意恢复的除外"。亦即规定了两种(婚姻关系不能自行恢复的)"例外":

第一,如被宣告死亡人的配偶在宣告死亡判决生效后已经再婚,则其与被宣告死亡人原来的婚姻关系,不因死亡宣告被撤销而恢复,其配偶与他人缔结的婚姻关系受法律保护。即使其配偶与他人结婚后又离婚,或者结婚后对方死亡,其与被宣告死亡人原来的婚姻关系也不能自行恢复。这种情形，如其配偶愿意与被宣告死亡后重新出现的人“恢复”夫妻关系，双方必须另行办理结婚登记。

第二，如被宣告死亡人的配偶向婚姻登记机关书面声明不愿意恢复（原婚姻关系），则虽然死亡宣告被撤销，原婚姻关系亦不能自行恢复。这是考虑到被宣告死亡的一方长期下落不明，未能履行夫妻和家庭关系上的义务，即使未被宣告死亡，其婚姻关系也仅具有形式上的意义。其重新出现致死亡宣告被撤销后，仅因其配偶尚未再婚而一律自行恢复其婚姻关系，未免有片面保护失踪人利益、无视其配偶自由意思而违背婚姻关系本质之嫌。因此，为尊重其配偶的自由意思、符合婚姻关系的本质，特增设“但书”规定，其配偶向登记机关书面声明不愿意恢复的，原婚姻关系不能自行恢复。其配偶“不愿意恢复”之意思，须以“向登记机关书面表示”为要件。依据这一规定，其配偶“不愿意恢复（原婚姻关系）”之“意思”，应当记载于婚姻登记薄，自不待言。

第五十二条　死亡宣告撤销对收养的效力

被宣告死亡的人在被宣告死亡期间，其子女被他人依法收养的，在死亡宣告被撤销后，不得以未经本人同意为由主张收养行为无效。

按照本条规定，有未成年子女的失踪人在被宣告死亡后，其子女如被他人依法收养，其收养行为应受法律保护，不得以“未经本人同意为由”而主张该收养行为无效。因为,失踪人被宣告死亡后,其未成年子女被他人收养,属于在(其本人被)宣告死亡的基础上发生的合法收养关系,既不得因死亡宣告被撤销而当然归于无效,亦不得因未经本人同意而主张其无效,其理自明。但为达到收养其子女的目的,恶意隐瞒失踪人生存的事实而致其被宣告死亡的,其收养行为应属自始无效,自不待言。

须特别注意,本条未规定死亡宣告被撤销后,如本人请求解除该收养关系,应当如何处理? 此构成明显“法律漏洞”。鉴于收养关系的解除,除了涉及本人和收养人双方的利益外,还特别关系到被收养人的切身利益,因而不得仅依本人及收养人双方的意思而决定该收养关系是否解除。根据未成年人收养制度的立法目的,并参考《民法通则》以来人民法院的裁判实践经验,被宣告死亡的人在死亡宣告撤销后请求解除收养关系(恢复其与子女之间的父母子女关系)的,应当区分不同情况处理:如被收养人能够表达自己的真实意愿,则在收养人及能够表达自己真实意愿的被收养人均同意解除收养关系的情形,该收养关系可以解除;如能够表达自己真实意愿的被收养人同意解除而收养人不同意解除,或者收养人同意解除而能够表达自己真实意愿的被收养人不同意解除,或者被收养人尚不能表达自己的真实意愿而收养人同意解除的情形,该收养关系之是否解除,应由人民法院针对具体案情、依据最有利于被收养人利益的原则判决。

第五十三条　死亡宣告撤销后的财产返还

被撤销死亡宣告的人有权请求依照本法第六编取得其财产的民事主体返还财产；无法返还的，应当给予适当补偿。

利害关系人隐瞒真实情况，致使他人被宣告死亡而取得其财产的，除应当返还财产外，还应当对由此造成的损失承担赔偿责任。

如前所述，宣告死亡发生与自然死亡同样的法律效力，即以被宣告死亡人原住所地为中心的一切财产关系和身份关系，均归于消灭。一切享有以该人死亡为条件的财产权利的人，即可因此获得权利，如继承人开始继承，受遗赠人取得遗赠。但如果被宣告死亡的人重新出现并经人民法院撤销死亡宣告，基于死亡宣告撤销所具有的溯及力，此前基于死亡宣告发生的财产继承和遗赠即丧失效力，继承人和受遗赠人取得的财产因而成为“不当得利”，则被撤销死亡宣告的人当然有权要求其继承人、受遗赠人返还所取得的财产。

本条第1款规定：“被撤销死亡宣告的人有权请求依照本法第六编取得其财产的民事主体返还财产；无法返还的，应当给予适当补偿。”须注意，此项返还财产请求权，以死亡宣告被人民法院撤销为条件。因此，重新出现人（返回原住所地知道已被宣告死亡、自己的财产被继承人或者受遗赠人取得），须先向人民法院申请撤销死亡宣告，然后才能请求返还财产。但其继承人、受遗赠人可以不待死亡宣告之撤销而主动返还财产，自不待言。

因死亡宣告被撤销,使继承人、受遗赠人所取得的财产成为不当得利,则死亡宣告撤销后的财产返还,应适用民法有关不当得利的规则。按照民法不当得利的规则,不当得利人属于善意的,其责任较轻,仅须返还尚存在的原物和孳息,原物不存在的,只需给予“适当补偿”(本条第1款第二句);不当得利人属于恶意的,其责任较重,须返还全部不当得利(全部原物及孳息)。

本条第2款规定恶意利害关系人的返还责任。条文“利害关系人隐瞒真实情况,致使他人被宣告死亡而取得其财产的”,即指“恶意利害关系人”,其承担的返还责任较重,“除应当返还财产(原物及孳息)外,还应当对由此造成的损失承担赔偿责任”。按照本款规定,恶意利害关系人所取得的财产必须全部返还,原物存在的,应当返还原物;原物被消耗或者损毁的,应当赔偿全部损失;原物生有孳息的,应当在返还原物的同时返还该孳息;孳息(原物)已不存在的,也应给予赔偿。

第五十四条　个体工商户

自然人从事工商业经营,经依法登记,为个体工商户。个体工商户可以起字号。

按照本条规定,个体工商户的要件是:其一,从事工商业经营;其二,经依法登记。个体工商户,是我国实行经济体制改革和对外开放政策,在多种所有制基础上实行中国特色社会主义市场经济体制的市场主体之一。《民法典》通过本条定义性规定赋予个体工

商户民事主体地位。

本条规定的个体工商户和第55条规定的农村承包经营户，既以"户"为单位，应当属于区别于单个自然人的组织体。因《民法通则》制定时，坚持民事主体二元论，未承认作为(第三种)民事主体之非法人组织，故将农村承包经营户、个体工商户，规定在《民法通则》第二章自然人的一节。《民法典》总则编制定时，立法思想已然突破民事主体二元论，在自然人、法人之外，规定了非法人组织作为民事主体，按理应将农村承包经营户、个体工商户作为非法人组织之一类型，规定在第四章非法人组织中；但《民法典》总则编却仍将个体工商户和农村承包经营户规定在第二章自然人的第四节。

考虑个体工商户、农村承包经营户，虽然称为"户"，但现实生活中单个自然人即可登记为(个人经营的)"个体工商户"，农村单个自然人作为"一(农)户"或者"一(农)户"中仅部分成员甚至单个成员从事农村土地承包经营的，亦不少见。可见，个体工商户、农村承包经营户，其"组织体性"很弱、达不到"非法人组织"所要求的(如合伙企业那样的)程度。这样看来，《民法典》总则编将个体工商户、农村承包经营户安排在第二章自然人的第四节，并非毫无理由。

第五十五条　农村承包经营户

农村集体经济组织的成员，依法取得农村土地承包经营权，从事家庭承包经营的，为农村承包经营户。

按照本条规定,农村承包经营户的要件是:其一,须是农村集体经济组织的成员;其二,依法取得农村土地承包经营权;其三,从事家庭承包经营。农村承包经营户,是我国农村经济体制改革、实行家庭联产承包责任制的基本生产单位。《民法典》总则编通过本条定义性规定,赋予农村承包经营户民事主体地位。

第五十六条　两户的债务承担

个体工商户的债务,个人经营的,以个人财产承担;家庭经营的,以家庭财产承担;无法区分的,以家庭财产承担。

农村承包经营户的债务,以从事农村土地承包经营的农户财产承担;事实上由农户部分成员经营的,以该部分成员的财产承担。

按照本条第1款规定,个体工商户的债务,个人经营的,以个人财产承担;家庭经营的,以家庭财产承担;无法区分个人经营和家庭经营的,以家庭财产承担。第2款规定,农村承包经营户的债务,以从事农村土地承包经营的农户财产承担;事实上由农户部分成员经营的,以该部分成员的财产承担。

注　释

1 《民法典》第16条未规定胎儿民事权利能力如何行使,属于开放性漏洞。关于开放性漏洞,参见[德]卡尔·拉伦茨:《法学方法论》,陈爱娥译,商务印书馆2003年版,第254页。

2 《民法典》第 16 条未规定胎儿出生时是死体的,其已经取得的财产(权利)如何处理,亦应属于开放性漏洞。参见[德]卡尔·拉伦茨:《法学方法论》,陈爱娥译,商务印书馆 2003 年版,第 254 页。

3 《日本任意监护法》第 3 条:"任意监护合同必须以法务省令确定的公证证书样式形式订立。"

4 《日本民法典》第 862 条[监护人的报酬]:"家庭法院可以根据监护人及被监护人的资力及其他情事,从被监护人的财产中,给予监护人相当报酬。"中国台湾地区"民法"第 1104 条:监护人得请求报酬。其数额由法院按其劳力及受监护人之资力酌定之。中国《澳门民法典》第 1798 条(监护人之报酬):"一、监护人有权收取报酬。二、如未成年人之父母在指定监护人之行为中未定出报酬,则法院须在听取亲属会议之意见后定出,而在任何情况下,报酬之数额均不得超过未成年人之财产纯收益之十分之一。"

5 《意大利民法典》第 382 条[监护人和监护监督人的责任]:"监护人在管理未成年人财产时应当尽到善良家父的注意义务。监护人对因违反监护义务给未成年人造成的所有损失承担责任。"中国台湾地区"民法"第 1100 条:"监护人应以善良管理人之注意,执行监护职务。"中国台湾地区"民法"第 1109 条:"监护人于执行监护职务时,因故意或过失,致生损害于受监护人者,应负赔偿之责。"

6 从《民法典》第 31 条及第 36 条的规定看,被监护人住所地的居民委员会、村民委员会或者民政部门有权指定监护人,有权向人民法院申请撤销监护人的资格,具有相当于立法例所谓"监护监督人"的法律地位。因此,监护人对被监护人财产为重大处分行为之前,应当征得被监护人住所地的居民委员会、村民委员会或者民政部门同意,未征得同意的,该处分行为不生效。

7　对于符合强制医疗条件的被监护人,应当经人民法院审判程序作出“实行强制医疗决定”。

8　《民法典》规定“顺序”的立法惯例是明示“按顺序担任”,如第 27 条、第 28 条的“按顺序担任监护人”。

9　本条遗漏“战争期间失踪”,构成“法律漏洞”,应当采用类推适用方法补充此项“漏洞”,即类推适用《民法典》第 41 条下落不明时间“自战争结束之日或者有关机关确定的下落不明之日起计算”的规定。

10　《民法典》总则编对于设有“顺序”的情形均有明文规定。例如,第 27 条第 2 款规定:未成年人的父母已经死亡或者没有监护能力的,由下列有监护能力的人“按顺序担任监护人”;第 28 条规定:无民事行为能力或者限制民事行为能力的成年人,由下列有监护能力的人“按顺序担任监护人”。第 46 条未对失踪人的利害关系人划分顺序且无“按顺序提出申请”字样,可知有否定此前司法解释对死亡宣告申请人强设“顺序”的立法者意思。

11　中国台湾地区“民法”第 8 条:失踪人失踪满 7 年后,法院得因利害关系人或检察官之声请,为死亡之宣告。

12　参见王泽鉴:《民法总则》,台北,2000 年自版,第 121 ~ 122 页。

13　最高人民法院《关于确定民事侵权精神损害赔偿责任若干问题的解释》(以下简称《精神损害赔偿解释》)对此已予认可。

14　原《民法总则》第 51 条规定:“被宣告死亡的人的婚姻关系,自死亡宣告之日起消灭。”法律关系只有“消灭”,而无“消除”,故此处为编入《民法典》时误改。

法　人

法人，是指无血肉之躯和生命，而由法律赋予权利能力，依法独立承担民事责任之社会组织。

第五十七条　法人的定义

法人是具有民事权利能力和民事行为能力，依法独立享有民事权利和承担民事义务的组织。

社会生活中的权利主体不限于自然人。现代社会，除自然人之外，还有各种社会组织体以团体的名义从事民事活动，享有民事权利、承担民事义务。由多数自然人集合而成的社会组织体，称为人合组织体；由多数财产集合而成的社会组织体，称为财合组织体。无论人合组织体或财合组织体，一经法律赋予其民事权利能力，就成为自然人之外的另一类民事主体，即法人。可见，法人是指由法律赋予权利主体资格，具有民事权利能力和民事行为能力，依法独立享有民事权利和承担民事义务的组织体。

法人制度是近现代民法上一项极为重要的法律制度。团体的法律人格的赋予,是民法理论最富想象力和技术性的创造。关于法人的本质,从来有各种主张。其中,法人拟制说认为,享有民事权利能力,当然应以有自由意思的自然人为限。在自然人之外,承认法人有民事权利能力,不过是法律的拟制。此说因与19世纪的个人主义和个人本位的法律思想契合,而成为长期占据支配地位之通说,并被若干重要的民法典采为理论依据。法人拟制说,所强调的是法人作为赋予权利主体性的法律技术。不可否认,法人制度确有其法技术的侧面,且社会组织体毕竟与有血肉之躯的自然人不同,其所以能够成为权利主体,显系出于法律的拟制。但是,法律不可能凭空拟制,首先是社会上确实存在适于享有权利承担义务的组织体,其次还要看是否有承认其为独立于其成员的主体资格的必要性。因此,在法人拟制说之外,有所谓法人实在说,着重于法人的社会实在性。法人实在说,分为法人有机体说和法人组织体说。有机体说认为,法人是一种有团体意思的社会的有机体,与自然人为有个人意思的有机体相同。此说从有机体立论,未免失之牵强。组织体说认为,法人并不是社会有机体,而是适于为权利义务主体之法律上的组织体。此说从社会存在的组织体立论,并依其社会价值而判断有无承认其为民事权利主体之必要,更具说服力。因此,20世纪以来,法人组织体说取代法人拟制说之地位而成为现今之通说。

采法人拟制说的,以德国、日本民法为代表。《德国民法典》第

26 条规定：董事会在诉讼及非讼事件中代表社团，具有法定代理人身份。另在第 30 条规定：章程得规定，于董事会之外任命特别代理人以处理一定的事务。显系采法人拟制说。《日本民法典》虽在第 53 条规定“董事就法人一切事务，代表法人”，但第 44 条第 1 款规定“法人就董事、其他代理人执行其职务加于他人的损害，负赔偿责任”，日本《民事诉讼法》第 58 条更明文规定，本法关于法定代理及法定代理人的规定，于法人之代表人准用之。亦系采法人拟制说的结果。因法人之董事既为法人之法定代理人，其所代理之法人必无行为能力，此与拟制说主张法人为法律之拟制，并无自然人之意思能力与行为能力，正相符合。

采法人组织体说的，以我国台湾地区“民法”为代表。该“民法”之制定后于德国、日本，其关于法人的立法理由明示采组织体说，并在第 27 条规定：董事就法人一切事务，对外代表法人。可见该“民法”不采拟制说而采法人实在说中的组织体说。

本条规定：“法人是具有民事权利能力和民事行为能力，依法独立享有民事权利和承担民事义务的组织。”《民法典》第 59 条规定：“法人的民事权利能力和民事行为能力，从法人成立时产生，到法人终止时消灭。”第 61 条第 2 款进一步规定：“法定代表人以法人名义从事的民事活动，其法律后果由法人承受。”因此可以肯定，中国民法立法关于法人本质，系采法人实在说中的组织体说。

第五十八条　法人的条件

法人应当依法成立。

法人应当有自己的名称、组织机构、住所、财产或者经费。法人成立的具体条件和程序,依照法律、行政法规的规定。

设立法人,法律、行政法规规定须经有关机关批准的,依照其规定。

社会组织体之具有民事权利能力、享有民事主体资格,系由法律所赋予。法律赋予组织体法人资格,目的在于使社会经济生活中已经形成并且适宜充当交易主体的社会组织体,能够取得交易主体资格,独立参与市场竞争,以促进社会经济的发展。因此,社会组织体之取得法人资格,须履行法人成立的法定程序。本条第1款规定,“法人应当依法成立”,反面解释本款,即非依法律规定的法人成立条件和程序,不得成立法人。

本条第2款规定法人的成立应当具备四个法定条件:(1)有自己的名称。法人必须有自己的名称,犹如自然人之有姓名。法人名称是此法人区别于彼法人及非法人组织的标志。(2)有自己的组织机构。法人的组织机构,使多数自然人或者多数财产结合而成组织体,并使其组织体能够从事民事活动,亦称法人机关(意思机关、执行机关)。(3)有自己的住所。这里的“住所”应当为“场所”之误,即法人组织机构的活动、办公场所。[1](4)有自己的财产或者经费。具有独立财产或者经费,是法人从事民事活动的物质基础。如营利性法人应具有符合法律规定的注册资金,机关法人应具有独立的行政拨款(经费)。

上述四项条件,是一切法人成立所不可或缺的条件,至于不同类型的法人成立应有其不同的具体条件(程序)。如国家机关法人根据法律直接规定而设立;依法不需要办理法人登记的事业单位法人和社会团体法人依照行政命令设立;需要办理法人登记的事业单位法人和社会团体法人,经业务主管部门审查同意并向登记机关申请登记而设立;不需要经过有关部门审批的有限责任公司法人、股份有限公司法人经向登记机关登记而设立;需要经过有关部门审批的有限责任公司法人、股份有限公司法人经有关部门审批并向登记机关登记而设立。而这些具体条件和设立程序,往往由特别法或者行政法规加以规定。因此,第 2 款第二句规定,"法人成立的具体条件和程序,依照法律、行政法规的规定"。

本条第 3 款规定:"设立法人,法律、行政法规规定须经有关机关批准的,依照其规定。"如前所述,有的种类法人之设立,法律、行政法规要求经有关机关批准,故本款特别明示"依照其规定"。

第五十九条　权利能力行为能力的起止

法人的民事权利能力和民事行为能力,从法人成立时产生,到法人终止时消灭。

法人的民事权利能力,是社会组织体参加民事活动、享受民事权利和承担民事义务的前提,因此,社会组织体一旦取得法人资格,即具有民事权利能力,在法人解散之前,其民事权利能力始终存在。可见,法人的民事权利能力,因法人成立而产生,因法人终止而消灭,相似于自然人的民事权利能力,因自然人的出生而发生,因自然人的死亡而消灭。法人的民事行为能力,却与自然人的民事行为能力不同。自然人取得民事行为能力,必须以达到法定年龄和精神正常为条件,因此,自然人有完全民事行为能力人、限制民事行为能力人及无民事行为能力人之分。法人是社会组织体,不存在年龄大小和是否健康问题,因此,法人一旦成立,即具有民事行为能力,法人一旦终止,其民事行为能力立即消灭。

第六十条　法人独立责任

法人以其全部财产独立承担民事责任。

我国《公司法》规定了两种公司形式,即有限责任公司和股份有限公司。无论有限责任公司或者股份有限公司,其股东都只承担有限责任,即以出资额为限对公司的债务承担责任。法人以自己的全部财产独立承担民事责任,与法人的成员承担有限责任,是同一含义的两种表述。我国法人都是独立承担民事责任,法人的成员只承担有限责任(有的法人并无成员)。须注意,有的国家的法人制度与此不同,他们既有独立承担民事责任(成员承担有限责任)的法人,也有不独立承担民事责任(成员承担无限责任)的法人,他们的公司类型除有限责任公司、股份有限公司外,还有所谓无限责任公司、两合公司。正是因为我国法人限于独立承担民事责任(成员承担有限责任),所以有必要在法人(营利法人、非营利法人和特别法人)之外,规定非法人组织。我国民法之所以规定三类民事主体(采三主体说),除自然人、法人外,还规定了非法人组织,关键就在于本条规定了法人以其财产独立承担责任。

第六十一条　法定代表人及其越权行为

依照法律或者法人章程的规定,代表法人从事民事活动的负责人,为法人的法定代表人。

法定代表人以法人名义从事的民事活动,其法律后果由法人承受。

法人章程或者法人权力机构对法定代表人代表权的限制,不得对抗善意相对人。

本条第1款规定法人的法定代表人。我国法人的法定代表人是单一制,即一个法人、一个法定代表人。而有些国家的法定代表人采取多数制,一个法人可以有多个法定代表人。法定代表人是法人的代表机关,法定代表人直接代表法人从事民事活动,法定代表人之外的其他管理人员、工作人员是以法人代理人的身份代理法人从事民事活动。代表(人)制度与代理(人)制度,是两种不同的法律制度,不应混淆。

本条第2款规定,法定代表人以法人名义从事的民事活动,其法律后果由法人承受。按照法人组织体说,法定代表人和法人是一个主体,法定代表人是法人的(代表)机关,法定代表人的行为就是法人自己的行为,法定代表人以法人名义从事民事活动(实施民事法律行为),其后果(所产生的权利义务和责任)都应当由法人承担。

这一款的意义有两点:其一,理论意义。表明中国民事立法采法人组织体说,法人与法定代表人是一个民事主体,法定代表人是法人的机关。其二,实践意义。本款明文规定,法定代表人的行为就是法人的行为,法定代表人的行为后果由法人承受,即法定代表人的行为产生的权利由法人享有、产生的义务由法人负担、产生的责任由法人承担,不受后来法定代表人更换的影响。任何法人不得因法定代表人更换而拒绝承担前法定代表人行为所产生的义务和责任。

本条第 3 款规定法定代表人越权行为规则。实践中法人章程或法人的权力机构常常会对法定代表人的权限作出限制,如限制签订借款合同的金额,或者规定不得以公司财产为他人提供担保。如果存在这样的限制,而法定代表人签合同的时候超越了该限制构成越权行为应如何处理?本款规定,“法人章程或者法人权力机构对法定代表人代表权的限制,不得对抗善意相对人”。其含义是,如果法人章程或者法人权力机构对法定代表人的权限设有限制,而法定代表人以法人名义实施民事法律行为(与他人签订合同)超越了该限制,该(越权)民事法律行为是否有效,取决于该民事法律行为(合同)相对人之属于善意还是恶意。民法所谓“善意”是指不知道,“恶意”是指知道。如果相对人于实施民事法律行为之时,不知道(不应当知道)法定代表人的行为超越了该法人章程或者权力机构对其代表权的限制,即属于善意相对人;反之,知道(应当知道)法定代表人的行为超越了该法人章程或者权力机构对其代表权的限制,即属于恶意相对人。本款条文“不得对抗善意相对人”的意思是,如果相对人属于善意,则该法定代表人的越权行为有效。对本款作反对解释,则"可以对抗恶意相对人",即如果相对人属于恶意,则该法定代表人的越权行为无效。[2]

请特别注意民法关于"善意推定"的法理。因为"善意"是指"不知道",而按照社会生活经验,"不知道"是难以通过证据加以证明的,而"知道"则是可以通过举证加以证明的。因此,诉讼中法庭不要求主张自己属于善意的当事人举证证明自己属于善意,而直接"推定"其为善意相对人。

例如,法庭判断法定代表人超越权限订立的担保合同是否有效,受担保的债权人(原告)主张自己属于善意相对人,法庭即应推定其为善意相对人而不要求其举证证明自己属于善意。这种情形,如担保人(被告)对此提出异议(主张原告属于恶意相对人),法庭即应责令其对此承担举证责任(证明原告于订立担保合同时知道或者应当知道担保人的法定代表人超越权限)。假如担保人(被告)举出证据证明原告订立担保合同时知道或者应当知道其法定代表人超越权限,则法庭对原告的善意推定被被告的反证推翻,则法庭应当认定原告属于恶意相对人、并确认担保合同无效;假如被告不能举证或者举出的证据不能证明原告订立担保合同时知道或者应当知道其法定代表人超越权限,则法庭即依据善意推定规则认定原告属于善意相对人,并确认担保合同有效。

顺便指出,按照谁主张谁举证的一般原则,应当由主张者举证证明自己所主张的事实之存在,如主张不可抗力、时效期间经过、存在某种习惯等,均应当由主张者承担举证责任,唯有主张自己属于"善意"(善意相对人、善意第三人)为例外,不要求主张者对于自己属于善意承担举证责任,而采用“善意推定”的规则。[3]

《民法通则》未规定法定代表人越权行为,属于法律漏洞。《合同法》制定时,起草人参考表见代理规则创设《合同法》第50条,“法人或者其他组织的法定代表人、负责人超越权限订立的合同,除相对人知道或者应当知道其超越权限的以外,该代表行为有效”,称为表见代表规则,作为法定代表人越权行为的裁判依据。现在该表见代表规则规定在《民法典》合同编第504条。该表见代表规则与本条第3款法定代表人的越权行为规则构成特别法与一般法的逻辑关系,故法庭判断法定代表人越权订立合同(借款合同、担保合同等)是否有效,应当适用本法第504条表见代表规则,而不适用本条第3款法定代表人越权行为规则。

第六十二条　代表人的侵权行为

法定代表人因执行职务造成他人损害的,由法人承担民事责任。法人承担民事责任后,依照法律或者法人章程的规定,可以向有过错的法定代表人追偿。

本条第1款规定:“法定代表人因执行职务造成他人损害的,由法人承担民事责任。”[4]如前所述,法定代表人属于法人组织体的机关,法定代表人以法人名义实施的民事法律行为即是法人自己的行为,所产生的权利、义务和责任均归属于法人承受。同理,法定代表人因执行职务而发生的侵权行为,也是法人的侵权行为,其法律后果(侵权责任)同样应由法人承担。不过,法人作为一个组

织体,除法定代表人外还有各类管理人员以及普通员工,那么法定代表人之外的管理人员和普通员工因执行职务造成他人损害的侵权责任,应当适用《民法典》侵权责任编第 1191 条关于使用人责任的规定,由法人(用人单位)承担无过错侵权责任。

须特别注意,按照《民法典》侵权责任编第 1191 条规定,法人(用人单位)承担无过错责任,其理论依据是民法理论上关于由受利益者负担风险的学说。在《民法总则》2017 年 10 月 1 日实施之前,公司的法定代表人、管理人员或者普通员工因执行工作任务而造成他人损害都是适用《侵权责任法》关于单位使用人责任的规定;在《民法总则》实施后以及《民法典》实施后,法定代表人的侵权行为适用本条的规定,其他管理人员及普通员工执行职务致他人损害的侵权行为,适用《民法典》侵权责任编第 1191 条。适用本条与适用《民法典》侵权责任编第 1191 条,效果是一样的(均由法人承担无过错侵权责任),但是二者的法理根据不同。法定代表人的侵权行为由法人承担责任,其法理依据是法定代表人的侵权行为即是法人的侵权行为;而其他管理人员及普通员工的侵权行为由法人(用人单位)承担责任,其法律依据是由享受利益者负担相应风险的法理。

还须说明,并不是法定代表人的一切侵权行为都由法人负责,法人仅对法定代表人“因执行职务造成他人损害的”行为承担责任。如何判断法定代表人造成他人损害的行为,是否属于“因执行职务”所为?应当按照民法所谓“外观理论”的法理判断。按照“外观理论”的法理,此所谓“执行职务”,不仅指法定代表人执行法人章程所规定或法人权力机构所委托之职务,及执行该职务所必须之行为,还应包括职务上予以机会之行为,及与执行职务之时间和处所有密切关系之行为,而在客观上足以使一般人认为与其执行职务有关者,即使该行为实际上是为行为人(法定代表人)自己的利益、非为法人的利益,亦无不同。[5]

举一个简单的例子,董事长平常总是自己驾车上班甚至到市里开会,一般人只要看见该董事长的车就会认为是“执行职务”,假如某天董事长驾车发生交通事故致人受伤,法庭即应按照一般人的认识认定该损害是“因执行职务”所致,而不去调查他那天开车出行究竟是不是为了执行职务,并且不采纳法人提出的证明该法定代表人系驾车办私事(如送家人到机场)发生事故的证据,因此判决由法人承担侵权责任。这就是所谓“外观理论”。须注意,“外观理论”也有其限制。假如该次事故不是发生在董事长通常驾车上下班途中,也不是发生在通常驾车到市里甚至省里开会的途中,而是发生在去张家界、武夷山等旅游景区的途中,就不能依据“外观理论”认定是“因执行职务”所致损害。补充一点,所谓“外观理论”的法理,是判断法定代表人的侵权行为是否“因执行职务”,及用人单位工作人员的侵权行为是否“因执行工作任务”所共用的判断标准。

另外,法人在承担责任之后能否向有过错的法定代表人追偿?本条第 2 款对追偿权进行了规定,即法人承担民事责任后,依照法律或者法人章程的规定,可以向有过错的法定代表人追偿。可见法人承担责任之后向有过错的法定代表人追偿是有条件的,即须法律或者法人章程有关于追偿的规定。但现行法律并没有关于此项追偿的规定,所以在制定法人章程或者修改法人章程的时候可以设置此类规定。《民法典》侵权责任编第 1191 条关于追偿权设有明文规定,"用人单位承担侵权责任后,可以向有故意或者重大过失的工作人员追偿"。

第六十三条　法人的住所

法人以其主要办事机构所在地为住所。依法需要办理法人登记的,应当将主要办事机构所在地登记为住所。

与自然人一样,法人也有其住所。各国民法对此有不同规定。如德国规定以法人的行政管理部门所在地为住所,瑞士规定以其事务所所在地为住所,日本规定以法人的主要事务所所在地为住所。以法人主要事务所所在地为法人之住所,为多数国家的立法例。一个法人有可能拥有数个经营场所或者办事机构,但法人的主要办事机构只有一个。故本条规定,法人以其主要办事机构所在地为住所。依法需要办理法人登记的,应当将其主要办事机构所在地登记为住所,自不待言。

第六十四条　变更登记

法人存续期间登记事项发生变化的,应当依法向登记机关申请变更登记。

本条规定,法人存续期间登记事项发生变化的,应当依法办理变更登记。须注意不同类型法人须办理变更登记的事项有所不同。例如,按照《企业法人登记管理条例》第 17 条规定,"企业法人改变名称、住所、经营场所、法定代表人、经济性质、经营范围、经营方式、注册资金、经营期限,以及增设或者撤销分支机构,应当申请办理变更登记"。第 18 条规定,"企业法人申请变更登记,应当在主管部门或者审批机关批准后 30 日内,向登记主管机关申请办理变更登记"。第 19 条规定,"企业法人分立、合并、迁移,应当在主管部门或者审批机关批准后 30 日内,向登记主管机关申请办理变更登记、开业登记或者注销登记"。

第六十五条　实际情况与登记不符

法人的实际情况与登记的事项不一致的,不得对抗善意相对人。

法人登记是法人公示方法,是相对人了解法人情况的根据。但法人存续期间,法人登记事项难免发生变化,因此《民法典》第 64 条规定,法人在存续期间登记事项发生变化的,应当依法向登记机关申请变更登记。如果法人登记事项发生变化而未及时向登记机关办理变更登记,即出现法人实际情况与登记事项不一致。这种情形,如相对人根据登记事项与法人实施民事法律行为,即应适用本条。

本条所谓"善意相对人",指不知道(不应当知道)法人实际情况与登记事项不一致、信赖法人登记(事项)而与法人实施民事法律行为的相对方当事人;反之,知道(应当知道)法人实际情况与登记事项不一致,却仍按照登记事项与法人实施民事法律行为的相对方当事人,为“恶意相对人”。所谓“不得对抗善意相对人”的意思是,如果与法人实施民事法律行为的相对方当事人属于“善意相对人”,则法人不得以法人实际情况与登记事项不一致为由主张该民事法律行为无效;反之,如果与法人实施民事法律行为的相对方当事人属于“恶意相对人”,则法人可以法人实际情况与登记事项不一致为由主张该民事法律行为无效。

例如,某法人更换法定代表人后未及时向法人登记机关办理变更登记,造成法人实际情况与法人登记事项不一致:该法人实际的法定代表人(现董事长)是甲,但法人登记记载的法定代表人(前董事长)为乙。这种情形,假设乙仍以法定代表人身份代表法人与相对人丙订立担保合同。事后甲代表法人以乙不是法定代表人为由请求法院确认该担保合同无效。法庭应当判断本案担保合同的相对人丙于订立合同当时是否知道(应当知道)乙实际上并非该法人的法定代表人。如果法庭认定丙知道(应当知道)乙不是实际上的法定代表人,即丙属于恶意相对人,则应依据本条支持该法人的请求,作出确认本案担保合同无效的判决;反之,法庭认定丙不知道(不应当知道)乙不是实际上的法定代表人,即丙属于善意相对人,则应依据本条驳回该法人的请求,作出确认本案担保合同有效的判决。法庭于判断相对人丙之是否属于善意时应当依据“善意推定”的法理,自不待言。

须特别注意,本条的适用范围限于登记名义人以法人名义实施民事法律行为的案件,而登记名义人以自己名义实施民事法律行为的案件,不适用本条。例如,有限责任公司登记的股东为甲(名义股东),而实际股东为乙(实际出资人),名义股东甲擅自将股权转让给相对人丙,实际股东乙向法院起诉请求确认(甲、丙)转让合同无效的案件,应当按照最高人民法院《关于适用〈中华人民共和国公司法〉若干问题的规定(三)》(以下简称《公司法解释(三)》)第25条解释,参照(准用)《民法典》物权编第311条(《物权法》第106条)关于善意取得的规定,处理转让合同是否有效及善意相对人(受让人)的保护问题。

第六十六条　公示登记信息

登记机关应当依法及时公示法人登记的有关信息。

本条规定,登记机关应当依法及时公示法人登记的有关信息。"法人登记的有关信息",包括法人设立登记、变更登记、注销登记等的有关信息。这是法律加给登记机关的义务,目的在于使打算与法人交易的对方可以及时查询、准确了解该法人的有关信息。

第六十七条　法人合并、分立

法人合并的,其权利和义务由合并后的法人享有和承担。

法人分立的,其权利和义务由分立后的法人享有连带债权,承担连带债务,但是债权人和债务人另有约定的除外。

本条第 1 款规定“法人合并”，合并各方的权利义务，归属于合并后的法人承受。按照社会生活经验，法人合并情形，因为合并各方责任财产均归属于合并后的法人，因此由合并后的法人承担合并各方所负担的债务，不至损害合并各方的债权人的利益。

本条第 2 款规定法人分立后的权利享有和债务承担。一个法人分立为两个法人，分立前的法人的资产（动产不动产、债权、知识产权等）在分立后的两个法人之间并不是均等分配，造成分立后两个法人偿债能力有强有弱，甚至有将全部（大部）有效资产和债权分给其中一个法人，而将无效资产和全部（大部）债务分给另一个法人的情形，因此本条第 2 款规定，由分立后的法人对分立前法人的债务承担连带债务，对分立前法人的债权享有连带债权。目的在于保护分立前法人的债权人的利益。本款但书规定“但是债权人和债务人另有约定的除外”，其意思是，分立前法人的债权人与分立前法人（债务人）约定，由分立后的两个法人对债权人承担按份债务，或者仅由分立后的一个法人承担全部债务的，则这样的约定有效。

需注意的是，第 2 款“但书”所谓“债务人”，指分立前的法人，非指分立后的法人。分立后的两个法人，应作为连带债务人，但如两个法人与债权人约定承担按份债务或者仅一个债务人承担全部债务，属于“债的变更”，应依债的变更规则判定该约定是否有效，自不待言。

第六十八条　法人终止

有下列原因之一并依法完成清算、注销登记的,法人终止:

(一)法人解散;

(二)法人被宣告破产;

(三)法律规定的其他原因。

法人终止,法律、行政法规规定须经有关机关批准的,依照其规定。

法人终止,是指法人丧失作为民事主体的资格,又称为法人消灭。其意义与自然人之死亡同。但法人为社会组织体,与自然人之死亡终究有别,法人本无生命,也就无所谓死亡,也不发生继承问题。因此,法人之终止,须经一定的法律程序。

按照本条第1款规定法人终止的原因和程序。导致法人终止的原因有三:(1)法人解散;(2)法人被宣告破产;(3)法律规定的其他原因。具有三项原因之一,还须依法完成清算并注销登记,法人才能终止。换言之,清算和注销登记,是导致法人终止的必经程序。虽然具有上述三项原因之一,不经清算并办理注销登记,法人仍不终止(消灭)。

考虑并非所有的法人终止都必须清算,如非营利法人中的事业单位法人及特别法人(如机关法人),其终止并不适用清算程序,而是须经其设立机关批准,因此本条第2款规定,“法人终止,法律、行政法规规定须经有关机关批准的,依照其规定”。

第六十九条　法人解散

有下列情形之一的,法人解散:

(一)法人章程规定的存续期间届满或者法人章程规定的其他解散事由出现;

(二)法人的权力机构决议解散;

(三)因法人合并或者分立需要解散;

(四)法人依法被吊销营业执照、登记证书,被责令关闭或者被撤销;

(五)法律规定的其他情形。

法人解散,为消灭法人的程序。法人不经解散,其人格不消灭。自然人的人格因自然人死亡而消灭,法人的人格则因法人解散而消灭。法人的解散可因各种原因引起,但法人的解散是法人人格消灭的唯一法定事由。与自然人不同,自然人一旦死亡,其民事权利能力即绝对终止,其民事权利义务即为继承人所继承;而在法人解散时,须对法人原有民事法律关系进行清算,以避免损害第三人之合法利益。

按照本条规定,法人解散的法定事由包括:(1)法人章程规定的存续期间届满或者法人章程规定的其他解散事由出现;(2)法人的权力机构决议解散;(3)因法人合并或者分立需要解散;(4)法人依法被吊销营业执照、登记证书,被责令关闭或者被撤销;(5)法律规定的其他情形。这些导致法人解散的事由容易理解,无须赘言。

第七十条　清算义务人及其责任

法人解散的,除合并或者分立的情形外,清算义务人应当及时组成清算组进行清算。

法人的董事、理事等执行机构或者决策机构的成员为清算义务人。法律、行政法规另有规定的,依照其规定。

清算义务人未及时履行清算义务,造成损害的,应当承担民事责任;主管机关或者利害关系人可以申请人民法院指定有关人员组成清算组进行清算。

本条第1款规定,法人解散的,除合并或者分立的情形外,清算义务人应当及时组成清算组进行清算。此项规定易于理解,兹不赘述。本条第2款规定法人的董事、理事等执行机构或者决策机构的成员为清算义务人。须特别注意本条第3款的规定:"清算义务人未及时履行清算义务,造成损害的,应当承担民事责任;主管机关或者利害关系人可以申请人民法院指定有关人员组成清算组进行清算。"

关于第3款有两个问题须稍作解释。第一个问题是,第3款第二句关于人民法院指定有关人员组成清算组的规定,人民法院指定的清算组成员,是否限于在本条第2款规定的清算义务人的范围之内指定?与第3款第一句联系起来看,应当肯定,人民法院指定清算组成员,应当不受本条第2款规定的清算义务人范围的限制,人民法院有权指定第2款规定的清算义务人范围之外的有关人员组成清算组。所谓"有关人员",应指与该法人有关,如该法人执行机构、决策机构之外的管理人员、法人的债权人、律师等。请注意，本条第 2 款第二句“法律、行政法规另有规定的，依照其规定”，是考虑到法人类型不同，非营利法人和特别法人如何清算，应由法律、行政法规另行规定。

第二个问题是，本条第 3 款第一句规定，“清算义务人未及时履行清算义务，造成损害的，应当承担民事责任”，所应承担的是什么性质的责任，对谁承担责任，怎么追究这个责任？应当肯定，清算义务人未及时履行清算义务，所损害的是法人的债权人的利益，应由清算义务人向受损害的债权人承担侵权赔偿责任，须具备侵权责任的构成要件。[6]依据第 3 款第一句规定，受损害的债权人有权向人民法院起诉追究清算义务人的侵权责任。但是，法庭判决清算义务人承担侵权赔偿责任的一个条件是，原告（债权人）所受损害（损失）金额必须确定，须待该法人清算终结，才能计算出债权人所遭受的损失金额。因此，遭受损害的债权人，应当先依据第二句规定，以利害关系人身份申请人民法院指定有关人员组成清算组，对该法人进行清算，待清算终结、计算出自己遭受损失的具体数额之后，再依据本款第一句规定向人民法院起诉怠于履行义务的清算义务人，追究其赔偿责任。

第七十一条　法人清算程序与清算组职权

法人的清算程序和清算组职权，依照有关法律的规定；没有规定的，参照适用公司法律的有关规定。

鉴于《民法典》规定的法人类型众多,各类法人的清算程序和清算组职权可能有所不同,理应由有关法律分别规定。如果某类法人的清算程序和清算组职权,已有法律规定,则该类法人清算时,当然应适用该有关法律的规定。实际上,并不是各类法人的清算程序和清算组职权均有法律规定,因此本条第二句设立“准用规定”:“没有规定的,参照适用(即准用)公司法律的有关规定。”

第七十二条　清算法人

清算期间法人存续,但是不得从事与清算无关的活动。

法人清算后的剩余财产,按照法人章程的规定或者法人权力机构的决议处理。法律另有规定的,依照其规定。

清算结束并完成法人注销登记时,法人终止;依法不需要办理法人登记的,清算结束时,法人终止。

民法理论关于清算期间法人的性质,有四种学说:(1)清算法人说。此说认为,法人一经解散,其人格即归消灭,但为了结债权债务,尚须进行清算,而清算时应属于另一独立的“清算法人”。(2)同一法人说。此说认为,法人解散,其人格并不消灭,须待清算终结,其人格始归消灭。法人一经解散,虽不能继续为新事业,但在清算目的范围内,仍不失为同一法人。(3)拟制存续说。此说认为,法人一经解散,其人格本应消灭,不过民法为实际上的便利,于清算目的范围内,至清算终结止,特别拟制其仍旧存续。此说的依据是法律条文使用“视为”一语,表示“拟制存续”之文义。例如,中

国台湾地区“民法”第 40 条规定：“法人至清算终结止，在清算之必要范围内，视为存续。”(4)同一法人说兼采拟制存续说。认为清算中法人与清算前法人本质上同一，但社团法人因社员之缺亡而解散时，法人丧失其实在的基础，应解释为法律之拟制。日本学者穗积重远采此说。四种学说中，第二种同一法人说为现今之通说。

本条第 1 款规定：“清算期间法人存续，但是不得从事与清算无关的活动。”第 2 款规定法人剩余财产的处理。第 3 款规定：“清算结束并完成法人注销登记时，法人终止；依法不需要办理法人登记的，清算结束时，法人终止。”显而易见，《民法典》采同一法人说。[7]须注意，在法人清算过程中，清算组(人)具有法人的执行机关和法定代表人的法律地位。

第七十三条　破产清算

法人被宣告破产的，依法进行破产清算并完成法人注销登记时，法人终止。

法人破产应当适用《企业破产法》的规定。中国仅企业法人发生破产问题，企业法人之外的各类法人不发生破产问题。故法人因破产清算终止，仅适用于企业法人(《民法典》改称营利性法人)。

破产清算程序，规定在《企业破产法》第十章。其第 120 条第 2 款规定，“管理人在最后分配完结后，应当及时向人民法院提交破产财产分配报告，并提请人民法院裁定终结破产程序”。第 121 条规定,“管理人应当自破产程序终结之日起十日内,持人民法院终结破产程序的裁定,向破产人的原登记机关办理注销登记”。所谓“管理人”,即《民法典》所谓“清算人(组)”。按照本条规定,“依法进行破产清算并完成法人注销登记时”,法人终止(消灭)。

第七十四条　法人分支机构

法人可以依法设立分支机构。法律、行政法规规定分支机构应当登记的,依照其规定。

分支机构以自己的名义从事民事活动,产生的民事责任由法人承担;也可以先以该分支机构管理的财产承担,不足以承担的,由法人承担。

本条第1款规定,法人可以依法设立分支机构。如法律、法规规定分支机构应当登记的,则法人的分支机构应当办理设立登记。但须注意,此项分支机构设立登记,区别于法人登记。法人设立的分支机构虽经登记,并不取得法人资格。例如,工商银行的分行、支行,属于法人分支机构,并非独立的法人。但外国公司在中国境内设立的全资、合资公司,经办理法人登记取得法人资格,是区别于母公司法人的独立法人。

鉴于法人分支机构不具有法人资格,因此不适用《民法典》第60条关于法人独立承担责任的规定,其债务和责任应当由法人承担。因此本条第2款规定,“分支机构以自己的名义从事民事活动,产生的民事责任由法人承担;也可以先以该分支机构管理的财

并不完全吻合，某些公益法人为实现其公益目的，也须从事经济活动，如基金会为了维持其财产的价值或使其增值，须将其资金用于投资；慈善机构为了维持和扩大慈善救济范围，也往往从事经营活动并谋取经济利益。可见，关键不在法人是否从事经营活动和谋取经济利益，而在其所得利益之归属，如所得利益归属于法人即用于实现法人目的，则不构成营利法人；如所得利益被分配给法人成员，则属于营利法人。质言之，营利法人之所谓“营利”，并非指法人本身之“营利”，而是指法人成员设立法人或者加入法人之目的为获得投资收益之“营利”。本条第 2 款补充规定，“营利法人包括有限责任公司、股份有限公司和其他企业法人等”。

第七十七条　登记成立

营利法人经依法登记成立。

法人不可能凭空产生，必须经由设立人设立，才能成立。因法人类型及时代的不同，设立原则亦不相同。其一，自由设立主义，也称为放任主义。即国家对于法人的设立完全听凭当事人自由，不要求具备任何形式，不加以任何干涉和限制。欧洲中世纪商事公司勃兴时期，此种主义一度盛行以致滋生弊端。近代以来，除瑞士民法对于非营利法人仍采此主义外，已鲜有采用。其二，特许设立主义。即法人之设立，须经特别立法或国家元首之许可。此种主义对于法人的设立限制过严，现代各国亦鲜有采用。其三，行政许可主义。即法人之设立，须经行政机关之许可。德国民法对于财团法人之设立,采此种主义;而日本民法对于设立公益法人,不分财团社团,亦采此种主义。其四,准则设立主义,亦称登记主义。即法律对于法人之设立,预先规定一定的条件,可遵照该条件设立,无须先经行政机关许可,依照法定条件设立后,仅须向登记机关办理登记,法人即可成立。德国民法对社团法人之设立,采此主义。日本民法仅对营利法人之设立,采此主义。中国台湾地区“民法”对于营利社团,以及对于既非公益亦非营利之中间社团,亦采此主义。其五,强制设立主义。此种主义唯适用于特殊产业或特殊团体。

本条规定,“营利法人经依法登记成立”,系采准则设立主义,亦称登记设立主义。但须注意,中国所谓营利法人可分为公司法人与非公司企业法人。[8]设立公司,除法律、行政法规规定必须报经批准的外,仅须向公司登记机关申请设立登记,系采准则设立主义(《公司法》第6条第2款)。但非公司企业法人的设立,依《企业法人登记管理条例》第14条的规定,首先须经主管部门或有关审批机关批准,然后才向登记机关申请登记,属于行政许可主义。

第七十八条　成立日期

依法设立的营利法人,由登记机关发给营利法人营业执照。营业执照签发日期为营利法人的成立日期。

本条规定营利法人的成立日期。法人的成立日期犹如自然人的出生日期,是其享有民事权利能力的起点,实务上具有重大意

义。本条规定,登记机关发给营利法人营业执照的签发日期,为营利法人的成立日期。

第七十九条　法人章程

设立营利法人应当依法制定法人章程。

本条规定,设立营利法人应当依法制定法人章程。公司营利法人的章程,分为有限责任公司章程和股份有限公司章程。其制定方式和内容有所不同。

按照《公司法》第 23 条的规定,(有限责任公司)“股东共同制定公司章程”。第 25 条规定:“有限责任公司章程应当载明下列事项:(一)公司名称和住所;(二)公司经营范围;(三)公司注册资本;(四)股东的姓名或者名称;(五)股东的出资方式、出资额和出资时间;(六)公司的机构及其产生办法、职权、议事规则;(七)公司法定代表人;(八)股东会会议认为需要规定的其他事项。股东应当在公司章程上签名、盖章。”

按照《公司法》第 76 条的规定,(股份有限公司)“发起人制定公司章程,采用募集方式设立的经创立大会通过”。第 81 条规定:“股份有限公司章程应当载明下列事项:(一)公司名称和住所;(二)公司经营范围;(三)公司设立方式;(四)公司股份总数、每股金额和注册资本;(五)发起人的姓名或者名称、认购的股份数、出资方式和出资时间;(六)董事会的组成、职权和议事规则;(七)公司法定代表人;(八)监事会的组成、职权和议事规则;(九)公司利润分配办法;(十)公司的解散事由与清算办法;(十一)公司的通知和公告办法;(十二)股东大会会议认为需要规定的其他事项。”

第八十条　权力机构

营利法人应当设权力机构。

权力机构行使修改法人章程,选举或者更换执行机构、监督机构成员,以及法人章程规定的其他职权。

本条第1款规定,营利法人应当设立权力机构。按照《公司法》的规定,公司营利法人的权力机构是股东会(股东大会)。本条第2款规定权力机构的职权:修改法人章程,选举或者更换执行机构、监督机构成员,以及法人章程规定的其他职权。

须注意,本条所谓“法人的权力机构”,民法理论上称为“法人的意思机关”(法人的决策机关)。《民法典》所谓营利法人,属于传统民法社团法人中的营利社团法人,为人的组织体,法人成员大会(社员大会)是其权力机构(意思机关)。营利法人中,以是否采取公司的组织形式,分为公司营利法人与非公司营利法人。公司营利法人的成员,为公司的投资人即股东,股东大会是公司营利法人的权力机构(意思机关)。非公司营利法人,即未采公司形式的企业法人,其投资人(社员)大会是其权力机构(意思机关)。

须特别注意,公司营利法人中的一人公司法人和国有独资公司法人均不设股东会。一人有限责任公司法人,只有一个股东;国有独资公司法人,投资人是国家,不存在成员大会。《公司法》第

61 条规定,“一人有限责任公司不设股东会”,由股东行使股东会(权力机构)的职权。第 66 条规定,“国有独资公司不设股东会,由国有资产监督管理机构行使股东会职权”。国有资产监督管理机构可以授权公司董事会行使股东会的部分职权,决定公司的重大事项,但公司的合并、分立、解散、增加或者减少注册资本和发行公司债券,必须由国有资产监督管理机构决定;其中,重要的国有独资公司合并、分立、解散、申请破产的,应当由国有资产监督管理机构审核后,报本级人民政府批准。

第八十一条　执行机构

营利法人应当设执行机构。

执行机构行使召集权力机构会议,决定法人的经营计划和投资方案,决定法人内部管理机构的设置,以及法人章程规定的其他职权。

执行机构为董事会或者执行董事的,董事长、执行董事或者经理按照法人章程的规定担任法定代表人;未设董事会或者执行董事的,法人章程规定的主要负责人为其执行机构和法定代表人。

法人的意思机关(权力机构)所形成的法人意思,须由法人执行机构予以贯彻实施。本条第 1 款规定:“营利法人应当设执行机构。”中国的营利法人分为公司营利法人与非公司营利法人两类,公司营利法人的执行机构为董事会或者执行董事,非公司营利法人的执行机构为法人章程规定的主要负责人。

本条第2款规定营利法人执行机构的职权:行使召集权力机构会议,决定法人的经营计划和投资方案,决定法人内部管理机构的设置,以及法人章程规定的其他职权。条文明确具体,毋庸赘言。

本条第3款规定营利法人的法定代表人。第3款条文分前后两段,前段规定,营利法人设董事会或者执行董事的(指公司营利法人),[9]董事长或者执行董事为其法定代表人;营利法人虽然设有董事会或者执行董事,其法人章程仍可规定经理为其法定代表人(这种情形董事长、执行董事非法定代表人)。[10]后段规定,未设董事会或者执行董事的营利法人(指非公司营利法人),其章程规定的主要负责人为执行机构和法定代表人。

补充一下,按照民法理论和立法例,法定代表人属于法人"代表机关"。有的立法例法定代表人可以是多个(自然人),中国民法法定代表人为单个(自然人),此在讲解第61条时已经谈及。

第八十二条　监督机构

营利法人设监事会或者监事等监督机构的,监督机构依法行使检查法人财务,监督执行机构成员、高级管理人员执行法人职务的行为,以及法人章程规定的其他职权。

中国公司营利法人的监督机构为监事会,但规模较小的有限责任公司可以设一至二名监事,不设监事会。[11]《公司法》第51条规定:"有限责任公司设监事会,其成员不得少于三人。股东人数较

少或者规模较小的有限责任公司,可以设一至二名监事,不设监事会。监事会应当包括股东代表和适当比例的公司职工代表,其中职工代表的比例不得低于三分之一,具体比例由公司章程规定。监事会中的职工代表由公司职工通过职工代表大会、职工大会或者其他形式民主选举产生。”按照本条规定,监督机构的职权是:依法检查法人财务,监督执行机构成员、高级管理人员执行法人职务的行为,以及法人章程规定的其他职权。

须注意,《公司法》第70条对国有独资公司法人的监事会组成有特别规定:国有独资公司监事会成员不得少于5人,其中职工代表的比例不得低于1/3,具体比例由公司章程规定。监事会成员由国有资产监督管理机构委派;但监事会成员中的职工代表由公司职工代表大会选举产生。监事会主席由国有资产监督管理机构从监事会成员中指定。

第八十三条　滥用出资人权利、法人格否认

营利法人的出资人不得滥用出资人权利损害法人或者其他出资人的利益;滥用出资人权利造成法人或者其他出资人损失的,应当依法承担民事责任。

营利法人的出资人不得滥用法人独立地位和出资人有限责任损害法人债权人利益;滥用法人独立地位和出资人有限责任,逃避债务,严重损害法人债权人的利益的,应当对法人债务承担连带责任。

本条第1款规定:"营利法人的出资人不得滥用出资人权利损害法人或者其他出资人的利益;滥用出资人权利造成法人或者其他出资人损失的,应当依法承担民事责任。"所针对的是现实生活中控股股东、大股东滥用股东权利,损害法人和小股东利益的社会问题。实际是将《公司法》第20条第1款和第2款的规定,适用于全部营利法人。条文所谓"依法承担民事责任",当然是滥用权利的出资人(控股股东、大股东)向受损害的法人或者其他出资人(小股东)承担侵权责任,关键问题是由谁向人民法院起诉、行使损害赔偿请求权?应当适用(准用)《公司法》关于小股东直接诉权和派生诉权的规定。

如果大股东滥用权利侵害了小股东的利益,受损害的小股东可以自己的名义向人民法院起诉,追究滥用权利的大股东的损害赔偿责任。这叫小股东的直接诉权,规定在《公司法》第152条。如果大股东滥用权利侵害法人的利益,本应由受损害的法人向人民法院起诉,追究滥用权利的大股东的损害赔偿责任。按照《公司法》第151条的规定,单独或者合计持有公司1%以上股份的股东,可以书面请求监事会(或监事)或者董事会(或董事)向人民法院提起诉讼,监事会(或监事)或者董事会(或董事)收到该书面请求后拒绝提起诉讼,或者自收到请求之日起30日内未提起诉讼,或者情况紧急、不立即提起诉讼将会使公司利益受到难以弥补的损害的,该单独或者合计持有公司1%以上股份的股东,有权为了公司的利益以自己的名义直接向人民法院提起诉讼。这叫小股东的派生诉权。

本条第2款是关于“法人人格否认”或称“揭开公司面纱”的规定。实际是将《公司法》第20条第3款的规定适用于包括公司法人在内的一切营利法人。前文已述，《民法典》第60条规定了法人独立承担责任，亦即出资人承担有限责任。实践中有的出资人滥用法人独立地位、出资人有限责任损害法人的债权人的利益。滥用法人独立地位、滥用出资人有限责任，实际是同一含义。例如，控股股东同时控制甲、乙两个公司，通过两个公司之间订立、履行合同，将甲公司的利益转移到乙公司，损害甲公司的债权人利益；或者总公司与子公司之间订立、履行合同将子公司利益转移到总公司以损害子公司债权人利益，或者将总公司利益转移到子公司以损害总公司债权人的利益；或者控股股东自己与公司订立、履行合同，将公司利益转移到自己名下。按照本款规定，受侵害的债权人，可以将相互之间转移利益的两个公司、总公司和子公司、公司和控股股东，作为共同被告起诉，法庭查明共同被告相互之间存在转移利益的事实，即应判决其对原告（债权人）承担连带责任。

这样的判决，否定了法人的独立地位（以自己的财产独立承担责任）和出资人承担有限责任。可见本条第2款关于法人人格否认或者揭开公司面纱的规定，是对《民法典》第60条的法定限制。须注意的是，条文所谓损害法人的“债权人利益”，按照民法原理和国际经验，也可以包括公法（税法）上的债权，如果出资人利用法人独立地位和出资人有限责任，将境内法人（子公司）的利益转移到境外法人（母公司）以逃避税法债务，严重损害国家税法债权，当然可以依据本条第2款规定，使境外法人（总公司）和境内法人（子公司)对该税法债务承担连带责任。

第八十四条　滥用关联关系

营利法人的控股出资人、实际控制人、董事、监事、高级管理人员不得利用其关联关系损害法人的利益;利用关联关系造成法人损失的,应当承担赔偿责任。

本条规制滥用关联关系,是将《公司法》第 21 条的规定适用于全部营利法人。本条规定,营利法人的控股出资人、实际控制人、董事、监事、高级管理人员滥用关联关系损害法人利益,应当对法人承担赔偿责任。条文仅规定"应当承担赔偿责任",而未明示由谁行使追究加害人赔偿责任的诉权。鉴于本条滥用关联关系侵害法人利益与《民法典》第 83 条第 1 款规定的滥用出资人权利侵害法人利益类似,故本条亦应采用小股东派生诉讼方式行使请求权。

第八十五条　决议的撤销

营利法人的权力机构、执行机构作出决议的会议召集程序、表决方式违反法律、行政法规、法人章程,或者决议内容违反法人章程的,营利法人的出资人可以请求人民法院撤销该决议。但是,营利法人依据该决议与善意相对人形成的民事法律关系不受影响。

本条规定法人决议的撤销,实际是将《公司法》第 22 条第 2 款

的规定适用于包括公司法人和非公司法人的一切营利法人，并增加“但书”规定保护善意相对人。条文所谓“召集程序、表决方式”，应当包括：会议通知、股权登记、提案和议程决定、会议主持、投票、计票、表决结果宣布、决议形式、会议记录及签署等事项。但不包括修改法人章程的决议。

特别值得注意的是，本条末句“但书”规定：即使该决议被撤销，“营利法人依据该决议与善意相对人形成的民事法律关系不受影响”。换言之，依据本条规定撤销营利法人的决议（该决议因被撤销而归于无效），不能对抗（撤销前）已依据该决议实施民事法律行为的善意相对人。例如，营利法人权力机构或者执行机构作出决议为公司股东或者实际控制人提供担保。该决议被依据本条撤销后，依据该决议所订立的担保合同（保证合同）是否无效，应取决于被担保债权人（贷款银行）属于善意还是恶意。如果被担保债权人不知道（不应当知道）借款人为该担保人的股东或者实际控制人，即属于善意相对人，则该决议被撤销不影响该担保合同的效力（担保合同仍然有效）；反之，被担保债权人知道（应当知道）借款人为该担保人的股东或者实际控制人，则属于恶意相对人，则该决议被撤销将影响该担保合同的效力（担保合同也因此无效）。

须特别注意，《公司法》第 22 条第 1 款有关于法人决议无效的规定，因《民法典》第 134 条第 2 款已经规定法人和非法人组织的决议行为属于民事法律行为，故法人、非法人组织的决议违法，应当依据《民法典》第 153 条第 1 款关于违反法律强制性规定的民事法律行为无效的规定，确认该决议无效。

第八十六条　营利法人的义务和社会责任

营利法人从事经营活动,应当遵守商业道德,维护交易安全,接受政府和社会的监督,承担社会责任。

本条规定营利法人应当遵守的义务和承担社会责任,是在《公司法》第5条规定[12]的基础上稍加修改,将其适用于一切营利法人。前段"应当遵守商业道德,维护交易安全,接受政府和社会的监督",是概括规定营利法人必须遵守的道德义务和法律义务。这类道德、法律义务的实质是,要求营利法人在现代市场经济条件下做诚实守信的合法经营者。后段要求营利法人必须"承担社会责任"。所谓"社会责任",指营利法人在从事经营活动中,必须维护消费者和劳动者合法权益,保护生态环境、节约资源,捐助文化教育、环境保护、救灾和慈善事业。所谓社会责任的实质是,要求营利法人在实现营利目的的同时,对社会发展作出积极贡献。

第八十七条　非营利法人定义

为公益目的或者其他非营利目的成立,不向出资人、设立人或者会员分配所取得利润的法人,为非营利法人。

非营利法人包括事业单位、社会团体、基金会、社会服务机构等。

前已经谈及,中国民法法人以法人设立目的之是否在于营利为标准,区分为营利法人与非营利法人。非营利法人,即不以营利为目的的法人。本条第1款规定:"为公益目的或者其他非营利目的成立,不向出资人、设立人或者会员分配所取得利润的法人,为非营利法人。”此定义采取同时从正反两面加以限定的定义方法,以消除兼具公益和营利双重目的之中间状态法人。第2款进一步对非营利法人的类型作不完全列举。这样的定义加列举的方法,对于法人登记管理实务具有重要意义,值得注意。

第八十八条　事业单位法人

具备法人条件,为适应经济社会发展需要,提供公益服务设立的事业单位,经依法登记成立,取得事业单位法人资格;依法不需要办理法人登记的,从成立之日起,具有事业单位法人资格。

依本条前段规定,事业单位法人,是为“提供公益服务设立的事业单位”,具备了《民法典》第58条第2款规定的法人条件,经依法办理法人登记,即取得“事业单位法人资格”。鉴于在中国法人登记实务中,并不是所有的事业单位法人都需要办理法人登记,故本条后段规定,依法不需要办理法人登记的(事业单位法人)“从成立之日起,具有事业单位法人资格”。

须注意,所谓事业单位,指从事非营利性的各项社会公益事业的单位(组织体),包括从事文化、教育、卫生、体育、新闻出版等事业的单位(组织体)。事业单位法人,属于非营利法人,它们与营利法人的区别在于是否以营利为目的。凡以营利为目的(向出资人、设立人或者会员分配所取得利润),即使从事上述(文化、教育、卫生、体育、新闻出版等)社会公益事业,也应属于营利法人而非事业单位法人。事业单位法人的登记机关,是各地(省、市)事业单位登记管理局。

第八十九条　事业单位法人决策机构、法定代表人

事业单位法人设理事会的,除法律另有规定外,理事会为其决策机构。事业单位法人的法定代表人依照法律、行政法规或者法人章程的规定产生。

本条规定事业单位法人的决策机构和法定代表人。事业单位法人设理事会的,理事会为决策机构(法律另有规定除外)。所谓决策机构,相当于营利法人的权力机构,理论上称为法人的意思机关。法定代表人(代表机关)的产生,依照法律、行政法规或者事业单位法人章程的规定。

第九十条　社会团体法人

具备法人条件,基于会员共同意愿,为公益目的或者会员共同利益等非营利目的设立的社会团体,经依法登记成立,取得社会团体法人资格;依法不需要办理法人登记的,从成立之日起,具有社会团体法人资格。

本条前段规定,"基于会员共同意愿,为公益目的或者会员共同利益等非营利目的设立的社会团体",如具备《民法典》第58条规定的法人条件,"经依法登记成立,取得社会团体法人资格"。按

照法人登记管理实务，并不是所有社会团体法人均须办理法人登记，故本条后段规定，“依法不需要办理法人登记的”社会团体法人，“从成立之日起，具有社会团体法人资格”。

中国民法所谓社会团体，指自然人或法人自愿组成，为实现会员共同意愿，按照其章程开展活动的非营利性社会组织体。例如，各种学会、协会等。按照《社会团体登记管理条例》第 10 条的规定，社会团体必须有 50 人以上的个人会员，或者 30 个以上的单位会员，或者有 50 个以上个人会员和单位会员。《社会团体登记管理条例》第 6 条规定，依法应当办理登记的社会团体法人，其登记管理机关为国务院民政部门和县级以上地方人民政府民政部门。《社会团体登记管理条例》第 7 条规定，全国性的社会团体法人，由国务院民政部门负责登记；地方性的社会团体法人，由所在地人民政府的民政部门负责登记；跨行政区域的社会团体法人，由跨行政区域的共同上一级人民政府的民政部门登记。

第九十一条　法人章程及机构

设立社会团体法人应当依法制定法人章程。

社会团体法人应当设会员大会或者会员代表大会等权力机构。

社会团体法人应当设理事会等执行机构。理事长或者会长等负责人按照法人章程的规定担任法定代表人。

本条第 1 款规定，设立社会团体法人应当依法制定社会团体法人章程。第 2 款规定社会团体法人的权力机构为会员大会或者

会员代表大会。第 3 款规定社会团体法人的执行机构为理事会。理事长或者会长等负责人按照法人章程的规定担任法定代表人。条文规定明确,无须赘言。

第九十二条　捐助法人

具备法人条件,为公益目的以捐助财产设立的基金会、社会服务机构等,经依法登记成立,取得捐助法人资格。

依法设立的宗教活动场所,具备法人条件的,可以申请法人登记,取得捐助法人资格。法律、行政法规对宗教活动场所有规定的,依照其规定。

本条第 1 款规定,“为公益目的以捐助财产设立的基金会、社会服务机构等”,具备《民法典》第 58 条规定的法人条件,“经依法登记成立,取得捐助法人资格”。第 2 款规定依法设立的“宗教活动场所”,如具备《民法典》第 58 条规定的法人条件,“可以申请法人登记,取得捐助法人资格”。实际是将宗教(活动场所)法人,作为捐助法人的特别类型。国家法律和行政法规对于宗教(活动场所)法人有规定的,应当依照其规定,自不待言。

须注意,“捐助法人”,为中国民法新创概念,相当于传统民法“财团法人”概念。捐助法人为财产的集合体,即以财产为其成立的基础。如各种基金会、私立学校、医院、图书馆、博物馆、科研机构,以及孤儿院、救济院等慈善机构,各种宗教活动场所等。捐助法人的设立目的只能是为了公益。捐助法人虽然也有人的参与,须由人进行管理并代表法人对外进行民事活动，但代表捐助法人进行活动的人并非法人之社员而是其管理人员。捐助法人成立的目的、活动宗旨及其组织机构由捐助人决定并以章程予以规定。

第九十三条　捐助法人章程及机构

设立捐助法人应当依法制定法人章程。

捐助法人应当设理事会、民主管理组织等决策机构，并设执行机构。理事长等负责人按照法人章程的规定担任法定代表人。

捐助法人应当设监事会等监督机构。

本条第1款规定，设立捐助法人，应当由捐助人依法制定法人章程。第2款规定，捐助法人应当设理事会（或者其他民主管理组织）作为决策机构，并且设执行机构。此决策机构，相当于营利法人的权力机构，理论上称为意思机关；此执行机构，相当于营利法人的董事会或者执行董事，理论上称为执行机关。第3款规定，捐助法人应当设监事会等监督机构。

第九十四条　捐助人知情权、决定撤销权

捐助人有权向捐助法人查询捐助财产的使用、管理情况，并提出意见和建议，捐助法人应当及时、如实答复。

捐助法人的决策机构、执行机构或者法定代表人作出决定的程序违反法律、行政法规、法人章程，或者决定内容违反法人章程

的,捐助人等利害关系人或者主管机关可以请求人民法院撤销该决定。但是,捐助法人依据该决定与善意相对人形成的民事法律关系不受影响。

本条第1款规定捐助人的知情权,有权向捐助法人"查询捐助财产的使用、管理情况,并提出意见和建议",捐助法人应当及时、如实答复。此项知情权类似于《公司法》第33条规定的股东的知情权。

本条第2款规定捐助法人的决定程序违法或者内容违反章程情形的撤销权行使。即"捐助法人的决策机构、执行机构或者法定代表人作出决定的程序违反法律、行政法规、法人章程,或者决定内容违反法人章程的",捐助人等利害关系人或者主管机关可以请求人民法院撤销该决定。但此前"捐助法人依据该决定与善意相对人形成的民事法律关系不受影响"。此项撤销权的权利主体为"捐助人等利害关系人或者主管机关",其中所谓"利害关系人",指该捐助法人章程规定目的范围内的受益人。受益人发现捐助法人所作决定违反程序或者决定内容违反章程时,即可以自己名义请求人民法院撤销该决定,亦可向主管机关反映,由主管机关请求人民法院撤销该决定。此项撤销权规定,类似于《民法典》第85条规定的营利法人决议违反程序情形股东的撤销权。

第九十五条　公益法人终止时剩余财产的处理

为公益目的成立的非营利法人终止时,不得向出资人、设立人或者会员分配剩余财产。剩余财产应当按照法人章程的规定或者权力机构的决议用于公益目的;无法按照法人章程的规定或者权力机构的决议处理的,由主管机关主持转给宗旨相同或者相近的法人,并向社会公告。

本条规定公益法人终止时“剩余财产”如何处理,“不得向出资人、设立人或者会员分配剩余财产。剩余财产应当按照法人章程的规定或者权力机构的决议用于公益目的;无法按照法人章程的规定或者权力机构的决议处理的,由主管机关主持转给宗旨相同或者相近的法人,并向社会公告”。

请特别注意,本条并未规定公益法人之外的非营利法人终止时,其剩余财产如何处理。此构成法律漏洞。鉴于本条适用范围限于“为公益目的成立的非营利法人”(公益法人),其适用范围是封闭的。按照民法解释方法论,凡适用范围封闭的法条,均适于采用反对解释方法。故对本条规定作反对解释,得出解释结论:“为公益目的成立的非营利法人”(公益法人)之外的非营利法人终止时,可以“向出资人、设立人或者会员分配剩余财产”。

第九十六条　特别法人

本节规定的机关法人、农村集体经济组织法人、城镇农村的合作经济组织法人、基层群众性自治组织法人,为特别法人。

本条规定,“本节规定的机关法人、农村集体经济组织法人、城镇农村的合作经济组织法人、基层群众性自治组织法人,为特别法人”。显而易见,对于“特别法人”,立法者没有采取下定义方法,而是采取列举方法。这是因为,这四种被归属于“特别法人”的法人类型,很难抽象准确反映它们共同法律本质的“内涵”。但这四种法人类型具有共同的特征,它们的“共同的特征”是,既不能纳入“营利法人”的范畴,也不能纳入“非营利法人”的范畴。

前已谈及,中国民法关于法人分类,以法人设立目的之是否在于营利,分为营利法人与非营利法人两类。后考虑到各种机关法人,其设立目的在于执行公法上的职权,参与民事生活、实施民事法律行为并非设立目的,将其归入“非营利法人”(《民法通则》规定为“非企业法人”)类型,并不妥当。此外,根据中国国情,各种农村集体经济组织、合作经济组织、基层群众性自治组织亦有赋予法人资格之必要,但它们均难于归入“营利法人”或者“非营利法人”。鉴于此,《民法典》总则编专设一节,将机关法人、农村集体经济组织法人、合作经济组织法人、基层群众性自治组织法人归为一类,称为“特别法人”。

需注意的是,民法理论上另有“普通法人”与“特殊法人”(特别法人)的分类。系将民法典所规定的法人,称为“普通法人”,而将民法典之外的(民事)特别法规定的法人,称为“特殊法人”(特别法人)。《民法典》总则编本节所谓“特别法人”,仍属于民法典所规定的法人(普通法人之一种类型),不可混同于民法理论上所称“特殊法人”(特别法人)。

第九十七条　机关法人

有独立经费的机关和承担行政职能的法定机构从成立之日起，具有机关法人资格，可以从事为履行职能所需要的民事活动。

本条“机关法人”概念之所谓“机关”，指国家机关，包括中央和地方各种机关。各种国家机关的设立根据，是《宪法》及根据《宪法》所制定的各种国家机关组织法。例如，《国务院组织法》《地方各级人民代表大会和地方各级人民政府组织法》《人民法院组织法》《人民检察院组织法》等。机关法人之设立目的，在于履行《宪法》规定的各种公法职能，故其法人资格从机关成立之日当然具有，而无须办理法人登记。因此本条规定，“有独立经费的机关”“从成立之日起，具有机关法人资格”。在我国国家机关的行政序列中，还有“承担行政职能的法定机构”，例如银保监会、证监会。本条规定，这类承担行政职能的法定机构，同样“从成立之日起，具有机关法人资格”。

需特别注意，机关法人之设立目的，是履行各种公法上的职能，其从事民事活动、实施民事法律行为，是其履行公法职能所必需的前提条件。例如，机关办公场所之建购与维修、办公设备用具之购置、工作人员之聘用等，均须通过从事民事活动与民事主体订立并履行各种合同才能实现。因此，机关法人仅在其履行公法职能所必需的范围内具有民事权利能力和民事行为能力。本条句末规定，（机关法人）“可以从事为履行职能所需要的民事活动”，即明示机关法人仅在“为履行职能所需要”限度内具有民事权利能力、民事行为能力。

第九十八条　机关法人终止

机关法人被撤销的,法人终止,其民事权利和义务由继任的机关法人享有和承担;没有继任的机关法人的,由作出撤销决定的机关法人享有和承担。

本条规定机关法人终止及其终止后,其民事权利和义务的享有和承担。按照本条规定,导致机关法人终止的唯一原因,是“机关法人被撤销”。其民事权利和义务“由继任的机关法人享有和承担”;没有“继任的机关法人的”,则由“作出撤销决定的”(上级)机关法人享有和承担。此为机关法人消灭的特别规则。

第九十九条　农村集体经济组织法人

农村集体经济组织依法取得法人资格。

法律、行政法规对农村集体经济组织有规定的,依照其规定。

本条第1款规定,“农村集体经济组织依法取得法人资格”。第2款规定,“法律、行政法规对农村集体经济组织有规定的,依照其规定”。实际上,本条只是赋予我国农村集体经济组织法人资格的概括性规定。至于什么样的组织体属于“农村集体经济组织”,有赖于相关法律、行政法规的具体规定。

第一百条　合作经济组织法人

城镇农村的合作经济组织依法取得法人资格。

法律、行政法规对城镇农村的合作经济组织有规定的，依照其规定。

本条第1款规定，“城镇农村的合作经济组织依法取得法人资格”。第2款规定，“法律、行政法规对城镇农村的合作经济组织有规定的，依照其规定”。实际上，只是赋予合作经济组织法人资格的概括性规定。至于什么样的经济组织属于“合作经济组织”，有赖于相关法律、行政法规的具体规定。

第一百零一条　基层自治组织法人

居民委员会、村民委员会具有基层群众性自治组织法人资格，可以从事为履行职能所需要的民事活动。

未设立村集体经济组织的，村民委员会可以依法代行村集体经济组织的职能。

本条规定：“居民委员会、村民委员会具有基层群众性自治组织法人资格，可以从事为履行职能所需要的民事活动。”居民委员会、村民委员会因此具有民法法人资格，称为“群众性自治组织法人”，属于中国民法法人的特别类型。仅在“为履行职能所需要”的限度内具有民事权利能力、民事行为能力。关于居民委员会、村民委员会的组织和职能，由《居民委员会组织法》《村民委员会组织法》规定。

注 释

1 法人的场所,指法人机关之所在并进行民事活动的处所。例如,某公司总部在北京市东城区东长安街某号某某商贸大楼第几层某某号,则“北京市东城区东长安街某号某某商贸大楼第几层某某号”,是该公司法人的“场所”;《民法典》第63条规定,“法人以其主要办事机构所在地为住所”。因此,“北京市东城区”,是该公司法人的“住所”。

2 请注意,民法上“相对人”概念与“第三人”概念应严加区别。“相对人”概念,存在于一个合同关系中,指一个合同关系中(与一方当事人相对)的另一方当事人。一个合同关系的双方互为“相对人”。“第三人”概念,指一个合同关系的双方当事人之外的、与其中一方存在某种法律关系的特定人。民法善意相对人保护制度和善意第三人保护制度,其立法目的和法理依据相同,均出于保护市场交易安全的需要。善意第三人保护制度,将在解读《民法典》第146条第1款、第155条撤销的效力时解说。

3 “善意推定”是大陆法系各国民法所共认的法理规则。明文规定“善意推定”的立法例,仅见《瑞士民法典》第3条:“(1)法律规定某种法律效果以善意为要件者,应推定其为善意;(2)未尽依该情形应有之注意者,不得援用善意推定。”

4 本条仅规定法定代表人的侵权行为由法人承担侵权责任,未规定侵权责任构成要件,属于不完全法条,必须与相应规定侵权责任构成要件的法律条文一并适用。《民法典》侵权责任编关于使用人责任的规定(第1191条、第1192条)亦同。关于不完全法条,参见[德]卡尔·拉伦茨:

《法学方法论》，陈爱娥译，商务印书馆2003年版，第137～138页。

5 日本大审院（1940年5月10日）有关Y信用金库职员A本无制作承认书的权限却发行了在定期存款上设定质权的承认书案件的判决（判决全集7辑，第699页）最先采用“外观理论”：“被使用者的行为在外观上与执行职务具有同一外观时，无论被使用者是否是为自己而为之，对此造成（他人）损害的，不妨碍认定为执行职务给第三人造成的损失。”参见［日］圆谷峻：《判例形成的日本新侵权行为法》，赵莉译，法律出版社2008年版，第290页。我国台湾地区“最高法院”最先采用“外观理论”的判决是2007年台上字第2532号判决。参见陈忠五主编：《新学林分科六法·民法（2008—2009年）》，新学林出版股份有限公司2008年版，第B—120页。

6 按照民法原理，法律条文分为“完全法条”与“不完全法条”，《民法典》第70条第3款第一句关于清算义务人承担责任的规定属于“不完全法条”。

7 《公司法》的规定与此相同，其第186条第3款规定：清算期间，公司存续，但不得开展与清算无关的经营活动。

8 参见姚瑞光：《论法人》，载《法令月刊》1995年第44卷第3期。

9 《公司法》第50条规定：“股东人数较少或者规模较小的有限责任公司，可以设一名执行董事，不设董事会。执行董事可以兼任公司经理。”

10 如公司章程未规定经理为法定代表人，则经理可以代理人身份代理法人进行民事活动。

11 《公司法》并未要求一人有限责任公司设监事会或者监事。

12 《公司法》第5条规定：“公司从事经营活动，必须遵守法律、行政法规，遵守社会公德、商业道德，诚实守信，接受政府和社会公众的监督，承担社会责任。”

非法人组织

非法人组织，是指不具有法人资格，而由法律赋予权利能力，由其成员或设立人承担无限责任的组织。

第一百零二条　非法人组织定义

非法人组织是不具有法人资格，但是能够依法以自己的名义从事民事活动的组织。

非法人组织包括个人独资企业、合伙企业、不具有法人资格的专业服务机构等。

本条第1款规定非法人组织的定义，“非法人组织是不具有法人资格，但是能够依法以自己的名义从事民事活动的组织”。第2款列举非法人组织的主要类型，“非法人组织包括个人独资企业、合伙企业、不具有法人资格的专业服务机构等”。

所谓非法人组织，是指虽不具有法人资格但可以自己的名义从事民事活动的组织体。现代各国家和地区民法,大都在法人和自然人之外,承认有非法人而具有某种主体性的组织体之存在。这种非法人而具有某种主体性的组织体,在德国称为“无权利能力社团”,在日本称为“非法人社团”和“非法人财团”,在中国台湾地区称为“非法人组织”。此种民事主体,在《合同法》等法律上称为“其他组织”,《民法典》总则编改称“非法人组织”。

民法关于权利主体的理论有一个从单一主体到承认多元主体的发展过程。1804 年的《法国民法典》,只有关于自然人的规定,而不承认法人的主体地位。此后,各国民法反映市场经济的要求,确认法人为自然人之外的另一种权利主体。而关于法人本质的学说,先采法人拟制说,后来改采法人实在说,即承认法人并非出于法律凭空的拟制,而是社会生活中存在的“实在”组织体。既然采法人实在说,承认法人是社会生活中存在的组织体,即不能无视未取得法人资格的组织体之存在。

关于无法人资格组织体的法律地位,各国家和地区民法首先采取的办法,是准用关于合伙的规定。以德国为例,《德国民法典》第 54 条规定:“无权利能力之社团,应适用关于合伙之规定,以此种社团名义对第三人所为之法律行为,由行为人自己负责。行为人有数人时,负连带债务人责任。”[1]第二次世界大战以后,民法关于非法人组织的认识已有重大发展。无论德国、日本或中国台湾地区的民法学说、判例,均强调非法人组织与合伙在本质上的差异,并承认非法人组织具有权利能力、行为能力和诉讼能力,亦即肯定非法人组织之主体性。且非法人组织之享有名称权与名誉

权,亦与法人无异。[2]根据民法原理,非法人组织须具备的要件如下:

第一,须为由多数人组成的人合组织体。非法人组织,与社团法人一样,为人合之社会组织体。首先,须是由多数人组成的组织体;其次,此人合组织体不是临时的、松散的,应设有代表人或管理人,有自己的名称、组织机构、组织规则,有进行业务活动的场所,亦即具有稳定性的组织体。此项要件,即民法学说所谓"团体性"要件。

第二,须具有自己的目的。非法人组织,与法人一样,须具有自己的目的。此所谓目的,可以是非经济目的,如发展科学、文化、教育、艺术、体育、宗教、慈善事业等;也可以是经济性目的,如以获取经济利益为目的,亦即以营利为目的。营利目的在中国现行法上称为经营范围。因此,对于营利性非法人组织来说,具有自己的目的,亦即有特定的经营范围。

第三,须有自己的财产。非法人组织,与法人一样,须有属于自己的财产。虽是人合组织体,要实现其团体目的,从事经济的或非经济的活动,必须有一定的财产。但与法人的不同点在于,此财产仅须非法人组织可以独立支配即可,不要求必须与其成员的财产截然分开而由非法人组织享有所有权。

第四,须设有代表人。非法人组织,既属于人合组织体,有一定目的,为实现其目的,当然应设立代表人,对外代表非法人组织,实施民事法律行为。此代表人即非法人组织之代表机关。与法人的不同点在于,对于非法人组织,仅要求设有代表人或管理人,而不要求必须按照法律规定的组织形式;而对于法人,法律则要求设立董事会或理事会等机关,且关于董事会或理事会有严格的形式要求。

第一百零三条　非法人组织的设立

非法人组织应当依照法律的规定登记。

设立非法人组织,法律、行政法规规定须经有关机关批准的,依照其规定。

本条第1款规定,“非法人组织应当依照法律的规定登记”。其中,营利性非法人组织,应当经工商行政管理机关登记;非营利性非法人组织,应当经民政部门登记。第2款规定,“设立非法人组织,法律、行政法规规定须经有关机关批准的,依照其规定”。

须注意,关于非法人组织的设立,是否应当经过登记,学术界有不同意见。有学者认为,要求非法人组织的设立应当登记,将导致非法人组织和法人的混同,主张规定法人之外的一切组织体均属于非法人组织,既不要求“依法”设立,也不要求“登记”。假使采纳这种意见,规定法人以外的一切组织体均属于非法人组织,既不要求依法设立,也不要求登记,将难以发挥民法规范人民行为、引导人民行为的功能,将使国家丧失对各种社会组织体进行监督、管理的有力手段。故本条规定非法人组织应当“依照法律的规定登记”,并且规定,法律、行政法规规定,非法人组织的设立“须经有关机关批准的,依照其规定”。

第一百零四条　非法人组织的债务承担

非法人组织的财产不足以清偿债务的，其出资人或者设立人承担无限责任。法律另有规定的，依照其规定。

本条第一句规定非法人组织债务清偿的原则，即由出资人或者设立人对非法人组织的债务承担无限责任。此是非法人组织与法人的根本区别所在。第二句“但书”规定此项原则的例外。条文所谓“法律另有规定”，是指《合伙企业法》第 2 条规定，有限合伙企业的普通合伙人对有限合伙企业的债务承担无限责任，有限合伙人仅对有限合伙企业的债务承担有限责任。

依据本条规定，非法人组织的债权人以诉讼方式行使权利，既可以非法人组织为被告，也可以非法人组织的出资人或者设立人为被告，甚至以非法人组织和非法人组织的出资人或者设立人为共同被告。非法人组织的出资人或者设立人为二人以上时，各出资人或者设立人应当承担连带责任，自不待言。

债权人对非法人组织、非法人组织的出资人或者设立人的请求权，其诉讼时效与普通债权请求权相同，应当适用《民法典》第 188 条关于诉讼时效期间的规定。但须注意，《个人独资企业法》设有“五年特别时效期间”，其第 28 条规定：“个人独资企业解散后，原投资人对个人独资企业存续期间的债务仍应承担偿还责任，但债权人在五年内未向债务人提出偿债请求的，该责任消灭。”

第一百零五条　非法人组织代表人

非法人组织可以确定一人或者数人代表该组织从事民事活动。

非法人组织既为人的组织体,其从事民事活动、实施民事法律行为,理当由特定自然人以非法人组织的名义为之。该特定自然人为非法人组织的法定代表人,此与法人的法定代表人相同。须特别注意,本条规定“非法人组织可以确定一人或者数人代表该组织从事民事活动”,故非法人组织的法定代表人可以是一个自然人,也可以是多个自然人。此与法人的法定代表人只能是一个自然人不同。

第一百零六条　非法人组织解散

有下列情形之一的,非法人组织解散:

(一)章程规定的存续期间届满或者章程规定的其他解散事由出现;

(二)出资人或者设立人决定解散;

(三)法律规定的其他情形。

本条规定非法人组织的解散。三项解散事由具体明确,无须赘言。

第一百零七条　清算

非法人组织解散的，应当依法进行清算。

本条规定非法人组织解散的，应当依法进行清算。关于清算人的确定及清算人权限和清算程序，如有关该非法人组织的法律、法规未作规定的，应当参照适用法人清算的规定。

第一百零八条　准用

非法人组织除适用本章规定外，参照适用本法第三章第一节的有关规定。

本条为参照适用（准用）条款。按照本条规定，关于非法人组织本章未有规定的事项，可以参照适用（准用）《民法典》第三章第一节（关于法人的）一般规定。例如，作为非法人组织的合伙企业解散的清算，《合伙企业法》第 86 条规定，合伙企业解散须经清算人进行清算，并规定了清算人的确定规则，却未规定清算人的职权和清算程序。因此，可以参照适用《民法典》第三章第一节第 71 条关于法人的清算人职权和清算程序的规定。但第 71 条规定，关于法人的清算人职权和清算程序，有关法律没有规定的，可以“参照适用公司法的有关规定”。因此，关于合伙企业的清算人职权和清算程序，可以参照适用《公司法》关于公司清算人职权和清算程序的规定。

注 释

1 德国立法者之所以设此项不利于无权利能力社团之规定,旨在实现一定政治目的,企图迫使当时具有政治及宗教性质之社团,登记为社团法人,以便监督管理。唯此项立法上的期待,始终未获实现,工会、学生团体、宗教组织仍多拒不登记以取得法人资格。在此情形,仍适用合伙规定,实不符合此类组织体之本质。于是,德国学者严厉批评《德国民法典》第54条属于忽视事实之立法上错误,而法院则致力于可能之范围内适用关于社团之规定,使无权利能力社团摆脱第54条第1项前段规定对其发展所加之束缚。参见王泽鉴:《民法总则》,台北,1992年自版,第148~149页。

2 关于这一点,日本有最高裁判所于1957年7月20日就新闻记事对华侨自治会名誉毁损行为,命令新闻记事取消广告的案例。参见[日]北川善太郎:《民法总则》,有斐阁1993年版,第82页。

民事权利

所谓权利，是指得享受特定利益之法律上之力，即权利由特定利益和法律上之力两要素构成。

第一百零九条　一般人格权

自然人的人身自由、人格尊严受法律保护。

本条是关于一般人格权的规定。本条规定，“自然人的人身自由、人格尊严受法律保护”，虽然条文用了“人身自由”和“人格尊严”两个概念，但并不是将“人身自由”和“人格尊严”规定为两个特别人格权类型（所谓人身自由权和人格尊严权），而是以人格自由和人格尊严概念表述一般人格权。

一般人格权，其标的为受法律保护的人格利益之总和。一般人格权确定了应受法律保护的人格利益之基本属性，即凡属人格所生之合法利益，均受法律保护。同时，一般人格权为特别人格权的渊源。在对《民法典》所规定的特别人格权(第 110 条)进行解释时,一般人格权便成为解释之标准。一般人格权之主要功能,在于弥补法定的特别人格权之不足。本条关于一般人格权的规定,与《民法典》第 110 条关于特别人格权的规定,构成一般法与特别法的关系。法庭审理人格利益遭受侵害的案件,应当优先适用第 110 条关于特别人格权的规定,只在案件事实难于纳入第 110 条规定的特别人格权类型、不能依据该条予以保护时,才能适用第 109 条关于一般人格权的规定。

第一百一十条　特别人格权

自然人享有生命权、身体权、健康权、姓名权、肖像权、名誉权、荣誉权、隐私权、婚姻自主权等权利。

法人、非法人组织享有名称权、名誉权和荣誉权。

本条是关于特别人格权类型的规定。请注意,《民法通则》采用的"生命健康权"概念,本条依据最高人民法院相关司法解释将"生命健康权"区分为:生命权、身体权、健康权。鉴于这些特别人格权类型,在《民法通则》列举规定之后,最高人民法院又有相应司法解释,已经为广大人民群众所熟知,且一些特别人格权很难定义或者很难准确定义,[1]因此《民法典》总则编放弃了为每一种人格权类型下定义的做法,采取直接列举特别人格权概念的方式。如前所述,在法律适用上,本条关于特别人格权类型的规定,应当优先于《民法典》第 109 条关于一般人格权的规定。

第一百一十一条　个人信息保护

自然人的个人信息受法律保护。任何组织或者个人需要获取他人个人信息的,应当依法取得并确保信息安全,不得非法收集、使用、加工、传输他人个人信息,不得非法买卖、提供或者公开他人个人信息。

鉴于非法获取他人个人信息、滥用他人个人信息成为日益严重的社会问题,有必要规定对自然人个人信息的法律保护。但因对个人信息的本质及权利属性的研究不足,还难于明确界定自然人个人信息的性质及属于何种权利。设立本条的立法目的,主要是宣示对个人信息予以法律保护的原则,并为人民法院裁判侵害个人信息的案件提供裁判基准。

本条第二句前段为需要获取他人信息的组织和个人设定两项基本义务:一项是"依法取得"的义务;另一项是确保所取得的"信息安全"的义务。本条第二句后段,规定任何单位和个人"不得非法收集、使用、加工、传输他人个人信息,不得非法买卖、提供或者公开他人个人信息",属于禁止性(效力性)强制规定,为人民法院裁判侵害个人信息案件,确认侵害他人个人信息的民事法律行为(合同)无效,或者追究侵害人的侵权赔偿责任,提供裁判依据。此外,本条也为今后制定个人信息保护法提供立法依据和基本原则。

关于自然人个人信息的法律保护,除本条设立原则性规定外,若干特别法也有规定,例如,全国人民代表大会常务委员会《关于加强网络信息保护的决定》(2012 年)、《网络安全法》有具体规定,前者的保护客体限于电子信息,义务主体包括网络服务提供者和其他企业事业单位;后者的保护客体不限于电子信息,义务主体仅限于网络运营者(网络持有人、管理者及网络服务提供者)。

另外,《刑法》也有保护个人信息的规定。即《刑法修正案(七)》第7条在《刑法》第253条之后增加一条,作为第253条之一,该条规定:国家机关或者金融、电信、交通、教育、医疗等单位的工作人员,违反国家规定,将本单位在履行职责或者提供服务过程中获得的公民个人信息,出售或者非法提供给他人,情节严重的,处三年以下有期徒刑或者拘役,并处或者单处罚金。窃取或者以其他方法非法获取上述信息,情节严重的,依照前款的规定处罚。单位犯前两款罪的,对单位判处罚金,并对其直接负责的主管人员和其他直接责任人员,依照各该款的规定处罚。

第一百一十二条　身份关系上的人身权

自然人因婚姻家庭关系等产生的人身权利受法律保护。

本条规定自然人基于婚姻家庭关系等产生的人身权利受法律保护。按照民法原理,基于婚姻家庭关系等(身份关系)所产生的民事权利,分为基于身份关系的财产权利,以及基于身份关系的人身权利。虽然本条仅规定基于身份关系的人身权利受法律保护,未提及基于身份关系的财产权保护问题,但基于身份关系的财产权受法律保护,是毋庸置疑的。例如,赡养费请求权(第1067条)、抚养费请求权(第1067条)、离婚损害赔偿请求权(第1091条)等,在《民法典》婚姻家庭编均有具体规定。

本条所谓基于身份关系的人身权利，包括（基于身份关系的）人格权与身份权。其中，（基于身份关系的）人格权，如婚姻自主权（第110条），夫妻各自使用自己姓名的权利（第1056条），夫妻参加生产、工作、学习和社会活动的自由（第1057条）；身份权，如监护人的法定代理权（第23条），夫妻抚养、教育、保护子女平等权（第1058条），夫妻家事代理权（第1060条），父母探望权（第1086条）等。

条文所谓“婚姻家庭关系”，包括夫妻关系（《民法典》婚姻家庭编第三章第一节），及父母子女关系和其他近亲属关系（《民法典》婚姻家庭编第三章第二节）。条文“婚姻家庭关系”后面的“等”字，应当指“近亲属关系”之外的“亲属关系”。

第一百一十三条　财产权利平等保护原则

民事主体的财产权利受法律平等保护。

《民法典》总则编起草人根据中国特色社会主义市场经济的本质特征和要求，在总则编第一章第3条规定“民事主体的人身权利、财产权利以及其他合法权益受法律保护，任何组织或者个人不得侵犯”，第4条规定民事主体“法律地位一律平等”，作为中国民法基本原则，“对财产权利的平等保护”也就蕴含在其中了。本条之所以特别规定对财产权利的平等保护原则，系出于历史的原因。

中华人民共和国成立后的一段时期曾经实行单一公有制基础

上的计划经济体制。反映该经济体制的本质和要求,当时的民法理论强调对于国有财产的特殊保护,称为“国有财产特殊保护原则”。并从所谓“国有财产特殊保护原则”,引申出三项具体的民法原则:国有财产受侵犯的案件不适用诉讼时效;归属不明的财产推定为国家所有;(私人、集体)不能举证证明属于自己所有的财产推定为国家所有。实质是对于不同所有制的财产权利区别对待、不平等保护。

这样的民法理论和原则,在改革开放之后,特别是确立社会主义市场经济体制、废除计划经济体制之后,失去了合理性和存在价值,理所当然地被扫进历史的垃圾堆。但过时陈旧的思想理论不能像有体物那样“抛弃了之”,它们还会对某些人发生影响。众所周知,《物权法》制定过程中曾经发生激烈争论,焦点集中在《物权法》应当规定平等保护原则还是规定国有财产特殊保护原则。改革开放初期的裁判实务中也曾经出现过对不同所有制的财产权主体差别对待的判决。鉴于此,《物权法》在制度设计上坚持对国家、集体和私人所有财产权实行平等对待的同时,专设第 4 条明文规定财产权的平等保护原则。

改革开放以来的社会实践表明,对财产权的平等保护原则,反映中国特色社会主义市场经济体制的本质特征和要求,必须坚决贯彻、长期坚持,不能有丝毫动摇。因此,《民法典》总则编设立本条规定财产权利的平等保护原则。可见,财产权利的平等保护原则,已超出物权法的范围,其适用范围涵盖了中国民法整个财产法部分,应当特别注意。

第一百一十四条　物权定义

民事主体依法享有物权。

物权是权利人依法对特定的物享有直接支配和排他的权利，包括所有权、用益物权和担保物权。

民法学说关于物权约有四种定义：(1)物权为支配物的权利，系着重于物权的直接支配性；(2)物权为直接支配特定物并享受其利益的权利，系着重于物权对物的直接支配性和享受利益；(3)物权为直接支配物并具有排他性的权利，系着重于物权对物的直接支配性与排他性；(4)物权为直接支配特定物、享受其利益并排除他人干涉的权利，系着重于物权的直接支配、享受利益及排他性。

《物权法》起草人认为，物权的直接支配性和排他性，是物权区别于其他民事权利(特别是债权)的本质特征。上述第一、二两种定义未指出物权的排他性，有失偏颇。第四种定义在直接支配性和排他性之外，指出物权具有享受利益的性质。按照关于权利本质的通说，权利的本质为受法律上之力所保护的利益。换言之，任何民事权利均属于权利主体享有的利益，在物权定义中强调"享受利益"，实无必要。故《物权法》起草人赞同第三种定义。

本条规定，"物权是权利人依法对特定的物享有直接支配和排他的权利"。此物权定义，一是强调物权的客体(标的)为特定物(特定的有体物)，而将"无体物"(无形财产)排除在外，以此达到法律体系清晰(划清了物权与债权、知识产权的界限)的目的；二是规定物权为直接支配特定物的权利，强调物权的本质为对特定物的“支配权”;三是规定物权在对特定物享有直接支配的范围内,具有排除他人干涉的效力,即物权是排他性的支配权。本条定义,指出物权的客体为有体物,属于具有排他性的支配权,突出了物权区别于其他民事权利的本质属性,值得肯定。

本条在规定物权定义的同时,对于物权类型作完全性列举,即《民法典》所谓物权,仅“包括所有权、用益物权和担保物权”三种类型。明确规定(限定)物权类型,在理论上和实务上具有重要意义,自不待言。

第一百一十五条　物权客体

物包括不动产和动产。法律规定权利作为物权客体的,依照其规定。

本条规定(物权客体)物,未采用定义方法,而是采用列举方法。规定:“物包括不动产和动产。法律规定权利作为物权客体的,依照其规定。”

民法上关于物的定义,有广义和狭义之别。广义的物,包括有体物、无体物(财产权利和无形财产)。罗马法以及法国法系民法,均采物的广义概念。物的狭义概念,仅指“有体物”,亦即有形财产,为德国、日本等国家民法和我国台湾地区“民法”所采用。中国民法理论一直采用(狭义)“有体物”概念。

所谓“有体物”,指具有形体、占据空间,并能够为人感知的物。首先是客观存在的物,具有形体并占据空间,有固体、液体和气体的区别。其次，因人身为自然人人格之载体，受法律绝对保护，不得成为法律上的客体，故人的身体以及人体的任何组成部分均不是物。但是被捐赠的血液、器官和脱离人身的毛发除外。最后，必须是人力能够控制、有必要控制的有体物。人力所无法控制的物，如日月星辰，不属于民法上的物，任何人不得对其主张民事权利。

本条虽未使用“有体物”概念，因不动产和动产属于“有体物”的分类，可知本条所称物，是指“有体物”。鉴于科学技术的发展、建筑物高层化及海洋养殖业的发展，《民法典》将“海域”“无线电频谱”及地上、地下“空间”均纳入“物”概念之内。这就是《民法典》第247条关于“海域”归属的规定、第252条关于“无线电频谱资源”归属的规定、第345条关于在地上（空间）和地下（空间）设立建设用地使用权的规定。“无线电频谱”是看不见的，“空间”（地上空间或者地下空间）也是看不见的，本不符合有体物的概念，属于物权客体“有体物”的例外规定。但“海域”有所不同，“海域”是看得见的，与有体物概念并不抵触。

按照《中国军事通信百科全书无线电管理分册》（2005年），所谓无线电频谱，是指无线电波的全部频率范围。电磁场产生的波在空间以不同的频率传播，这些频率的集合，称为电磁频谱。电磁频谱中，适合无线电通信用的频率范围（9KHz－3000 GHz），称为无线电频谱。无线电频谱资源虽然是人类共享的自然资源，但对于一个主权国家而言，它是属于国家所有的稀缺的、有重要意义的战略资源和经济发展资源，它的开发利用关系到国民经济和社会可持续发展，还涉及国家主权和安全。《无线电管理条例》（2016

年)第3条规定:“无线电频谱资源属于国家所有。国家对无线电频谱实行统一规划、合理开发、有偿使用的原则。”《物权法》第50条规定“无线电频谱资源属于国家所有”,为国家对无线电频谱资源的统一规划、合理开发、有偿使用和科学管理,提供了法律根据。

作为物权客体的“空间”,分为“地上空间”和“地下空间”。按照《城市地下空间开发利用管理规定》(建设部1997年10月27日发布,2001年11月20日修改),所谓“城市地下空间,是指城市规划区内地表以下的空间”。城市地下空间的开发利用,应贯彻统一规划、综合开发、合理利用、依法管理的原则,坚持社会效益、经济效益和环境效益相结合。国务院建设行政主管部门负责全国城市地下空间的开发利用管理工作。省、自治区人民政府建设行政主管部门负责本行政区域内城市地下空间的开发利用管理工作。直辖市、市、县人民政府建设行政主管部门和城市规划行政主管部门按照职责分工,负责本行政区域内城市地下空间的开发利用管理工作。许多大城市都在制定有关地下空间开发利用的法规。其中,《上海市城市地下空间建设用地审批和房地产登记规定》于2013年11月26日施行。将空间纳入物权客体的范围,明文规定,可以在地上或者地下“空间”设立建设用地使用权(《民法典》第345条),就为城市地下空间的开发利用、依法管理提供了法律根据。

按照《海域使用管理法》(2001年10月27日通过,2002年1月1日施行)第2条的规定,“海域”是指“内水、领海的水面、水体、海床和底土”。在法律传统中,民法只规定土地而不规定海域,海域属于公法规定的对象。所谓“土地”是指陆地,陆地上的水面如湖泊、水库、河流亦属于土地。“土地”与“海域”的分界线,称为“海岸线”。一般地图上的“海岸线”是指海水涨潮的“平均高潮线”,麦克特航海用图上的“海岸线”则是指海水退潮的“最低低潮线”。“最高高潮线”以下,“最低低潮线”以上的亦海亦陆的特殊地带,称为“滩涂”。鉴于“滩涂”属于“土地”的一部分,且《民法典》第250条另就“滩涂”设有明文规定,因此“土地”与“海域”的区分,应以海水退潮“最低低潮线”为准,最低低潮线以上为“土地”,最低低潮线以下为“海域”。《民法典》第247条明确规定“海域属于国家所有”,为加强海域使用管理,维护国家海域所有权和海域使用权人的合法权益,促进海域的合理开发和可持续利用,提供了法律根据。

物分为不动产和动产。不动产和动产的划分,是物的最基本、最重要的划分。这种划分对民事权利尤其对物权制度具有决定性的意义。法律关于不动产物权和动产物权适用不同的公示原则,采用不同的公示方法。不动产物权的变动,原则上以登记为公示方法;动产物权的变动,原则上以占有交付为公示方法。不动产物权种类齐备,仅不动产上可以设立用益物权,动产上不能设立用益物权,动产物权只有所有权和质权。所以,不动产和动产的区分,对物权立法具有重要意义。

按照各立法例,一般是先界定不动产的范围,不动产之外均属于动产。不动产,是指土地及其定着物。所谓“定着物”,是指固定在土地上、不可移动之物,如房屋等建筑物、堤坝、桥梁、轨道、城墙等构筑物,及生长在土地上的树木、农作物等。凡不动产之外的物,如船舶、飞行器、车辆、家用电器、生活用品等,均属于动产。本条虽未明文规定不动产和动产的定义,理应作同样的解释。

关于不动产概念,还有一个重要问题:土地和建筑物,究竟是一个不动产还是两个不动产?按照德国民法,土地和建筑物,是一个不动产,建筑物属于土地的组成部分,建筑物不是一个独立的不动产。按照日本民法,土地和建筑物,分别是两个不动产,即土地是一个不动产,土地上的建筑物是另一个不动产。如果土地和建筑物是一个不动产,则只办理一个登记即土地登记,其登记比较简单,不发生土地与建筑物分别属于不同权利人(所有权人、抵押权人)的问题。如果土地和建筑物是两个不动产,就需要办理两个登记(土地登记和建筑物登记),且会发生土地与建筑物分别属于不同权利人(所有权人、抵押权人)的问题。而土地与建筑物分别属于不同的权利人,将导致法律关系的复杂化。

我国改革开放以来的立法和实践,是将土地和地上建筑物作为两个不动产,办理两个登记,并以所谓"房随地走、地随房走"原则,尽量避免发生土地与其地上建筑物分别属于不同权利人的情形。例如,《民法典》第397条规定:"以建筑物抵押的,该建筑物占用范围内的建设用地使用权一并抵押。以建设用地使用权抵押的,该土地上的建筑物一并抵押。抵押人未依照前款规定一并抵押的,未抵押的财产视为一并抵押。"

第一百一十六条　物权法定原则

物权的种类和内容,由法律规定。

物权法定原则的含义是,物权的种类及各类物权的内容,必须由法律明文规定,不允许当事人自由创设物权和改变物权的内容。我们很容易想到一个问题,物权法与合同法,同属于民法的财产法,为什么物权法要实行物权法定原则,而合同法却实行合同自由原则?

合同法不规定"合同法定"原则,而是规定合同自由原则。因为合同上的权利属于债权,债权是相对权,不具有排他性,"仅对当事人具有法律约束力"(《民法典》第465条第2款)。因此,当事人之间的合同,原则上不会损害国家、社会和他人的利益。现实生活中的绝大多数合同,也的确对国家利益、社会公共利益、他人利益没有什么损害。既然这样,就完全可以实行合同自由原则,允许当事人自由创设合同类型、改变合同的内容,甚至可以把两种、三种合同内容结合在一起,形成一个很复杂的合同。为防止有人滥用合同自由,损害国家、社会和他人利益,须预先设立合同自由的例外规则,规定:违反法律强制性规定的民事法律行为无效(《民法典》第153条),双方恶意串通损害他人合法权益的民事法律行为无效(《民法典》第154条),这就够了。

本条规定物权法定原则,其理由何在?第一项理由,物权不仅是"直接支配"特定物的权利,而且具有"排除他人干涉"的效力。"直接支配性"加上"排他性",实质上就是一种"独占"的权利。谁享有某项物权,谁就把某项财产给“独占”了。鉴于物权是对现存有形财产的“独占权”,如果允许当事人自由创设物权,当事人任意发明新的物权,任意独占某种财产,社会生活必然陷于混乱!

规定物权法定原则的第二项理由,物权是市场交易的前提和结果。市场交易就是物权与物权的交易。马克思主义政治经济学教科书上举的例子,用两柄斧头交换五只羊。羊是什么?就是物权。斧头是什么?也是物权。现实中是用商品房、机动车、家用电器与货币交换,商品房、机动车、家用电器、货币等,都是物权。《民法典》第595条规定买卖合同定义:“买卖合同是出卖人移转标的物的所有权于买受人,买受人支付价款的合同。”就是所有权与所有权的交易,就是物权与物权的交易。既然物权是市场交易的前提和结果,是市场交易得以进行的前提条件,作为市场交易的前提条件的物权种类和物权内容,就一定要统一化、标准化。什么叫所有权,所有权的内容、效力及有无期限,什么叫抵押权,抵押权的内容、效力及如何行使,就必须由法律明确规定,实现各类物权的统一化、标准化,不允许任何人发明新的物权和改变物权的内容。

物权法定原则所说的“法律”,是严格限定的,仅指全国人民代表大会和全国人民代表大会常务委员会制定的“法律”。不包括国务院制定的行政法规。当然更不包括地方性法规和部门规章。为什么不允许行政机关、地方政府规定物权的种类和内容呢?因为我国是一个统一的国家,一个统一的大市场。如果一个地方的所有权和另一个地方的所有权不同,一个地方的抵押权与另一个地方的抵押权不同,必然会影响市场交易,影响国内大市场的统一。

所以说,基于保障市场交易顺利进行和建立全国统一的大市场的法律政策理由,必须实行“物权法定原则”,必须由“法律”规定物权的种类和内容。这与《银行法》规定“货币法定原则”和《票据法》《证券法》等规定“有价证券法定原则”,是出于同样的政策考量。

规定“物权法定原则”的第三项理由,就是要否定我国法律所未规定的任何外国法律上的物权类型,以维护我国的国家主权和法律制度。如果不实行物权法定原则,而实行所谓“物权自由原则”,则在中国境内活动的外商、外企和外国律师,就必然会在他们所参与的经济活动中,采用他们自己熟悉的本国法律上的物权类型,必将对我国的法律制度和国家主权造成冲击和损害！可见物权法定原则,具有否定我国法律未规定的任何外国法律上的物权类型,以维护国家主权和法律制度的重要功能。

物权法定原则的意思,主要不是“正面”而是“反面”,它“反面”的意思就是:当事人自己创设的物权无效,当事人变更物权内容的约定无效。

这里说的“无效”,就是不具有物权的效力。业主购买商品房,就享有房屋所有权,假设某个开发商在合同上规定该房屋所有权只能享有 20 年,则该规定无效。所有权是没有期限的权利,只要这个特定物(房屋)不消灭,房屋所有权就不消灭。按照物权法定原则,物权的内容不能变更,开发商规定 20 年期限,对所有权的内容作了变更,该变更内容无效。由此可见,物权法定原则的意义,实际上就是排除当事人的意思自治,就是排除当事人创设、变更物权的自由,与合同法刚好相反。

现在的一个问题是,当事人如果真的发明了一种物权,怎么处理?当事人如果发明一种物权,按照物权法定原则,它当然不具有物权的效力,法律不承认它是物权。但是,如果当事人发明这个权利,虽然不具有物权的效力,它可不可以发生别的效力?比如说,可不可以发生合同法上的效力呢?这是可能的。

例如,我们改革开放过程中的公房出售,有的单位卖公房时规定,这个公房卖给职工以后,职工将来要调走,不能将该房屋卖给他人,只能卖给原单位,由单位收回。有的单位规定,如果买房的职工将来要调走,要出卖房子,原单位有"优先购买权"。这个"优先购买权"究竟有没有物权的效力呢?假设有个职工调走时悄悄把房子卖给了别人,原单位发现后向法院起诉,请求保护它的"优先购买权",要求人民法院认定被告转卖房屋的合同无效,并把房屋所有权收回来卖给它,它愿意支付同样的对价。如果它这样起诉,就是把这个"优先购买权"当作物权来对待,要求法院保护它的"优先购买权"。法官审查这个案件,按照物权法定原则,我们的物权法上没有规定此类"优先购买权",因此当事人在合同当中约定的"优先购买权"违反了物权法定原则,不具有物权的效力,于是作出判决,驳回原告的诉讼请求。因为原告约定的"优先购买权"违反了物权法定原则,不具有物权的效力。既然不具有物权的效力,法院当然不能认定买卖合同无效。

但是,如果原单位换一个理由起诉,要求法院追究被告人的违约责任,应当如何处理?原单位主张,买卖公房的时候,双方当事人作出真实的意思表示，职工不得将房屋直接转卖他人，单位享有优先购买权，这是双方真实的意思表示，因此要求法院追究被告人的违约责任。法官审查后认为，原单位与职工的合同当中的约定是真实的意思表示，是有效的，被告一方就有义务先问原单位是否购买房屋，被告现在未履行这个义务，悄悄地卖给了他人，构成违约，应当承担违约责任。原单位的“优先购买权”，虽然不具有物权的效力，但它是合同上约定的一个义务，违反该义务构成违约，可以按照合同法追究违约责任。可见，违反了物权法定原则，创设的物权不具有物权的效力，并不等于不具有所有的效力。如果符合其他法律规定，如符合合同法的规定，可以产生合同法上的效力。

第一百一十七条　征收征用的补偿

为了公共利益的需要，依照法律规定的权限和程序征收、征用不动产或者动产的，应当给予公平、合理的补偿。

所谓征收，是政府以征收决定强行取得自然人、法人和非法人组织的不动产物权（房屋所有权以及土地使用权）的行为。所谓征用，是政府以征用决定强行使用自然人、法人和非法人组织的动产和不动产的行为。二者的区别在于，征收是强行取得物权；征用只是强行使用。均属于现代法治国家法律规定的民事法律行为之外的财产权取得、财产使用方式。征收、征用制度的合理性在于，为了公共利益的需要，依据法定权限和程序，并给予被征收、征用人公平、合理的补偿。

中国现行法关于征收、征用已有规定。《宪法》第 13 条规定:“国家为了公共利益的需要,可以依照法律规定对公民的私有财产实行征收或者征用并给予补偿。”《物权法》第 42 条规定,“为了公共利益的需要,依照法律规定的权限和程序可以征收集体所有的土地和单位、个人的房屋及其他不动产”,“征收单位、个人的房屋及其他不动产,应当依法给予拆迁补偿”。《物权法》第 44 条规定,“因抢险、救灾等紧急需要,依照法律规定的权限和程序可以征用单位、个人的不动产或者动产。被征用的不动产或者动产使用后,应当返还被征用人。单位、个人的不动产或者动产被征用或者征用后毁损、灭失的,应当给予补偿”。鉴于现行征收、征用制度仅规定对被征收、征用人应当“给予补偿”,与《民法典》第 113 条规定的财产权利平等保护原则稍有不符,在实务中发生对被征收、征用人的合法权益保护不周的社会问题。故《民法典》总则编起草人根据财产权利平等保护原则,总结实施征收、征用制度的经验和教训,并参考立法例共同经验,特设本条规定征收、征用不动产或者动产的,“应当给予公平、合理的补偿”。

第一百一十八条　债权定义、发生原因

民事主体依法享有债权。

债权是因合同、侵权行为、无因管理、不当得利以及法律的其他规定,权利人请求特定义务人为或者不为一定行为的权利。

本条规定,“债权是因合同、侵权行为、无因管理、不当得利以及法律的其他规定,权利人请求特定义务人为或者不为一定行为的权利”。在债的关系中,享有权利的一方称为债权人,负有义务的一方称为债务人。债权人享有的权利称为债权,债务人负担的义务称为债务。

债权为典型的请求权。债权人不能直接支配债务人的行为,也不能支配债务人的人身,只能请求债务人为特定行为。但须注意,债权与请求权为两个概念。债权系请求权的基础权利,请求权系债权所具有的效力之一。除具有请求权(请求力)之外,债权还具有接受并保持给付(标的)的效力、代位求偿的效力(债权人代位权)、撤销债务人诈害行为的效力(债权人撤销权)及在某种条件(积极侵害债权情形)下排除他人干涉的效力(排他力)。

债是特定当事人之间的法律关系,原则上只约束双方当事人(债权人、债务人),称为“债的相对性原则”。除当事人另有约定或者法律另有规定外,债权只能由债权人行使,债务只能由债务人履行。《民法典》合同编关于双方约定由第三人履行债务的规定(第523条),属于“当事人另有约定”;关于第三人代替履行债务的规定(第524条)及债权人代位权的规定(第535条),则属于“法律另有规定”。

对同一个债务人的行为或者就债务人的同一项财产,可以成立数个内容相同的债权,且无论其成立时间的先后、标的数额之大小,其效力一律平等,称为“债权平等原则”。此项原则的例外,一是附担保的债权优先于普通债权;二是法律规定优先清偿的债权。[2]

本条规定,债权是“权利人请求特定义务人为或者不为一定行为的权利”。此(特定义务人即债务人)“为或者不为一定行为”,即是债权的“标的”。民法理论上,将作为债权“标的”的债务人行为(为或者不为一定行为),称为“给付”(或给付行为)。

给付的主要分类如下:(1)给付财物;(2)移转权利;(3)给付金钱;(4)提供劳务(服务);(5)完成工作并提交成果;(6)提供资源;(7)不作为(包括不为一定行为与容忍);(8)为特定行为(如排除妨碍、消除危险、消除影响、赔礼道歉)。

我国民法理论一直倡导债的发生原因之抽象化及类型化,故本条将债的发生原因纳入债权定义一并规定,即条文前段“债权是因合同、侵权行为、无因管理、不当得利以及法律的其他规定”。其中,因合同发生的债,设有合同编;因侵权行为发生的债,设有侵权责任编;因无因管理发生的债、因不当得利发生的债,规定在合同编的第三分编(准合同)。

条文所谓“法律的其他规定”究何所指?应指“侵权行为、无因管理、不当得利”之外的“法定之债”的发生原因的规定。例如,《民法典》物权编关于对任意抛弃垃圾、排放污染物等的行为人追究排除妨害、消除危险、赔偿损失责任的规定(第286条),关于相邻不动产之间不可量物侵害的赔偿责任的规定(第294条);合同编关于缔约过失责任的规定(第500条、第501条)、关于违反后契约义务责任的规定(第558条);婚姻家庭编关于赡养费请求权的规定(第1067条)、关于抚养费请求权的规定(第1067条)及关于离婚损害赔偿请求权的规定(第 1091 条),即其适例。

第一百一十九条　合同

依法成立的合同,对当事人具有法律约束力。

《民法典》所称合同(旧称"契约"),指自然人、法人、非法人组织之间设立、变更、消灭民事法律关系的协议(《民法典》合同编第 464 条)。合同所设立、变更、终止的"民事法律关系",为债权债务关系。合同因两个意思表示达成一致而成立,并以设立、变更、消灭民事权利义务关系(债权债务关系)为目的,在关于民事法律行为的分类中,属于双方民事法律行为。

《民法典》第 118 条已经规定"合同"是债的发生原因,本条再作单独规定。另由合同编规定合同之债的具体规则和制度。合同是市场交易的法律形式,合同法是市场交易的法律规则。合同所发生的债,称为"意定之债",系相对于侵权行为等发生的"法定之债"而言。因此,合同法大部分规则属于"任意法",与侵权责任法之属于强行法不同。

请特别注意,鉴于《民法典》为保持合同法的完整性,未设"债权总则编",立法者将债权债务关系的总则性规则和制度分为两部分,其中债权定义和债的发生原因,规定在总则编第五章(第 118 条),此外的债权总则性规则和制度(债的效力、债的履行、债的保全、债的变更和转让、债权债务的终止、债务不履行的责任)被纳入合同编第一分编"通则",并在法律适用上以合同通则代替债权总则。这是《民法典》编纂体例的一大特色。

第一百二十条　侵权行为

民事权益受到侵害的,被侵权人有权请求侵权人承担侵权责任。

所谓侵权行为,是指违反民法规定,侵犯他人合法权益,依法应承担民事责任的行为。侵权行为法性质上属于救济法,是人民合法权益遭受侵害时的民事救济手段,因此属于强行规定,不允许当事人以约定排除其适用。但侵权行为所产生的权利义务与合同产生的权利义务本质相同,均属于债权债务,称为侵权行为之债。侵权行为之债与合同之债的区别在于,前者为法定之债,后者为任意之债。两者权利本质相同,均属于相对权和请求权,具有共同的效力,其移转、变更、清偿、消灭,以及可分债权与不可分债权,种类债权与特定债权,选择债权债务、单独债权债务及连带债权债务等,适用同样的规则(债权总则的规定)。

《民法典》第118条已规定侵权行为为债权发生的原因,本条予以单独规定。本条不具有裁判规范的性质。人民法院裁判侵权行为案件,应当适用《民法典》侵权责任编的具体规定。《民法典》将“侵权行为”作为债的发生原因加以规定,表明立法者未采纳个别学者所谓“侵权责任不是债”的主张。至于将侵权责任编安排在《民法典》最后,系着重于侵权责任(侵权行为之债)的救济功能,自不待言。

第一百二十一条　无因管理

没有法定的或者约定的义务，为避免他人利益受损失而进行管理的人，有权请求受益人偿还由此支出的必要费用。

依据本条规定，没有法定的或者约定的义务，为避免他人利益受损失而进行管理或者提供服务的，成立无因管理。进行管理和服务的人，称为"管理人"；其事务受管理或者受服务的人，称为"本人"。"管理人"可以为自然人，亦可以为法人或者非法人组织。因无因管理的存在，管理人和本人之间成立无因管理之债，管理人因实施无因管理所支付的必要费用，有权请求本人偿还。无因管理之债，属于法定之债，此与不当得利之债相同。但无因管理制度的立法目的，在于鼓励人与人之间的互助行为，此与不当得利制度不同。

《民法典》第118条已经规定无因管理为债的发生原因，本条再作单独规定。无因管理之债，属于法定之债。本条不具有裁判规范的性质，人民法院裁判无因管理纠纷案件，应当适用《民法典》合同编第三分编"准合同"第二十八章"无因管理"的规定。

第一百二十二条　不当得利

因他人没有法律根据，取得不当利益，受损失的人有权请求其返还不当利益。

因不当得利而发生的债的关系中，债权人为不当得利返还请求权人,即因不当得利而蒙受损失的人;债务人为造成债权人损失而直接受有不当利益的人。不当得利之债,属于法定之债,与侵权行为之债相同。但不当得利制度的立法目的,不在于制裁受益人的不当得利行为,而在于纠正受益人不当取得利益这种不合理的结果。不当得利制度,是在衡平观念的基础上,比较衡量得利和受损的现象之后作出的法律选择。

《民法典》第118条已经规定不当得利为债的发生原因,本条再作单独规定。本条不具有裁判规范的性质。人民法院裁判不当得利纠纷案件,应当适用合同编第三分编“准合同”第二十九章“不当得利”的规定。

第一百二十三条　知识产权

民事主体依法享有知识产权。

知识产权是权利人依法就下列客体享有的专有的权利:

(一)作品;

(二)发明、实用新型、外观设计;

(三)商标;

(四)地理标志;

(五)商业秘密;

(六)集成电路布图设计;

(七)植物新品种;

(八)法律规定的其他客体。

知识产权属于民事主体直接支配无体物(无形财产)并具有排除他人干涉效力(排他力)的权利。知识产权与物权,同属于支配权,其区别仅仅在于权利客体不同:物权的客体为有体物(有形财产);知识产权的客体为无体物(无形财产)。知识产权是由《民法典》之外的民事特别法(《著作权法》《专利法》《商标法》等)规定的民事权利。其中,不同的知识产权在取得方法上也有区别,著作权因作者完成作品而当然取得,而专利权和商标权在专利技术发明、商标制作之后必须经行政机关依行政程序审查批准。

本条第2款第5项"商业秘密"是否属于知识产权的客体,容有疑问。所谓商业秘密,包括管理方法、营销策略、客户名单、货源情报等经营信息,以及生产配方、工艺流程、技术诀窍、设计图纸等技术信息。按照民法原理,作为知识产权的客体,必须具有公开性和排他(的支配可能)性,如著作权的客体作品、专利权的客体专利技术和实用新型、商标权的客体商标,莫不如此。众所周知,商业秘密的本质特征,是商业秘密的非公开性、非排他性。商业秘密不符合知识产权客体的要求。商业秘密对于持有人而言,属于合法利益而非权利。按照迄今的立法和实务,商业秘密是作为一种合法利益受侵权责任法和合同法保护。亦即某项商业秘密受到侵害时,该商业秘密持有人可以诉请人民法院追究侵害人的侵权责任或者违约责任。

第一百二十四条　继承权

自然人依法享有继承权。

自然人合法的私有财产,可以依法继承。

民法所称继承权,是指自然人死亡时,其法律规定范围内的亲属,按照死者生前所立的合法有效的遗嘱或者法律的规定,取得死者所遗留的个人合法财产的权利。继承权属于以血缘或身份关系为基础的财产权。

在继承关系中,其生前所享有的财产因其死亡而移转给他人的死者称为被继承人,依法承接被继承人财产的人称为继承人。继承人依其继承权之取得系依据法律规定或者被继承人生前所立遗嘱,分为法定继承人和遗嘱继承人。在我国,法定继承人的范围由《民法典》继承编作出明确规定,被继承人也只能在法定继承人范围内指定遗嘱继承人。

民法理论上,以是否已具备全部成立要件为标准,将民事权利分为完整权(亦称既得权)与期待权。已具备全部成立要件、具备现实性之权利,属于完整权。物权、债权、知识产权等一般的权利属于完整权。反之,尚未具备全部成立要件、将来有实现可能性的权利,称为期待权。继承权,须待"继承开始"(被继承人死亡)之时且被继承人死亡时留有个人财产(遗产),才能成为现实性的权利,因此继承权属于期待权。

本条特别规定"自然人依法享有继承权"。明示继承权的权利主体只能是自然人。自然人之外的民事主体(法人、非法人组织)

不能享有继承权。有关自然人死后所遗留个人财产移转的法律规则和制度，由《民法典》继承编规定。法人、非法人组织"终止"（相当于自然人"死亡"）后剩余财产的处理和移转，适用法律规定的"清算"程序（第70条、第73条、第107条）；但非营利法人及特别法人"终止"不须"清算"，而适用法律的特别规定（第95条、第98条）。

请特别注意，《民法典》继承编规定的遗产取得方式，除法定继承和遗嘱继承之外，还有"遗赠"和"遗赠扶养协议"。按照民法原理，"遗赠"属于以遗嘱人死亡为停止（生效）条件的"（死因）赠与"（单方行为）；[3]"遗赠扶养协议"属于以遗赠人死亡为停止（生效）条件的"（身份）协议"（双方行为）。"受遗赠人"依据"遗赠"或者"遗赠扶养协议"取得遗产的权利，性质上属于债权。因此，本条未提及"受遗赠权"是适当的。"受遗赠权"亦属于期待权，自不待言。

第一百二十五条　股权

民事主体依法享有股权和其他投资性权利。

民事主体享有股权及其他投资性权利，是中国实行社会主义市场经济体制的结果。20世纪80年代，中国民法学界关于股权性质曾发生争论。有谓股权之本质为所有权者，有谓股权之本质为债权者。而两种见解均非正确。股权系综合性权利，既有非财产权性质的表决权，亦有财产权性质的获得股息和公司解散时分配剩余财产的权利，性质上属于社员权。

按照民法原理,兼有财产权和非财产权两种性质的权利,其可否转让、抛弃以及其受侵害可否判决精神损害赔偿,应考虑权利双重性质之间的关系,何种性质为目的、何种性质为手段。其财产权性质为非财产权性质服务的权利,应适用非财产权的规则;其非财产权性质为财产权性质服务的权利,应适用财产权的规则。股权所具有的财产权和非财产权两种性质,其中财产权性质为目的,非财产权(表决权)性质为实现财产权目的之手段。因此,股权的转让、抛弃应当适用法律关于财产权的规则,股权受侵害应当适用侵害财产权的侵权责任(不判决精神损害赔偿)规则。

本条所谓"其他投资性权利",指购买国库券、公债、公司债券、基金等理财产品所取得的权利。这类"投资性权利",性质上属于债权。实务界将购买"股票"等投资方式取得特定公司"股权"(普通股和优先股),称为"权益性投资";将购买国库券等理财产品取得的"投资性权利",称为"债权性投资"。

第一百二十六条　其他民事权益

民事主体享有法律规定的其他民事权利和利益。

本条所谓"法律规定的其他民事权利"究何所指?仅就文义而言,应指本章前面的条文(第109条至第125条)所规定的民事权利(人格权、物权、债权、知识产权、继承权、股权等投资性权利)之外的、法律规定的民事权利。

民法理论上,民事权利可分为实质性的民事权利与技术性的民事权利。实质性的民事权利,指以实质的生活利益为内容的权利。如决定特定利益排他的归属的物权、知识产权、人格权,及以取得利益为目的的债权、继承权、身份权(身份关系上请求权)、股权及其他投资性权利,即属于实质性的民事权利。与此相对,作为法律关系变动原因,具有技术手段性质的权利,如形成权、抗辩权、可能权,称为技术性的民事权利。

鉴于本章前面的条文所规定的权利,均属于实质性的民事权利,故本条所谓“其他民事权利”,应指属于形成权性质的权利,如撤销权(如第147条、第148条、第149条、第150条、第151条、第538条)、解除权(第563条)、撤回权(第141条、第475条、第485条);属于抗辩权性质的权利,如同时履行抗辩权(第525条)、后履行抗辩权(第526条)、不安抗辩权(第527条、第528条);属于可能权性质的权利,如代位权(第535条)、代理权(第162条等)、代表权(第61条第2款)等。《民法典》及民事特别法规定的技术性民事权利甚多,这里不再列举。

条文所谓“利益”,指未被法律明文规定为权利的(民事)利益。《民法典》已有规定的自然人的个人信息(第111条)、网络虚拟财产(第127条)、时效利益(第197条)、天然孳息(第321条第1款)、法定孳息(第321条第2款)、可得利益(第584条),属于本条所谓“(民事)利益”。法律未有规定而在裁判实务上承认的“死者姓名、肖像、名誉和荣誉”(《精神损害赔偿解释》第3条)、法理上承认的“纯粹经济损失”,亦属于本条所谓“(民事)利益”。

须注意,裁判实务中,当事人请求人民法院予以保护的“(民事)利益”,如果属于法律上已有规定(如“可得利益”)、司法解释已经认可(如“死者姓名、肖像、名誉、荣誉”)或者法理上已经认可(如“纯粹经济损失”),则人民法院仅要求当事人证明该项“(民事)利益”之存在即可,人民法院无须判断该项“(民事)利益”的合法性和正当性;而当事人请求人民法院予以保护的某项“(民事)利益”,属于法律上未有规定、司法解释或者法理上未予认可,则除要求当事人须就该项“利益”之存在举证外,人民法院还须进一步判断该项“(民事)利益”是否具有合法性、正当性,以及予以保护之适当性。

第一百二十七条　数据、虚拟财产

法律对数据、网络虚拟财产的保护有规定的,依照其规定。

数据,是指电脑或者其他设备之电磁记录;虚拟财产,是指网络游戏中的虚拟货币、宝物、装备等,还包括网络中的虚拟货币(如比特币)。它们不是物质世界中真实存在的财产,是假想出来的、存在于一个由参与者形成的关系(圈子)里。加入这个关系(圈子)的人必须承诺遵守预先拟定的协议(合同)条款,并且按照协议的规定,认可、接受、交易该虚拟财产。无论网络游戏中的虚拟财产或者比特币,只在承诺遵守网络游戏、比特币的合同(协议)的参加者的关系(圈子)里,才被视为“财产”并互相交易;一旦超越其关系(圈子),不仅不被视为“财产”,而且将归于“虚无”。它与我们存在手机银行、支付宝里的金钱是完全不同的。手机银行、支付

宝里的金钱,是因为我们在某个银行开立有一个实名账户,并且在账户里存入了一定数额的金钱(真实财产)。而包括比特币在内的所谓虚拟财产,是虚拟的、假设的,不是客观存在的真实财产。

日本东京地方法院(2015 年 8 月 5 日)关于虚拟货币(比特币)的判决,值得重视。经营比特币的公司(被告)破产,原告要求行使取回权,法院驳回原告的诉讼请求。判决理由是,作为所有权的客体须满足三项条件:其一,须是有体物;其二,须具有排他支配的可能性;其三,须非人格性。而虚拟货币,不符合有体性,不具备排他支配的可能性,因此不能作为所有权客体,故原告无取回权。

须特别说明的是,虽然数据、虚拟财产不能作为物权客体受物权法的保护,但决不能因此认为虚拟财产不受法律保护。本条规定"法律对数据、网络虚拟财产的保护有规定的,依照其规定"。我国关于数据保护、虚拟财产保护的法律制定之前,裁判实务将数据和网络虚拟财产作为合法"民事利益",用侵权责任法或者合同法予以保护。将来制定了关于数据、虚拟财产保护的法律后,将"依照其规定"保护数据、虚拟财产。

第一百二十八条　特别法规

法律对未成年人、老年人、残疾人、妇女、消费者等的民事权利保护有特别规定的,依照其规定。

在现代市场经济条件下,立法者注意到一些人群或者群体在市场竞争中处于弱势地位甚至不具有竞争能力,因此在针对一般

民事主体制定的《民法典》及民事特别法之外,制定了一批特别保护弱势人群或者群体的法律。如《未成年人保护法》《老年人权益保障法》《妇女权益保障法》《残疾人保障法》《消费者权益保护法》。这批法律虽然包含行政性规定和制度,其主要内容仍属于保护、保障处于弱势地位民事主体的民事权利的规定。因此属于"特别民法"。

本条规定,对未成年人、老年人、残疾人、妇女、消费者、劳动者等的民事权利保护有特别规定的,"依照其规定"。换言之,"特别民法"关于上述弱势人群和群体民事权利保护的规定,应当优先(《民法典》及民事特别法的规定)适用。例如,经营者(针对消费者)的"欺诈行为",《消费者权益保护法》有"四倍赔偿"(三倍为惩罚性赔偿,一倍为实际损害赔偿)的特别规定(第55条第1款),故受害消费者以受欺诈为由起诉经营者的案件,应当优先适用该项特别规定,而不适用《民法典》总则编第148条关于欺诈行为(受欺诈的相对方有撤销权)的规定。

第一百二十九条　权利取得方式

民事权利可以依据民事法律行为、事实行为、法律规定的事件或者法律规定的其他方式取得。

所谓民事权利的取得,民法理论上也称为民事权利的发生。民事权利的取得,分为民事权利的"原始取得"与民事权利的"继受取得"。所谓民事权利的"原始取得",指不基于他人所有之权利而

独立取得新权利，如因先占无主物而取得所有权，因创作作品而取得著作权。所谓民事权利的“继受取得”，指基于他人所有之权利而取得权利，如因买卖而取得财产所有权，因抵押而取得抵押权，因继承而取得财产所有权。民事权利的“继受取得”，又可再分为“移转的继受取得”与“设定的继受取得”。“移转的继受取得”，指民事权利主体发生变更，如所有权的让与（受让人取得所有权）、债权的让与（受让人取得债权）；“设定的继受取得”，指在既存的权利之上为他人设定性质不同的新权利，如所有人在自己的所有权上为他人设定用益物权或担保物权，即其适例。

所谓民事权利的“取得方式”，亦称民事权利的“取得原因”。民法理论上，将民事权利的各种“取得方式”称为“法律事实”。所谓法律事实，指依照法律规定、能够导致民事权利取得（及变更、消灭）的客观情况。法律事实，分为“自然事实”和“人的行为”两类。

所谓自然事实，指人的行为之外的，能够引起民事权利取得（及变更、消灭）的一切客观情况。自然事实，再分为“状态”和“事件”。状态，指某种客观情况的持续。如人的下落不明、精神失常、时间经过等。事件，指某种客观情况的发生。例如，人的出生、死亡，不当得利，自然灾害发生，战争爆发。

法律上所称人的行为，指人有意识的活动。人的行为是导致民事权利取得的最重要的法律事实。人的行为中，由民法所规定的，为民法上的行为；由其他法律如行政法、诉讼法等所规定的，属于其他法律上的行为。法律事实中的行为，主要是民法上的行为。民法上的行为，分为“合法行为”、“违法行为”及“其他行为”。

所谓合法行为,指符合民法规定,至少不违反民法规定,能引起民事权利取得(及变更、消灭)的行为。其可再分为“民事法律行为”、“准民事法律行为”及“事实行为”。其中,民事法律行为,是取得民事权利的最常见、最重要的法律事实,如合同、遗嘱等。《民法典》对民事法律行为设有专章规定(总则编第六章)。下面介绍准民事法律行为、事实行为。

所谓准民事法律行为,指以表示一定心理状态(意思或者情感)于外部为特征的行为。其与民事法律行为同属于表示行为,但准民事法律行为仅具有表示行为,但不具备作为民事法律行为构成要素的“意思表示”。准民事法律行为包括:(1)意思通知,指表示内心意思的行为,如继承权行使通知、履行催告;(2)观念通知(事实通知),指表示某种事实发生之行为,如承诺迟到通知、不可抗力通知、产品瑕疵通知、债权让与通知;(3)感情表示,指表示某种感情的行为,如被继承人之宽恕。

所谓事实行为,指基于某种事实之状态或经过,发生法律所特别规定的效力之行为。事实行为,不以表示内心的意思为必要,其法律效果亦不取决于行为人的意思,因此称为“非表示行为”。但事实行为之行为人当然有其内心的意思,只是无须将其内心意思表示出来而已。如先占、加工、拾得遗失物、发现埋藏物、无因管理,以及为债权标的之给付行为,如交货、付款,均属于事实行为。建造房屋,制造船舶、飞机、机动车、机器、设备、家具、工具,以及撰写著作、创作艺术品等,均属于事实行为。

作为法律事实的人的行为,还有“违法行为”及“其他行为”。

违法行为,指违反民法规定,侵犯他人合法权益,依法应承担民事责任的行为。包括侵权行为、违约行为。其他行为,指作为法律事实的人的行为中,除合法行为、违法行为之外的行为。如防卫过当(行为)、避险过当(行为)。

本条规定"民事权利可以依据民事法律行为、事实行为、法律规定的事件或者法律规定的其他方式取得"。所列举的"民事法律行为""事实行为""事件"为取得民事权利的最重要、最常见的法律事实。

但须注意,不在条文列举范围的"准民事法律行为""违法行为""其他行为",以及自然事实中的"状态",亦可成为民事权利取得的合法方式。例如,因受遗赠人接受遗赠的表示取得受遗赠权(《民法典》第 1124 条)、因被继承人对具有丧失继承权法定事由的继承人表示"宽恕"致该继承人恢复(取得)继承权(《民法典》第 1125 条),属于"准民事法律行为";致受害人取得侵权责任请求权的侵权行为、致相对方取得违约责任请求权的违约行为,属于"违法行为";致受害人取得侵权责任请求权的避险过当(行为)、防卫过当(行为),属于"其他行为";因时效期间权利不行使致债务人取得不履行抗辩权(《民法典》第 192 条),属于自然事实中的"状态"。应当认为,这些民事权利取得的方式,被涵盖在条文"法律规定的其他方式"中了。

第一百三十条　权利行使自由原则

民事主体按照自己的意愿依法行使民事权利,不受干涉。

传统民法理论特别关注所有权(物权)行使自由,而将所有权行使自由原则与合同自由原则、遗嘱自由原则等并列,作为意思自治原则的下位原则。虽然传统民法仅列举所有权行使自由原则,所有权(物权)之外的一切民事权利也同样应由权利人依自己的意思自由行使。因民事权利之行使取决于权利人的意思,任何人不得干涉,本属于民法意思自治原则(《民法典》第5条)的应有之义。鉴于改革开放以来的一段时间,曾发生对民事权利的保护不够、特别是对民事主体行使权利滥加限制和干涉的社会问题,因此《民法典》总则编立法者特设本条明文规定民事权利行使自由原则,具有重要实践意义。

条文所谓"不受干涉",应当解释为"不受非法干涉",包括不受他人(自然人、法人、非法人组织)的非法干涉,和不受人民法院(仲裁机构)的非法干涉。他人非法干涉民事主体行使民事权利,将构成侵权行为,加害人(干涉者)将被依法追究侵权责任(排除妨害、赔偿损失)。法庭非法干涉民事主体行使民事权利,将构成判决适用法律错误,成为上诉、再审改判的理由;仲裁庭非法干涉民事主体行使民事权利,将构成滥用程序,成为法院撤销裁决或者不予执行裁决的理由。

应特别注意,按照现代民法原理和立法例,民事权利行使之自由有其正当界限(必要限度),不允许民事权利之行使超过其正当界限、损害社会公共利益和他人合法权益。因此,条文明示民事主体按照自己的意愿“依法行使”民事权利,要求民事主体行使权利时遵循法律关于各类民事权利行使原则、条件及方法的规定。民事主体行使权利超过正当界限、损害社会公共利益及他人合法权益,构成权利滥用行为,其权利行使将被禁止或者被追究侵权责任。

第一百三十一条　义务履行

民事主体行使权利时,应当履行法律规定的和当事人约定的义务。

“权利”“义务”是近现代民法的核心概念。“权利”一语,系外国法律名词之意译,在拉丁文为“ius”,在法语为“droit”,在英语为“right”,在德语为“Recht”。均含有正义、直道之意。日本学者译为“权利”。中国法律上“权利”一语,来自日本。人群共处,各有主张,涉及不同的利益,不免发生冲突。为维护社会生活,自须定其分际,法律乃于一定要件之下,就其认为合理正当者,赋予个人某种力量,使之得享受特定利益。此即所谓权利。

关于权利的本质,有三种学说。其一,意思说,为德国罗马法学者温德夏德(Windscheid,1817～1893)所倡。认为权利是个人意思所能自由活动或自由支配的范围。意思为权利之基础,无意思即无权利,故权利之本质为意思。其二,利益说,为德国民法学者耶林(Jhering,1818～1892)所倡。主张权利之本质为法律所保护的利益,凡依法律归属于个人的利益,即为权利。其三,法力说,以德国学者梅克尔(Merkel,1836 ~ 1896)为代表。认为权利是由“特定利益”和“法律上之力”两个要素构成。

意思说将权利之本质归结为个人的意思,无法解释无意思能力之未成年人及不能辨认自己行为的成年人,何以能作为权利主体,以及在许多情形权利之取得、变更与丧失,并不取决于当事人意思。利益说认为权利之本质为法律所保护的利益,颇具说服力。因为权利总是意味着某种利益,一提到权利,利益也就在其中了。但法律所保护的利益,未必都表现为权利。例如,交通安全,无疑是一种重大利益,但并未表现为个人的权利,反之,所表现出来的是要求人人遵守交通规则的义务。人人遵守交通规则,也就享受到交通安全的利益。再如,时效经过之债,债务人自愿履行后不得以不知时效已过而要求返还,对债权人而言显然属于受法律保护的利益,但因不具备诉请法院强制执行的效力,难谓为法律上的权利。法力说认为权利由特定利益和法律上之力两要素构成,可以克服意思说和利益说之不足。因此成为现今之通说。

以权利之根据为标准,权利可分为公权与私权。公法所规定的权利为公权,私法所规定的权利为私权。民法为私法,民法上的权利属于私权。民事权利(私权)以权利之标的是否具有财产价值为标准,分为财产权与非财产权。但财产权与非财产权的划分并不是绝对的。因为,通常划归财产权一类的某些权利,并不一定有财产价值。例如,江、河、湖、海、山脉、草原,本身并非商品,无从计较财产价值。再如,私人信函、亲人遗物,纵无财产价值,亦不妨作为所有权标的。同理,通常属于非财产权的某些权利,也未必不具有财产价值。如法人名称权,当然具有财产价值。纵是自然人肖像权,亦可有财产价值。民法理论上对于权利的分类,往往先确定非财产权,非财产权以外的权利,均属于财产权。

以权利之作用为划分标准,民事权利可分为支配权、请求权、变动权。支配权,指权利人得直接支配其标的并具有排他性的权利。物权为典型的支配权,其他如准物权、知识产权、人格权亦为支配权。

请求权,指权利人得请求他人为特定行为(作为、不作为)的权利。请求权在权利体系中居于枢纽之地位。因为任何权利,无论其为相对权或绝对权,为发挥其功能,或回复不受侵害之圆满状态,均须借助于请求权之行使。债权为典型的请求权。债权人不能直接支配债务人的行为,也不能支配债务人的人身,只能请求债务人为特定行为。但债权与请求权为两个概念,不可混淆。请求权以其基础权利之不同,可分为债权请求权、物权请求权、准物权请求权、知识产权请求权、人格权请求权、身份权请求权。唯债权请求权系从债权成立时当然发生,且请求权为债权最主要作用,因此可以说债权在性质上为典型的请求权。而其余的请求权,则多于基础权利受侵害时,方才发生。

另外,须对请求权与诉权加以区别。请求权存在于平等的当事人之间,属于私权;而诉权系私人请求国家予以保护的诉讼权利,存在于私人与国家之间,属于公权。通常情形,凡请求权均伴有诉权,在对方当事人不依请求履行义务时,请求权人可诉请法院强制对方当事人履行义务。但请求权与诉权性质不同,请求权纵不存在或已消灭,仍不妨碍诉权之存在。另有所谓自然债(诉讼时效届满后的债权),即属于无诉权的请求权。

变动权,指权利人依自己的意思,使法律关系发生变动的权利。变动权之作用,在于使法律关系发生、变更、消灭,因此区别于支配权和请求权。变动权,依所变动之法律关系不同,再分为形成权、抗辩权和可能权。形成权,指权利人依自己的意思,使自己与他人间的法律关系发生变动的权利。如撤销权、解除权、追认权等。形成权之主要功能,在于权利人得依其单方之意思,使已成立之法律关系之效力发生、变更或消灭。抗辩权,指权利人用以对抗他人请求权之权利。抗辩权的作用在于防御,而不在于攻击,因此必待他人之请求,始得对其行使抗辩权。抗辩权又分为永久的抗辩权与延期的抗辩权。时效届满后债务人的抗辩权,为永久的抗辩权,而同时履行抗辩权和不安抗辩权均系延期的抗辩权。可能权,指权利人依自己的行为而使他人与他人间的法律关系发生变动的权利。如代位权、代理权、法人代表人之代表权等。其中代理权之本质为权利或仅为一种地位,学说存有分歧。

以效力所及的范围为标准,民事权利可分为绝对权与相对权。所谓绝对权,指得对一切人主张的权利,又称对世权。所谓相对权,指仅得对特定人主张的权利,又称对人权。物权、人格权、知识产权,均属于绝对权,而债权属于相对权。但新近学说有否认绝对权与相对权区别之趋势,主张债权于受第三人侵害时,亦可向之主张损害赔偿。因此,认为债权亦有对世性。

以权利之相互关系为标准，民事权利可分为主权利与从权利。如以抵押权担保债权，则受担保债权为主权利，该抵押权为从权利。区分主权利与从权利的意义在于：从权利的变动，原则上依附于主权利。主权利无效，则从权利因而无效。反之，主权利的变动，则不受从权利影响。从权利无效，主权利并不无效。

以权利与其主体之关系为标准，可分为专属权与非专属权。专属权，指专属于权利人而不能让与的权利，如人格权、身份权为专属权。专属权以外的权利，为非专属权，一般的财产权多属于非专属权。

以是否已具备全部成立要件为标准，可分为完整权（既得权）与期待权。已具备全部成立要件的权利亦即具备现实性之权利，属于完整权（既得权），一般的权利属之。反之，尚未具备全部成立要件的权利，即将来有实现可能性的权利，称为期待权。如继承权、受遗赠权、所有权保留买卖中买受人的权利、附停止（生效）条件的权利等，均属于期待权。

法律上所谓义务，指法律所加于当事人作为或不作为之拘束。此所谓拘束，谓不问义务人意思如何，都必须遵守，不能随意变更或免除之意。若不予遵守，将受到法律的强制和制裁。义务之形态，一为作为义务，即义务人必须为一定行为；二为不作为义务，即义务人必须不为一定行为。

义务的分类比较简单。与权利的分类类似，分为公义务与私义务；专属义务与非专属义务；主义务与从义务。此外义务之特有分类有：积极义务与消极义务（作为义务，即积极义务；不作为义务,即消极义务);约定义务与法定义务;明示义务与默示义务;一般义务与附随义务。

义务与权利,通常处于相互对应的关系。例如,债权,其权利之实现有赖于债务人履行债务,且债权与债务为同一事物之两面。同一行为,就权利人方面观察为债权,就义务人方面观察为债务。但在物权,如所有权,权利之实现无须义务人之行为,且权利与义务为不同行为。所有权人的权利是对标的物直接支配,即占有、使用、收益、处分。义务人的义务是对权利人的支配行为不加妨害。在某些情形,也有无义务的权利和无权利的义务。如形成权,即属于无义务的权利。合同当事人于发生不可抗力时的通知义务,即属于无权利的义务。

在对民事权利和民事义务简要介绍之后,现在回到本条。所谓权利,系法律于一定要件之下,就其认为合理、正当者,赋予民事主体某种力量(支配力、排他力、请求力),使之得享受特定利益。故权利主体得依自己意思(意愿)行使其权利,此即《民法典》明文规定的"权利自由行使原则"(第130条)。按照权利的本质及权利自由行使原则,权利主体行使权利,原则上无须以履行何种义务为前提。行使权利,须以履行某种义务为前提或者须同时履行某种义务,为权利自由行使原则之例外。

本条规定,"民事主体行使权利时,应当履行法律规定的和当事人约定的义务"。条文所谓(应当履行)"法律规定的"义务,如《民法典》物权编第286条规定,"业主应当遵守法律、法规[4]以及管理规约,相关行为应当符合节约资源、保护生态环境的要求"。再如,《民法典》物权编第293条规定,“建造建筑物,不得违反国家有关工程建设标准,不得妨碍相邻建筑物的通风、采光和日照”。条文所谓(应当履行)“当事人约定的义务”,如《民法典》合同编第661条规定,“赠与附义务的,受赠人应当依照约定履行义务”。再如,《民法典》继承编第1158条规定,“自然人可以与继承人以外的组织或者个人签订遗赠扶养协议。按照协议,该组织或者个人承担该自然人生养死葬的义务,享有受遗赠的权利”。如前所述,要求权利主体行使权利时须履行这些法定义务或者约定义务,属于权利自由行使原则之例外。

第一百三十二条　禁止权利滥用原则

民事主体不得滥用民事权利损害国家利益、社会公共利益或者他人合法权益。

《民法通则》未规定禁止权利滥用原则。但《宪法》第51条对禁止权利滥用设有规定:“中华人民共和国公民在行使自由和权利的时候,不得损害国家的、社会的、集体的利益和其他公民的合法的自由和权利。”因此,学者和法官采合宪性解释方法,认为禁止权利滥用也当然是中国民法的一项基本原则。本条明文规定禁止权利滥用原则,弥补了民事立法的不足。禁止权利滥用属于诚实信用原则的下位原则,考虑到此项原则是对权利行使的限制,因此规定在本章。

所谓禁止权利滥用原则,指一切民事权利之行使,不得超过其正当界限,行使权利超过其正当界限,则构成权利滥用,应承担侵权责任或其他法律后果。权利滥用与侵权行为的区别如下:其一,构成权利滥用,须有正当权利存在,且属于权利行使或与权利行使有关的行为;而侵权行为事先并无正当权利存在,不属于权利行使或与权利行使无关。其二,禁止权利滥用之立法目的,在于对民事权利之行使予以一定限制,通过对权利滥用的禁止或制裁以保护国家利益、社会公共利益或他人利益;而侵权行为制度并无限制民事权利的目的。其三,权利滥用以当事人有损害国家、社会利益或者他人利益的故意为要件,在行使权利时仅因为过失造成他人或社会利益损害的,不构成权利滥用;而侵权行为不以故意为要件,仅因过失侵害他人合法权益亦可构成侵权行为。

按照民法原理,构成权利滥用须具备四个要件:一是行为人拥有合法权利;二是其行为属于权利行使行为;三是因行使权利损害国家利益、社会公共利益或者他人合法权益;四是行为人以故意损害国家利益、社会公共利益或者他人合法权益为目的。具备这四项要件,即构成权利滥用行为。权利滥用的效果,视权利行使之方法而有不同。如权利行使为民事法律行为,则应判决该民事法律行为无效;如权利行使为事实行为,该行为尚未进行,则应判决禁止该事实行为;如该权利滥用之事实行为正在继续,则应判决责令其停止该事实行为;如权利滥用之行为已经造成损害,则应判决行为人承担侵权损害赔偿责任。

概而言之,权利滥用之效果,以承认权利存在、否认其行使为原则,而以权利丧失为例外。例如,父甲禁止子乙祭扫位于甲土地内之母亲坟墓,德国帝国法院认定甲之行为构成亲属权利之滥用,判决排除甲的权利滥用行为。[5]再如,汽车批发商与汽车零售商签订附所有权保留条款的汽车贩卖契约,然后零售商将汽车出售给买受人且价金支付完毕。由于零售商未向批发商支付价金,批发商基于所保留的所有权对买受人请求交付汽车。日本最高裁判所1975年2月28日判决,认定此交付请求系批发商将自己所负担的价金回收不能的危险转嫁于买受人,使已经支付了价金的买受人遭受不测之损害,属于权利滥用。判决该批发商不得请求交付汽车。[6]

另外,如何认定行为人是否具有损害国家、社会和他人的故意?法庭并不要求原告(受害人)举证证明行为人(被告)具有故意,而是采用客观判断方法:比较行为人行使权利所获得的利益与因此给国家、社会或者他人造成的损害(损失)之大小。如果行为人(被告)因此获得的利益微小,而给国家、社会或者他人造成的损害(损失)巨大,法庭即应认定行为人(被告)具有损害国家、社会或者他人之故意。[7]

最后,当权利滥用行为侵害国家利益、社会公共利益时,应当由谁行使诉权?现今应由人民检察院提起公益诉讼,将来国家开放纳税人诉讼,亦可由纳税人提起公益诉讼。权利滥用侵害他人(自然人、法人、非法人组织)合法权益情形,由受害人行使诉权,自不待言。

注 释

1 例如,生命权、身体权、健康权就很难定义。定义说一个人对自己的生命享有生命权,毫无意义。

2 根据《企业破产法》第109条规定,“对破产人的特定财产享有担保权的权利人,对该特定财产享有优先受偿的权利”。第113条规定,“破产财产在优先清偿破产费用和共益债务后,依照下列顺序清偿:(一)破产人所欠职工的工资和医疗、伤残补助、抚恤费用,所欠的应当划入职工个人账户的基本养老保险、基本医疗保险费用,以及法律、行政法规规定应当支付给职工的补偿金;(二)破产人欠缴的除前项规定以外的社会保险费用和破产人所欠税款;(三)普通破产债权。破产财产不足以清偿同一顺序的清偿要求的,按照比例分配”。

3 民法理论上,因“遗赠”以赠与人死亡为停止条件,故属于“死因赠与”;《民法典》合同编所规定的赠与合同(第十一章),则属于“生前赠与”。

4 实际上一切权利主体均应当遵守法律、法规,不独建筑物区分所有权主体(业主)为然。

5 参见黄立:《民法总则》,中国政法大学出版社2002年版,第509页。

6 参见[日]北川善太郎:《民法总则》,有斐阁1993年版,第20页。

7 1992年《荷兰民法典》第3:13条规定:“2. 行使权利专以损害他人为目的,或者不符合授予其权利的目的,或者考虑到行使权利所得利益与所致损害不成比例而依诚信原则不能允许其行使权利的,属于权利滥用。”

民事法律行为

所谓民事法律行为，是指以发生私法上效果的意思表示为要素的一种法律事实。

第一节 一般规定

第一百三十三条 民事法律行为定义

民事法律行为是民事主体通过意思表示设立、变更、终止民事法律关系的行为。

法律行为(Rechtsgeschäft)，是德国民法学为追求法律体系化而创造的概念。法律行为，不同于契约、遗嘱这类现实的行为，而是对现实中各种行为的抽象和概括。对现实中产生法律效果的各种表意行为进行抽象，强化其共同点，排除其不同点，赋予一个统一的名称,即法律行为。法律行为概念之采用和法律行为制度之创立,使民法典可以采取“总则—分则”的结构。民法总则,是“人—物—行为”的三位一体。在立法技术上,因民法总则的设置,避免了民法典对各种具体法律行为的重复规定。因法律行为制度和民法总则的设置,使民法成为一个具有逻辑性的规范体系,且增强了法律规范的涵摄力,扩大了适用范围,使民法更具开放性,有利于实现司法的统一和公正,以及司法对社会的理性化控制。但在反面,因为法律行为概念所具有的抽象性、一般性的特征,扩大了社会现实生活与民法的距离,增加了普通市民了解民法的困难。[1]

中国自清末改制,继受德国民法已有100余年。德国民法的这套概念体系已经成为中国法律文化传统的重要组成部分,成为中国民事立法、民事司法、民法教学和民法理论研究的基础。《大清民律草案》、《民国民律草案》和《中华民国民法》(现在的我国台湾地区“民法”)均采用法律行为概念、规定法律行为制度。1986年制定的《民法通则》,专设第四章规定法律行为制度。正是由于采用法律行为概念,决定了日本、韩国、中国属于大陆法系的德国法系。[2]

但《民法通则》制定于改革开放之初,因历史条件的局限致《民法通则》起草人在“法律行为”概念前加上“民事”二字,改为“民事法律行为”,并将民事法律行为限定为“合法行为”(第54条)。《民法通则》起草人误认为,民事法律行为必须是完全合法、有效的,凡无效的、可撤销的都不能称之为民事法律行为。故另创“民事行为”作为上位概念，以涵盖民事法律行为、无效民事行为、可撤销民事行为等概念。《民法典》总则编虽然继续使用“民事法律行为”概念，但删除其合法性要件，并同时废弃“民事行为”概念。按照本条规定，凡具备意思表示为要素、民事权利（私权）之得丧为目的两项要件，即是民事法律行为，而无论其属于确定有效、部分有效、确定无效、可撤销或效力未定。

可见，《民法典》总则编在废弃“民事行为”概念之后，“民事法律行为”概念已经抛弃《民法通则》起草人赋予的特别含义，与大陆法系民法“法律行为”概念完全相同。既然大陆法系民法理论和立法例所称“法律行为”，与中国民事立法所称“民事法律行为”是同一法律概念，则中国民法理论研究、教学和民事实务不妨使用“法律行为”一语，作为“民事法律行为”概念之简称。

依据本条定义，所谓民事法律行为，指以发生私法上效果的意思表示为要素的一种法律事实。首先，民事法律行为属于法律事实之一种。其次，民事法律行为是以意思表示为要素的法律事实。民事法律行为作为法律事实之一种，其与其他法律事实之区别，在于民事法律行为以意思表示为构成要素。而其他法律事实不以意思表示为构成要素。最后，民事法律行为系发生私法上效果之法律事实。此所谓私法上效果，指私权之变动，亦即本条所谓“设立、变更、终止民事法律关系（民事权利义务关系）”。

第一百三十四条　民事法律行为分类

民事法律行为可以基于双方或者多方的意思表示一致成立,也可以基于单方的意思表示成立。

法人、非法人组织依照法律或者章程规定的议事方式和表决程序作出决议的,该决议行为成立。

本条规定各种民事法律行为的成立,相应将民事法律行为区分为单方行为、双方行为、多方行为、决议行为。下面简单介绍:

1. 单方行为,又称单独行为,指仅由当事人一方的意思表示成立的民事法律行为。单方行为可分为有相对人的单方行为与无相对人的单方行为。债务免除、代理权的授予、法定代理人的同意、解除权行使等,属于有相对人的单方行为;遗嘱、设立财团的捐助行为等,属于无相对人的单方行为。

2. 双方行为,指由两个意思表示的一致而成立的民事法律行为。双方行为,在中国传统习惯中称为“契约”,至今我国台湾地区“民法”仍称为契约。契约,分为财产契约与身份契约。财产契约,包括债权契约、物权契约和准物权契约;身份契约,包括亲属契约和继承契约。须特别注意,现今中国民法立法和理论,将平等主体之间有关财产关系的双方行为,称为合同;将平等主体之间有关身份关系的双方行为,称为协议。

3. 多方行为,指由同一内容的多个意思表示的一致而成立的民事法律行为,如社团法人的设立行为。社团法人的设立行为,系各设立人以创设一个社团,并使其取得法律上人格为共同目的,为平行意思表示的一致而成立。设立人仅二人时,其设立行为仍属于多方行为,而非契约。[3]其与契约的区别在于,对立的意思表示之有无,以及对立的利益之有无。多方行为,在传统民法理论上又称为"合同行为"。须特别注意的是,所谓"合同行为",不过是多方行为的另一称谓,切不可混淆于属于双方行为的合同(契约)。

4. 决议行为,由多个意思表示构成,其特点如下:数个意思表示内容与词句相互一致;意思表示并非针对其他作出表示的成员,而是针对有关的意思形成机构;对未表示同意决议的当事人亦可发生拘束力,由此区别于双方行为与多方行为;决议不调整参与决议者之间的个人关系,而是针对决议者共同的权利领域或其所代表的法人的权利领域,此亦区别于双方行为与多方行为;决议主要调整组织体内部关系,不调整组织体与第三人之间关系。[4]决议多见于团体法之中,如股东会决议、董事会决议、合伙企业合伙人决议、业主大会决议等。

第一百三十五条　不要式原则

民事法律行为可以采用书面形式、口头形式或者其他形式;法律、行政法规规定或者当事人约定采用特定形式的,应当采用特定形式。

本条规定民事法律行为成立的基本规则,即"以不要式为原则,以要式为例外"。所谓不要式原则的含义是,民事法律行为的成立不要求采用特定的形式,采用何种形式取决于当事人自己的

意愿,当事人可以采用口头形式、书面形式或者其他形式。正如任何原则均有其例外,民事法律行为成立的不要式原则亦有其例外。本条第一句是原则规定,“民事法律行为可以采用书面形式、口头形式或者其他形式”,亦即不要求特定形式;第二句是例外规定,“法律、行政法规规定或者当事人约定采用特定形式的,应当采用特定形式”,亦即要求采用特定形式。

改革开放初期的民事立法,要求当事人订立合同(民事法律行为)必须采用书面形式。例如,《涉外经济合同法》《技术合同法》要求绝对的书面形式,《经济合同法》规定仅即时清结合同可以不要求书面形式。《合同法》制定过程中,就是否认可口头形式有激烈争论。1999 年 1 月 13 日,时任全国人民代表大会常务委员会委员长李鹏同志亲自主持,在北京市丰台区人民法院召开调研会,就合同形式征求法官的意见。会上,丰台区人民法院院长介绍,1998 年该院受理的民事案件中,口头合同约占 1/3。李鹏同志后来总结说,看来不能不承认口头合同。最终《合同法》规定“以不要式为原则,以要式为例外”。

本条将“以不要式为原则,以要式为例外”由合同的成立原则,提升为民事法律行为的成立原则。质言之,本条规定民事法律行为“以不要式为原则”,是《民法典》第 5 条规定的意思自治原则的“应有之义”(决定民事法律行为形式的自由);而规定“以要式为例外”,是基于交易安全的考虑对意思自治原则的某种限制。

按照本条规定,如果法律、行政法规未规定采用书面形式,当事人也没有约定采用书面形式,即可采用口头形式成立民事法律行为。实际生活中,采用口头形式的民事法律行为(主要是合同)是大量的,且绝大多数口头形式的民事法律行为(口头合同)能够履行。少数口头的民事法律行为(口头合同)发生纠纷,起诉到人民法院,这就发生一个问题,法庭如何判断是否存在民事法律行为(合同)及如何查明其内容?

例如,原告起诉说某年某月某日被告向他借了1万元,要求法庭判决被告偿还借款。法庭首先要判断原、被告之间是否有口头借款合同,如果确有口头借款合同,还要判断借款合同的内容,即借款金额是不是1万元。法庭判断口头的民事法律行为是否存在及其内容,当然要靠证据,要求原告提供人证或者书证。如果借款是从银行汇付,原告应当提供银行汇款的凭证作为书证。另一个证据,就是被告在答辩和庭审中的"自认",即被告承认向原告借款1万元的陈述。被告的"自认"可以作为法庭认定事实的依据。如果原告提不出任何证据(人证、书证)且被告坚持否认借款合同的存在,法庭没有证据认定口头合同的存在,就只能以原告起诉的证据不足为由,判决驳回其诉讼请求。

虽然本条规定订立民事法律行为以不要式为原则,以要式为例外,但实际上法律法规要求必须采用书面形式的民事法律行为种类不少。例如,《民法典》合同编第668条规定借款合同应当采用书面形式(自然人之间的借款合同可以采用口头形式),第685条规定,保证合同应当采用书面形式;第707条规定,租赁期限6个月以上的租赁合同应当采用书面形式;第736条规定融资租赁合同应当采用书面形式;第789条规定建设工程合同应当采用书面形式;第 851 条规定技术开发合同应当采用书面形式;第 863 条规定技术转让合同和技术许可合同应当采用书面形式。物权编第 348 条规定建设用地使用权出让合同应当采用书面形式,第 400 条规定抵押合同应当采用书面形式,第 427 条规定质押合同应当采用书面形式。婚姻家庭编第 1076 条规定协议离婚应当采用书面形式。

以上法律关于民事法律行为应当采用书面形式的规定,属于法律强制性规定。法律法规规定应当采用书面形式的民事法律行为,而当事人未采用书面形式的,其法律效果如何?这样的民事法律行为,除法律有特别规定的外,应属于《民法典》总则编第 153 条违反法律强制性规定的民事法律行为。

《民法典》第 153 条规定,“违反法律、行政法规的强制性规定的民事法律行为无效。但是,该强制性规定不导致该民事法律行为无效的除外”。其中所谓“不导致该民事法律行为无效”的强制性规定,究何所指?首先是指强制性规定中的“命令性规定”。其次是指所谓(对违反强制性规定的)“补正性规定”。此所谓“补正性规定”,如《民法典》合同编第 490 条第 2 款规定,法律、行政法规规定应当采用书面形式订立合同,当事人未采用书面形式但一方已经履行主要义务,对方接受时,该合同成立。再如,合同编第 707 条规定,租赁期限 6 个月以上的租赁合同应当采用书面形式,而当事人未采用书面形式的,“视为不定期租赁”。

当事人约定应当采用书面形式的民事法律行为(合同),却未采用书面形式,其法律效果如何?《民法典》合同编第 490 条第 2

款规定,当事人约定应当采用书面形式订立合同,当事人未采用书面形式,如"一方已经履行主要义务,对方接受",该合同成立。如果主要义务未履行,而双方当事人对合同的成立无争议,则按照民法原理,应当解释为双方同意废除此前关于书面形式的约定,因而认定合同成立。如果双方当事人对合同是否成立发生争议,即一方坚持关于应当采用书面形式要件的约定,则应认定合同不成立。

第一百三十六条　生效时间、效力

民事法律行为自成立时生效,但是法律另有规定或者当事人另有约定的除外。

行为人非依法律规定或者未经对方同意,不得擅自变更或者解除民事法律行为。

本条第1款第一句规定,"民事法律行为自成立时生效",是决定民事法律行为生效时间的"一般规则";第二句但书规定,"但是法律另有规定或者当事人另有约定的除外",是"例外规定"。

在法律适用上,"例外规定"应当优先适用。凡是关于某种民事法律行为的生效时间法律另有规定或者当事人另有约定,即应当根据法律的规定或者当事人的约定决定该民事法律行为的生效时间;只在对于民事法律行为生效时间法律未有规定且当事人亦未有约定时,才根据"一般规则"认定该民事法律行为"自成立时生效"。

但书所谓"法律另有规定",指对于某些重要的民事法律行为,法律规定须经主管机关“批准”生效。例如,探矿权、采矿权转让合同,应经主管部门批准才能生效。所谓“当事人另有约定”,指“附生效条件(停止条件)”的民事法律行为,须“条件成就时”生效(《民法典》第 158 条),以及附“生效期限(始期)”的民事法律行为,须“期限届至时”生效(《民法典》第 160 条)。

法律规定某类民事法律行为须经主管机关批准生效,如当事人未依照法律规定办理批准手续,其法律后果只是该民事法律行为不生效,并不构成违反法律的强制性规定。换言之,法律关于须经主管机关批准生效的规定,属于民法理论上所谓“命令性规定”,即“不导致该民事法律行为无效的”强制性规定(《民法典》第 153 条但书)。

本条第 2 款规定,“行为人非依法律规定或者未经对方同意,不得擅自变更或者解除民事法律行为”。实际是对民事法律行为“生效”的解释,民事法律行为一旦“生效”即对当事人(行为人)产生法律效力,当事人必须严格按照该民事法律行为的内容行使权利、履行义务。

所谓民事法律行为生效,即民事法律行为具有法律效力。此法律效力,又称法律拘束力、法律约束力,是指法律赋予依法成立的民事法律行为具有拘束当事人各方甚至第三人的强制力。按照民法原理,所谓民事法律行为的成立,是一种事实判断,只需当事人意思表示生效,民事法律行为即可成立;而所谓民事法律行为生效,是一种价值判断,是依上升为法律的国家意志对当事人的行为进行评价的结果。已成立的民事法律行为,于符合法律规定时,将获得法律的肯定性评价,该民事法律行为因而获得相应的法律效力,并将产生当事人预期的法律后果;已成立的民事法律行为,于违反法律规定时,将受到法律的否定性评价,该民事法律行为将不能获得明确的、肯定的法律效力,因而导致该民事法律行为无效、可撤销或者效力待定的结果。可见,民事法律行为的法律效力实际上源自国家的法律,是法律对当事人的意思表示依法予以确认和保障的结果。

按照本条第 2 款规定,民事法律行为一经生效,即具有法律效力(法律拘束力),"行为人非依法律规定或者未经对方同意,不得擅自变更或者解除民事法律行为"。所谓依"法律规定"解除民事法律行为,如依《民法典》合同编关于"法定解除权"的规定(第 563 条);所谓"经对方同意"变更或者解除民事法律行为,如《民法典》合同编关于"协议变更""协议解除"的规定(第 543 条、第 562 条)及婚姻家庭编关于"协议离婚"的规定(第 1076 条)、关于协议解除收养关系的规定(第 1114 条、第 1115 条)。任何一方当事人(非依法律规定或者经对方同意)"擅自变更或者解除"(生效的)民事法律行为,均构成违法行为,将因此被追究法律责任。

第二节　意思表示

第一百三十七条　有相对人的意思表示生效

以对话方式作出的意思表示,相对人知道其内容时生效。

以非对话方式作出的意思表示,到达相对人时生效。以非对话方式作出的采用数据电文形式的意思表示,相对人指定特定系统接收数据电文的,该数据电文进入该特定系统时生效;未指定特定系统的,相对人知道或者应当知道该数据电文进入其系统时生效。当事人对采用数据电文形式的意思表示的生效时间另有约定的,按照其约定。

在此先对意思表示概念及其构成做概要介绍。民事法律行为,是关于人的行为的概念;意思表示,是关于人的意思活动的概念。前面介绍民事法律行为定义时亦已述及,意思表示为民事法律行为不可或缺的构成要素。

所谓意思表示,指向外部表明意欲发生一定私法上法律效果之意思的行为。依通说,意思表示的成立过程为:其一,先有某种动机(如通过使用笔记本电脑提高工作效率);其二,基于该动机产生意欲发生一定法律效果的意思,即效果意思(欲购买一台笔记本电脑的意思);其三,有将该效果意思向外部公开的意识,即表示意思(欲表示购买笔记本电脑的效果意思的意思);其四,为向外部发表该效果意思的行为,即表示行为(说:"我要买一台笔记本电脑。")。这样,通过表示行为将效果意思表示于外部,而完成意思表示。

其中,"动机"不过是引起效果意思的心理过程,其本身不具有法律上的意义,因此不是意思表示的构成要素。故"动机错误",原则上对民事法律行为的效力不发生影响。作为例外,该动机表示于外并经相对人同意而订入民事法律行为的情形,将影响民事法律行为的效力。而按照民法理论之通说,意思表示的构成要素是:效果意思、表示意思和表示行为。

意思表示上的意思,指效果意思。表意人内心意欲发生法律上效果的意思,为内心的效果意思(所谓真意)。但此内心的效果意思,难以为他人所知。因此,法律上所谓效果意思,是指表示上的效果意思,即从书面形式或口头形式的表示行为所推断的效果意思。

所谓表示行为,指以书面或口头等形式将意思外部化的行为。表示之形式得为明示或默示。单纯的沉默,无任何表示行为,仅在法律有规定、当事人有特约或者当事人之间有交易习惯时,始得视为意思表示。

法律上通过确定意思表示的内容,以确定民事法律行为,并决定民事法律行为的效果。因此,如何确定意思表示的内容,具有重要意义。在确定意思表示的内容时,是以意思为重点,或是以表示为重点,于内心的效果意思与表示上的效果意思一致的场合不会发生什么问题,但在内心的效果意思与表示上的效果意思不一致的场合,将有很大差异。因着重点的不同,分为意思主义与表示主义。着重于内心的效果意思者,为意思主义;着重于表示上的效果意思者,为表示主义。另有所谓折中主义。即对于内心的效果意思与表示上的效果意思不一致的不同情形,或采意思主义,或采表示主义。如日本民法,对于仅表意人一方知其不一致(真意保留),采表示主义;对于表意人双方知其不一致(虚伪表示),采意思主义;对于表意人自身不知其不一致(错误),采意思主义;对于意思不自由的场合(诈欺、胁迫),采意思主义。《民法典》总则编关于欺诈、胁迫、重大误解,规定为可撤销,关于虚伪表示,规定为无效,均采意思主义,但对真意保留未作规定,而理论和实务(对于真意保留)采表示主义。可知中国民法关于意思表示内容之确定,颇类似于日本民法,属于折中主义。

意思表示之成立,通说以意思表示成立之心理经过为标准,认为意思表示之成立须具备三要素:效果意思、表示意思、表示行为。三要素中,以内心的效果意思为其本体。此纯为个人本位法律思想之表现。按照个人本位之法律观念,人之取得权利、负担义务,应纯由个人之意思。民事法律行为既以私法自治为最高原则,则意思表示之成立必须有本人内心之效果意思,且须经过表示行为,表示于外部。而为表示行为之前,须先有欲将内心效果意思公开的意思,即表示意思,此表示意思,为连接内心的效果意思与表示行为之中间环节。

但个人之内心意思如何,非外部所得窥知,如一律以内心的效果意思为准,则交易之相对人难免蒙受不测之损害。于是现代民法认为意思表示并非以个人内心的效果意思为发生法律效果之本体。意思表示应改为以表示行为为本体,纯粹客观地观察之。且意思表示内容之确定,应改为以表示上的效果意思为着重点。表示意思的有无,不影响意思表示的效力。从而意思表示之成立,仅须具备表示行为与效果意思两个要素,表示意思不必作为要素。

现在回过头来看本条关于有相对人的意思表示的生效。民法立法关于意思表示的生效,分为有相对人的意思表示的生效与无相对人的意思表示的生效。其中,有对方当事人的意思表示的生效,再分为对话的意思表示的生效与非对话的意思表示的生效。

表意人与相对人对面交谈,或以电话直接为意思表示,属于对话的意思表示;表意人与相对人以信函、电报、传真、电子邮件(E-mail)、手机短信、微信等,间接表示其意思,属于非对话的意思表示。此分类,系以能否与相对人直接沟通为标准。虽地隔千里,以电话表示其意思,属于对话的意思表示,而近在咫尺,以字条为转达时,则属于非对话的意思表示。

本条第1款规定:"以对话方式作出的意思表示,相对人知道其内容时生效。"[5]其所谓"知道",与"了解"同一意义。盖对话时或因方言之差异,或因听觉之障碍,其意思之误会在所难免。故采了解主义以防此弊。然对话之际,如相对人故意掩耳不闻,其意思表示是否发生效力?解释上仍不无疑问。[6]在通常情形,相对人可能了解而主张未了解时,应承担举证责任。

本条第2款规定:"以非对话方式作出的意思表示,到达相对人时生效。[7]以非对话方式作出的采用数据电文形式的意思表示,相对人指定特定系统接收数据电文的,该数据电文进入该特定系统时生效;未指定特定系统的,相对人知道或者应当知道该数据电文进入其系统时生效。当事人对采用数据电文形式的意思表示的生效时间另有约定的,按照其约定。"显而易见,对于以非对话方式作出的意思表示,不区分其为要约抑或为承诺,一律采取"到达主义"。

本条第2款第一句所谓“到达”,不以对方了解意思表示内容为必要,而只要信函或电报送达对方能够了解其内容的支配范围即可。第二句以下规定采用数据电文形式的意思表示,再分为“相对人指定特定系统的”与“相对人未指定特定系统的”。前者“该数据电文进入该特定系统时生效”,应当与“到达相对人时生效”作同一解释;后者“相对人知道或者应当知道该数据电文进入其系统时生效”,与“到达主义”稍有不同,要求相对人“知道”该数据电文形式的意思表示“进入(到达)其系统”即可,并不要求“知道”该意思表示的内容。至于条文末句规定“当事人对采用数据电文形式的意思表示的生效时间另有约定的,按照其约定。”则其理自明,无须赘言。

第一百三十八条　无相对人意思表示生效

无相对人的意思表示,表示完成时生效。法律另有规定的,依照其规定。

本条所谓无相对人的意思表示,即单方行为,例如抛弃、悬赏广告、遗嘱等。无相对人的意思表示,其效力何时发生?按照本条规定,于“表示完成时生效”。所谓“表示”,应当解释为“意思表示”。所谓“表示完成时”,亦即单方(民事法律)行为成立时。《民法典》第136条规定,民事法律行为“自成立时生效”,是民事法律行为生效的“原则规定”。本条规定,于“表示完成时生效”,系对单方(民事法律)行为的生效,适用民事法律行为生效的“原则规定”。

本条第二句规定“法律另有规定的，依照其规定”。属于第一句“原则规定”之“例外规定”。因此，按照本条规定，抛弃行为、悬赏广告，于行为成立时即发生效力；但遗嘱、遗赠，应于“继承开始”（遗嘱人死亡）时，才发生效力。

第一百三十九条　公告

以公告方式作出的意思表示，公告发布时生效。

本条规定“以公告方式作出的意思表示”的生效时间。条文“公告发布时”，亦即意思表示成立时。亦属于对以公告作出的意思表示的生效，适用民事法律行为生效的“原则规定”。

第一百四十条　明示、默示与沉默

行为人可以明示或者默示作出意思表示。

沉默只有在有法律规定、当事人约定或者符合当事人之间的交易习惯时，才可以视为意思表示。

前已述及，现代民法认为，意思表示由表示行为与效果意思两个要素构成。所谓“表示行为”，指以书面或口头等形式将意思呈现于外部的行为。本条第1款规定，表示行为所采用的形式，可以是明示或默示。所谓“明示”，即用文字或者语言明确表达其意思。所谓“默示”，即（既不用文字也不用语言）用肢体动作（如手势、点头或者摇头）表达其意思。

第2款规定,“沉默只有在有法律规定、当事人约定或者符合当事人之间的交易习惯时,才可以视为意思表示”。所谓“沉默”,指不作任何表示行为。切不可与“默示”相混淆。“默示”是意思表示的一种表达方式,即用肢体动作表示,而“沉默”是无任何表示。“沉默”仅在法律有规定、当事人有特约或者当事人之间有交易习惯时,始得视为意思表示。所谓“法律有规定”,如《民法典》继承编第1124条规定,继承开始后,继承人“没有表示的”(沉默),“视为接受继承”;受遗赠人“没有表示的”(沉默),“视为放弃受遗赠”。

第一百四十一条　意思表示撤回

行为人可以撤回意思表示。撤回意思表示的通知应当在意思表示到达相对人前或者与意思表示同时到达相对人。

所谓“意思表示的撤回”,指行为人(表意人)作出意思表示之后,于该意思表示生效之前阻止其生效的行为。依据本条规定,行为人作出意思表示后,可以撤回其意思表示。行为人撤回意思表示,须向相对人发出撤回意思表示的通知,此撤回意思表示的通知,应当在意思表示到达相对人之前或同时到达相对人,才能发生撤回意思表示的效果。此撤回意思表示的通知,要能够“在意思表示到达相对人之前或同时到达相对人”,理应采用与意思表示相同的传递方式或比意思表示传递方式更快捷的方式,自不待言。

按照《民法典》第5条规定的意思自治原则,既然当事人有决定是否作出意思表示及选择意思表示相对人的自由，则当事人作出意思表示之后，于意思表示生效之前，亦应有撤回其意思表示的自由。各立法例均规定意思表示可以撤回，并规定撤回意思表示的通知应与意思表示同时到达相对人或先于意思表示到达相对人，才能发生撤回意思表示的效果。

由上可知，意思表示的撤回，属于意思自治原则应有之义。因此，行为人撤回意思表示，取决于自己的意思(意愿)，无须依据什么“权利”。切不可将意思表示的“撤回”，误称为“撤回权”，甚至与“撤销权”相混淆。前面已经谈到，所谓撤销权，属于一种形成权，是依权利人单方的意思，使权利人与相对人之间的、存在意思表示瑕疵的民事法律行为(民事法律关系)归于消灭的权利。此所谓“意思表示的撤回”，是表意人阻止自己作出的意思表示生效的行为，属于民法理论上所谓准民事法律行为，并不构成什么权利。

第一百四十二条　意思表示解释

有相对人的意思表示的解释，应当按照所使用的词句，结合相关条款、行为的性质和目的、习惯以及诚信原则，确定意思表示的含义。

无相对人的意思表示的解释，不能完全拘泥于所使用的词句，而应当结合相关条款、行为的性质和目的、习惯以及诚信原则，确定行为人的真实意思。

所谓意思表示的解释，即对于意思表示的内容、含义所作解释。意思表示之所以需要解释,首先是语言文字具有多义性。因此多义性,使意思表示所使用的文字词句可能有不同的含义,不经解释不能判明其真实意思。其次是当事人的文化程度及法律知识有限,往往造成意思表示用词不当,未能准确表达其真实意思。此外,有的当事人出于规避法律或其他不正当目的,故意使用不适当的文字词句以掩盖其真实意思。故人民法院或仲裁庭在审理案件时,往往需要先对意思表示(民事法律行为)的内容进行解释。在诉讼或仲裁中,当事人双方也往往作出各自不同的解释。但最终作为判决或裁决依据的,是法庭或仲裁庭所作的解释。

解释意思表示之目的,在于探求当事人于意思表示中所表示的真实意思。唯须注意,此所谓当事人之真意,非指当事人内心之效果意思,而是指表示上的效果意思。因现代民法大抵采介于意思主义与表示主义之间的折中主义。故在解释方法上一方面规定应探求当事人之真意,另一方面又规定不可拘泥于所使用之词句。

本条将意思表示区分为“有相对人的意思表示”与“无相对人的意思表示”。第 1 款规定“有相对人的意思表示”的解释;第 2 款规定“无相对人的意思表示”的解释。比较两款条文即可发现,差别仅在关于“所使用的词句”:“有相对人的意思表示”的解释,要求“按照所使用的词句”;“无相对人的意思表示”的解释,要求“不能完全拘泥于所使用的词句”。此外,两款条文基本相同,即应当结合相关条款、行为的性质和目的、习惯以及诚信原则,确定真实意思。须说明的是,第 2 款条文“不能完全拘泥于所使用的词句”一句,“不能完全拘泥”与“不能拘泥”,并无程度差别。并且,第 2

款关于“无相对人的意思表示”的解释,规定“不能完全拘泥于所使用的词句”,并不意味着“有相对人的意思表示”的解释,就可以“完全拘泥于所使用的词句”。其实,按照民法解释学,无论解释“有相对人的意思表示”或者解释“无相对人的意思表示”,甚至于解释法律文本,均要求“不能拘泥于所使用的文字”。之所以第2款对于解释“无相对人的意思表示”,特别规定“不能完全拘泥于所使用的词句”,是因为“无相对人的意思表示”即单方民事法律行为,仅凭表意人单方的意思决定民事法律行为的内容,实务中更容易发生“拘泥于所使用的词句”的弊病,有特别加以提醒的必要。下面概要介绍各种解释方法。

1. 文义解释方法。即条文所谓按照“所使用的词句”解释。根据民法解释学,无论解释意思表示或者解释法律,均应从文义解释入手。所谓文义解释方法,指解释意思表示所使用文字词句的含义,以探求意思表示所表达当事人的真实意思。由于语言文字本身具有多义性,以及当事人语言水平和法律知识的不足,难免可能使用不准确、不适当之词句,以致所使用词句表达的意思与当事人真实意思不一致,甚至可能有的当事人出于不正当目的,故意用不适当词句以隐蔽其真实意思。因此解释意思表示,不应仅满足于对所使用词句含义的解释,不应拘泥于所使用之不当词句。如所使用的词句有两种甚至多种含义,应当结合采用其他解释方法,以决定其中何种含义体现当事人的真实意思。即使意思表示所使用的词句仅有一种含义,亦须进一步采用其他解释方法予以检验,以确定该含义是否体现当事人的真实意思。

2. 整体解释方法。即条文所谓“结合相关条款”解释。整体解释亦称体系解释。所谓整体解释方法,指对意思表示(如合同)的各个条款作相互解释,以确定各个条款在整个意思表示(合同)中所具有的正确意思。一个意思表示(如一个合同)是一个整体,要理解其整体意思,必须准确理解其各个部分(条款)的意思;反之,要理解各个部分(条款)的意思,也必须将各个部分置于整体之中,使其相互协调,才可能理解各个部分(条款)的正确意思。如果将某个条款单独解释,或许存在不同的意思,难以确定哪一个意思是当事人的真意,但只要将该条款与其他条款相互联系、相互解释、相互补充,即不难确定当事人的真实意思。

3. 目的解释方法。即条文所谓按照“行为的性质和目的”解释。所谓目的解释方法,指解释意思表示时,如果意思表示所使用的文字或某个条款可能作两种解释时,应采取最适合于其目的的解释。当事人进行意思表示(如订立合同)必有其目的,该目的是当事人真意之所在,为决定意思表示内容之指针。因此,解释意思表示,自应符合当事人所欲达成之目的。如当事人意思表示的内容前后矛盾或暧昧不明,应通过解释使之协调明确,以符合当事人之目的。意思表示所使用的文字或某个条款有两种相反的意思,应当采取其中最适合于当事人目的的意思。如合同某个词句、条款可能作两种解释,而一种解释使合同无效,另一种解释使合同有效,则应采使合同有效的解释。因为,使合同有效符合双方当事人的目的。唯应注意,此所谓当事人目的,指双方当事人共同目的或者至少是为对方当事人已知或应知的一方当事人目的。若属于对方不可能得知的一方当事人目的,自不得作为解释之依据。

4. 习惯解释方法。即条文所谓按照“习惯”解释。所谓习惯解释方法,指意思表示(如合同所使用的文字词句)有疑义时,应参照当事人的习惯解释。习惯解释的法理依据在于,人们的行为除受法律的支配外,往往还受习惯的支配。各地有各地的习惯,各行业有各行业的习惯,如不违反法律强行性规定和公序良俗,应可作为解释当事人真实意思的依据。例如,在合同内容有歧义时,应依据习惯予以明确;在合同约定不完全致使权利义务难以确定时,应依据习惯予以补充。此为各国法律及国际公约所共认的解释方法。唯应注意,采为解释依据的习惯,应是当事人双方共同遵守的习惯,如果仅为一方的习惯,除非订立合同时已将该习惯告知对方并获得对方认可,否则不应采为解释的依据。此外,习惯属于事实,无论地方习惯或行业习惯,其是否存在及为对方所认可,应由主张一方负举证责任。[8]

5. 公平解释方法。即《民法典》合同编第498条规定对于格式条款的解释。所谓公平解释,指解释意思表示应当遵循公平的原则,兼顾当事人双方的利益。现代民法,以公平原则为指导当事人缔结民事法律关系之基本原则(《民法典》第6条),同样也是指导法院或仲裁庭解释意思表示(合同)的基本原则。作为一种解释方法,要求解释意思表示应当遵循公平的原则,公平对待双方当事人;在意思表示所使用文字词句有两种不同的含义时,若是无偿行为,应按对债务人义务较轻的含义解释;反之,若是有偿行为,则应按对双方均较公平的含义解释。如果属于依一方当事人提供的格式条款所成立的合同(格式合同),在依文义解释得出两种不同含义时,应采用对格式条款使用人不利的含义;格式条款与非格式条款含义不一致时,应采用非格式条款的含义(《民法典》第498条)。

6. 诚信解释方法。即本条所谓按照"诚信原则"解释。所谓诚信解释方法,指解释意思表示应遵循诚实信用的原则。诚实信用原则为现代民法指导当事人行使权利、履行义务之基本原则,也是指导人民法院或仲裁庭正确解释意思表示(合同)的基本原则。依诚实信用原则,意思表示所使用文字词句有疑义时,应依诚实信用原则确定其正确意思;意思表示的内容有漏洞不能妥善规定当事人权利义务时,应依诚实信用原则补充其漏洞。意思表示存在两种解释而无法判断哪一种解释正确时,应采诚信解释方法:先假定采第一种解释并据以作出判决,再假定采第二种解释并据以作出判决,然后比较两种判决的结果,以所得出判决结果使双方当事人之间的利害关系大体平衡的解释,为符合诚实信用原则的妥当解释。此外,无论采何种解释方法,最后所得解释结果均不得违反诚实信用原则。

第一百四十三条　有效要件

具备下列条件的民事法律行为有效:

(一)行为人具有相应的民事行为能力;

(二)意思表示真实;

(三)不违反法律、行政法规的强制性规定,不违背公序良俗。

本条是以《民法通则》第 55 条规定为基础，文字稍有改动。须说明的是，在关于制定《民法典》总则编的讨论中，一些学者建议删去本条。理由之一是，法律已经明文规定了民事法律行为无效的条件、可撤销的条件，没有必要再正面规定有效条件；理由之二是，多数立法例，以德国民法为代表，并不规定民事法律行为的有效条件，而仅规定各种瑕疵民事法律行为的效力。[9]明文规定民事法律行为（或契约）有效要件的立法例，以法国民法、意大利民法为代表。[10]考虑到社会生活的复杂性和变动性，即使立法当时对社会生活中的各种案型均设有明确规定，随着社会生活的发展、变动，仍然还会出现一些在法律上没有具体规定的新型案件。法庭遇到法律没有具体规定的新型案件，可以直接引用本条作为裁判依据。这就增加了法律的灵活性。《民法典》总则编保留本条规定的理由在此。

请注意，本条属于（从正面）规定民事法律行为有效要件的概括性规定，本条以下的条文（第 144 条至第 154 条）属于从反面规定违反民事法律行为有效要件的具体规定。在适用顺序上，应当优先适用违反民事法律行为有效要件的具体规定（第 144 条至第 154 条），只在待决案件均不能适用具体规定（第 144 条至第 154 条）的情形，才可以适用本条关于民事法律行为有效要件的概括性规定。

请特别注意适用的效果，适用《民法典》第 144 条至第 154 条的效果为确认民事法律行为无效或者可撤销；而适用本条的效果是确认民事法律行为有效。亦即对于社会发展变化产生的新型案件,不属于第144条至第154条的适用范围,即可以依据本条认定民事法律行为有效。按照民法解释方法,对于本条不能作反对解释(作为认定民事法律行为无效的依据)。

第一百四十四条　无行为能力

无民事行为能力人实施的民事法律行为无效。

《民法典》第20条规定未满8周岁的未成年人为无民事行为能力人,其实施民事法律行为必须由法定代理人代理,本条进一步规定无民事行为能力人(独立)实施的民事法律行为无效。但未成年人年满六周岁即应上小学,难免要独自乘坐公共交通工具、购买学习用品、玩具和零食,更为重要的是,他们往往玩网络游戏、手机购物等,按照本条规定,这些行为均一律无效。这显然违背社会生活经验,并且不合情理。可见本条存在法律漏洞。[11]应当类推适用《民法典》第145条关于"限制民事行为能力人实施的纯获利益的民事法律行为或者与其年龄、智力、精神健康状况相适应的民事法律行为有效"的规定,认定不满8周岁的未成年人(无民事行为能力人)独立实施的这类行为有效。

第一百四十五条　限制行为能力人的行为

限制民事行为能力人实施的纯获利益的民事法律行为或者与其年龄、智力、精神健康状况相适应的民事法律行为有效;实施的其他民事法律行为经法定代理人同意或者追认后有效。

相对人可以催告法定代理人自收到通知之日起三十日内予以追认。法定代理人未作表示的,视为拒绝追认。民事法律行为被追认前,善意相对人有撤销的权利。撤销应当以通知的方式作出。

本条规定限制行为能力人实施的民事法律行为。按照民法原理,限制行为能力人实施的法律行为,属于效力未定的法律行为,或称须第三人追认的法律行为,指行为之是否生效取决于有追认权的第三人是否追认的法律行为。按照《民法典》的规定,限制民事行为能力人,包括8周岁以上的未成年人(《民法典》第20条)和不能完全辨认自己行为的成年人(《民法典》第22条)。有权对限制行为能力人实施的法律行为予以追认的第三人,是指限制行为能力人的法定代理人,亦即监护人(《民法典》第23条)。

按照本条第1款规定,法定代理人的同意或者追认,将决定限制行为能力人实施的民事法律行为是否生效。同意是事前的许可,追认是事后的许可。依民法理论,所谓追认,指有追认权人使他人所为民事法律行为发生效力的单方行为。追认作为一种单方行为,其作用在于使他人所为的法律行为发生效力,因此具有补助行为的性质。追认的效力在于,一经法定代理人追认,即使该处于效力未定的民事法律行为溯及于成立之时,发生完全的效力。反之,一经法定代理人拒绝追认,即使该处于效力未定的民事法律行为,溯及于成立之时,成为无效的民事法律行为。

追认既然属于单方行为,则依单方的意思表示即可成立,在有相对人的法律行为,则可向当事人之任一方以意思表示为之。且追认无须依一定方式。例如,限制法律行为能力人所实施的民事法律行为,即使属于要式行为,法定代理人的追认也不须任何方式,且无论向该限制行为能力人或向其相对人表示,均发生追认的效力。

民法为保护相对人利益,使相对人在一定期间有催告权和撤销权。本条第2款即为此规定。相对人此项撤销权,属于形成权,其行使效果,为使效力未定的民事法律行为确定无效。

第一百四十六条　虚伪表示、隐藏行为

行为人与相对人以虚假的意思表示实施的民事法律行为无效。

以虚假的意思表示隐藏的民事法律行为的效力,依照有关法律规定处理。

本条规定虚伪表示和隐藏行为。所谓虚伪表示,是大陆法系民法采用的法律概念,指当事人与相对人双方所作虚假的意思表示,亦称假装行为。虚伪表示的特征在于,虽然具有民事法律行为的外形,但双方当事人明知该民事法律行为是假的、都不想使该民事法律行为发生效力。例如,以逃避债务为目的假装财产赠与,双方当事人都不希望发生赠与的效力。所谓“隐藏行为”,是指虚伪表示所掩盖下的真实的民事法律行为。例如,为规避房屋买卖的税负而订立赠与合同,赠与合同为虚伪表示,而房屋买卖合同为隐

藏行为。隐藏行为是与虚伪表示联系在一起的,无虚伪表示也就无所谓隐藏行为,有隐藏行为也就必定有虚伪表示。但存在虚伪表示,却不一定有隐藏行为,如为逃避债务、规避法院执行而订立虚假赠与合同、虚假买卖合同、虚假抵押合同,属于虚伪表示,但没有隐藏行为。

需注意的是,本条第1款仅规定虚伪表示的民事法律行为在双方当事人之间无效,而未规定在当事人与第三人之间是否无效,因此留下法律漏洞。[12]关于虚伪表示在当事人一方与第三人之间的法律效果,应当按照民法原理及参考日本民法、韩国民法和我国台湾地区"民法"等,分为两种情形:第三人知道当事人之间的意思表示为虚伪表示的,即属于恶意第三人,则虚伪表示的任何一方当事人均可以虚伪表示无效对抗该恶意第三人;第三人不知道当事人之间的意思表示为虚伪表示的,即属于善意第三人,则虚伪表示的双方当事人均不得以该虚伪表示无效对抗该善意第三人。[13]

例如,甲为规避公法或者私法债务,而与乙成立虚假财产转让合同将房产过户到乙名下,乙见房价上涨竟将该房产出卖给丙,则前合同(甲—乙)为虚伪表示,后合同(乙—丙)买受人丙为第三人。丙于订立买卖合同时不知前合同(甲—乙)为虚伪表示,即属于善意第三人;反之,丙于订立买卖合同时知道或者应当知道前合同(甲—乙)为虚伪表示,即属于恶意第三人。

假设后合同(乙—丙)已经履行,该房产已经过户到丙名下,前合同(甲—乙)被法庭依据本条第1款判决无效,无论甲或者乙以前合同(甲—乙)属于虚伪表示被确认无效为由,请求法庭认定后合同(乙—丙)无效、判决第三人丙返还该房产,如果丙属于善意第三人,法庭应依据“虚伪表示无效不得对抗善意第三人”的法理,驳回甲或者乙的诉讼请求,认定后合同(乙—丙)有效、保护善意第三人丙。如果丙属于恶意第三人,法庭应依据“虚伪表示无效不得对抗善意第三人”的法理,支持甲或者乙的诉讼请求,认定后合同(乙—丙)亦无效,并判决恶意第三人丙向乙返还该房产、乙向丙返还房款。

假设前合同(甲—乙)被确认无效时,后合同(乙—丙)尚未履行,则于丙请求乙履行合同或者承担违约责任时,乙以前合同(甲—乙)属于虚伪表示被依法认定无效为由主张后合同(乙—丙)亦无效,如果丙属于善意第三人,法庭应依据“虚伪表示无效不得对抗善意第三人”的法理,对乙的主张不予支持,认定后合同(乙—丙)有效,并判决乙对丙承担违约责任。如果丙属于恶意第三人,法庭应依据“虚伪表示无效不得对抗善意第三人”的法理,支持乙的主张,认定后合同(乙—丙)亦无效,并判决双方恢复原状,即丙向乙返还该房产、乙向丙返还房款。

按照本条第2款规定,虚伪表示所掩盖下的隐藏行为之是否有效,取决于该隐藏行为本身是否符合该行为的生效要件。例如,伪装赠与而实为买卖,赠与行为属于虚伪表示应当无效,所隐藏的买卖行为是否有效,应依有关买卖合同的规定判断。如隐藏的买卖行为符合法律关于买卖合同生效要件的规定,则应有效,否则即应无效。

第一百四十七条　重大误解

基于重大误解实施的民事法律行为，行为人有权请求人民法院或者仲裁机构予以撤销。

民法理论和立法例所谓错误，指表意人因误认或不知，致其表示与意思不一致。错误之构成要件：须表示与意思不一致；须其不一致出于表意人之误认或不知。其中，后一要件是区别于所谓真意保留和虚伪表示之标志。所谓误认，指认识不正确，如误甲为乙，误骡为马。所谓不知，指通常之笔误、口误，如应书一万元而误写为一元，应言租赁而误言借贷。所谓误解，指相对人对意思表示内容了解之错误。如受要约人误将出租房屋之要约理解为出卖房屋而为承诺。传统民法，为保护无过失的表意人，而规定错误的意思表示为可撤销。至于误解，因关于意思表示之生效采到达主义，不以相对人之了解为必要，故不允许因误解而主张无效或撤销。

中国民法之立法思想，在保护双方当事人利益上务求公平，创设"重大误解"制度。本条规定："基于重大误解实施的民事法律行为，行为人有权请求人民法院或者仲裁机构予以撤销。"此所谓误解，是将表意人无过失的表示与意思不符（错误），和相对人对意思表示内容了解之错误（误解），均涵盖在内的。

本条所谓"误解"可分为以下类型：(1)关于当事人本身之误解。如误甲为乙。仅于赠与、委任、雇用等注重当事人其人的法律关系，方构成意思表示内容的误解。(2)关于标的物本身之误解。如误骡为马，误英汉辞典为汉英辞典，当然构成意思表示内容之误解。(3)关于当事人资格之误解。如误某甲为会计师,而实际并非会计师。是否构成意思表示内容之误解,以该资格对于该法律关系是否重要为断。(4)关于标的物性质之误解。如误赝品为真迹,误进口散件组装为原装进口。是否构成意思表示内容之错误,以其在交易上是否重要为断。(5)关于民事法律行为性质之误解。如误典为卖,误卖为租。当然为意思表示内容之误解。(6)关于价格、数量、履行地、履行期之误解。以交易上认为重要者为限,构成意思表示内容之误解。

另有关于动机之误解。按照民法原理和裁判实务,动机之误解,原则上不影响民事法律行为的效力。[14]因为动机非意思表示之要素,且存在于当事人内心,相对人无从得知。但如动机已表示于外,并已构成意思表示内容之一部,其动机错误自应构成意思表示内容之误解。

须注意的是,存在意思表示内容之误解,还须此误解达到"重大"程度,当事人才能够依据本条规定请求人民法院或者仲裁机构予以撤销。所谓"重大",指因误解而给当事人一方造成"较大损失"。虽存在误解,如未造成"较大损失",不构成本条重大误解。法庭或者仲裁庭在判断是否构成重大误解时,可参考《民通意见》第71条所作解释:"行为人因对行为的性质、对方当事人、标的物的品种、质量、规格和数量等的错误认识,使行为的后果与自己的意思相悖,并造成较大损失的,可以认定为重大误解。"

第一百四十八条　欺诈

一方以欺诈手段，使对方在违背真实意思的情况下实施的民事法律行为，受欺诈方有权请求人民法院或者仲裁机构予以撤销。

按照民法原理，所谓欺诈，指故意欺骗他人，使其陷于错误判断，并基于此错误判断而为意思表示之行为。欺诈之构成要件如下：(1)须有欺诈之故意。所谓欺诈之故意，即欺诈意思，由两个意思构成，使被欺诈人陷于错误判断之意思，以及使被欺诈人基于错误判断而为意思表示之意思。仅其中之一，尚不构成欺诈之故意。此欺诈之故意，不必有侵害相对人权益之故意。因法律关于欺诈之规定，旨在保护相对人的意思自由，非仅限于保护特定权益。(2)须有欺诈行为。所谓欺诈行为，指为使被欺诈人陷于错误判断，或加深其错误、保持其错误，而虚构、变更、隐匿事实之行为。在依法律、习惯或约定有告知义务的情形，沉默亦应构成欺诈行为。(3)须被欺诈方因受欺诈而陷于错误判断。即欺诈行为与错误判断之间有因果关系。(4)须被欺诈人基于错误判断而为意思表示。即错误判断与意思表示之间也有因果关系。

欺诈在法律上的效力：(1)欺诈人为当事人之一方，表意人得撤销其意思表示。(2)欺诈人非当事人之一方，在无相对人之意思表示，表意人得撤销其意思表示；在有相对人之意思表示，则仅以相对人明知或应知表意人受欺诈为限，表意人得撤销其意思表示(《民法典》第149条)。(3)因欺诈而撤销意思表示，不得对抗善意第三人(《民法典》未设规定)。

《民法通则》规定欺诈的法律效果为无效。1999 年通过的《合同法》对此有所修正,其第 52 条第 1 项规定,一方以欺诈的手段订立合同,损害国家利益的,该合同无效;第 54 条第 2 款规定,一方以欺诈的手段,使对方在违背真实意思的情况下订立的合同,受损害方有权请求人民法院或者仲裁机构变更或者撤销。《合同法》上述规定,依欺诈之是否损害国家利益而规定不同的法律效果,与民法理论及立法例不符,且在裁判实务中徒增困扰。《合同法》施行以来的裁判实践表明,对于以欺诈手段订立的合同,人民法院、仲裁机构往往适用《合同法》第 54 条第 2 款的规定,而不适用第 52 条第 1 项的规定。如民事法律行为的目的或者内容损害国家利益,因国家利益属于“社会公共利益”的核心内容,则人民法院或者仲裁机构可依据《合同法》第 52 条第 4 项的规定,认定其无效。鉴于此,《民法典》总则编将欺诈的法律效果统一规定为可撤销。

法庭或者仲裁庭认定欺诈,可参考《民通意见》第 68 条所作解释:“一方当事人故意告知对方虚假情况,或者故意隐瞒真实情况,诱使对方当事人作出错误意思表示的,可以认定为欺诈行为。”

第一百四十九条　第三方欺诈

第三人实施欺诈行为,使一方在违背真实意思的情况下实施的民事法律行为,对方知道或者应当知道该欺诈行为的,受欺诈方有权请求人民法院或者仲裁机构予以撤销。

欺诈分为当事人一方的欺诈与当事人之外的第三人的欺诈。

《民法典》第 148 条规定当事人一方的欺诈,本条规定当事人之外的第三人的欺诈。按照本条规定,第三人实施欺诈行为,使当事人一方受欺诈而实施民事法律行为,该当事人能否撤销其民事法律行为,取决于相对人是否知道该欺诈行为。如果相对人知道该欺诈行为,则受欺诈的当事人有权请求人民法院或者仲裁机构撤销其民事法律行为;反之,相对人不知道该欺诈行为的,受欺诈的当事人不能撤销其民事法律行为。[15]须注意,条文所谓"知道该欺诈行为",应当解释为:不仅知道第三人实施该欺诈行为,并且知道该欺诈行为致当事人陷于错误判断而为此民事法律行为,即该欺诈行为与此民事法律行为之间存在因果关系(无该欺诈行为即无此民事法律行为)。

第一百五十条　胁迫

一方或者第三人以胁迫手段,使对方在违背真实意思的情况下实施的民事法律行为,受胁迫方有权请求人民法院或者仲裁机构予以撤销。

按照民法原理,所谓胁迫,指以不法加害威胁他人,使其产生恐惧心理,并基于该恐惧心理而为意思表示之行为。胁迫之构成要件如下:(1)须有胁迫之故意。所谓胁迫故意,即胁迫意思。胁迫意思由两个意思构成:使被胁迫人产生恐惧心理之意思,以及使被胁迫人基于该恐惧心理而为意思表示之意思。(2)须有胁迫行为。即以加害威胁被胁迫人。须达到使被胁迫人产生恐惧之程

度。加害的对象,不限于被胁迫人自身,包括其亲友;受害之客体,包括生命、身体、自由、名誉、财产等有受损害可能者。(3)须其胁迫为非法。只须胁迫之目的或手段之一为非法即可,目的或手段分别而言虽均属合法,但目的与手段结合而有悖于公序良俗的,亦构成非法,如以告发他人犯罪为威胁强迫他人签订合同。(4)须被胁迫人因受胁迫而生恐惧心理。此恐惧心理与胁迫间有因果关系。(5)须被胁迫人基于恐惧心理而为意思表示。此意思表示与胁迫之间有因果关系。

胁迫在法律上的效力:因胁迫之违法性较欺诈更严重,无论胁迫人是否为对方当事人,表意人均得撤销其意思表示,并且此撤销得对抗善意第三人。

《民法通则》第58条规定因胁迫所为的民事行为无效。显然系着眼于行为之违法性,在法理上并无不当。但考虑到民事生活之复杂性及民法之私法性,当事人不主动主张其无效时,国家不可能也不必要直接干预、主动确认其无效。因此,《合同法》对胁迫作了区分,仅规定一方以胁迫的手段订立合同,损害国家利益的,该合同无效(第52条第1项);此外,属于可撤销(第54条第2款)。但依胁迫之是否损害国家利益而规定不同的法律效果,与民法理论及各国立法例不符,且在裁判实务中徒然增加操作困难。《合同法》施行以来的裁判实践表明,对于以胁迫手段订立的合同,人民法院、仲裁机构往往适用《合同法》第54条第2款的规定(效果为可撤销),而不适用第52条第1项的规定(效果为无效)。如民事法律行为的目的或者内容损害国家利益,因国家利益属于"社会公共利益”的核心内容,则人民法院或者仲裁机构可依据该第 52 条第 4 项的规定,认定其无效。鉴于此,《民法典》总则编将胁迫的法律效果统一规定为可撤销。

法庭或者仲裁庭于判断是否构成胁迫时,可参考《民通意见》第 69 条所作解释:“以给公民及其亲友的生命健康、荣誉、名誉、财产等造成损失或者以给法人的荣誉、名誉、财产等造成损害为要挟,迫使对方作出违背真实的意思表示的,可以认定为胁迫行为。”

第一百五十一条　显失公平

一方利用对方处于危困状态、缺乏判断能力等情形,致使民事法律行为成立时显失公平的,受损害方有权请求人民法院或者仲裁机构予以撤销。

所谓显失公平行为,源于《德国民法典》第 138 条第 2 款规定的“暴利行为”。构成暴利行为,须具备“双重要件”:(1)须双方给付显失均衡,称为客观要件;(2)须一方乘对方穷迫、轻率或无经验,称为主观要件。《民法通则》制定时,将传统民法暴利行为一分为二:一为“乘人之危”行为,其法律效果为无效(第 58 条);二为“显失公平”,其法律效果为可撤销(第 59 条)。《合同法》维持这种区分,而将两者的法律效果均规定为可撤销。《民法典》总则编制定时,总结裁判实践的经验,注意到乘人之危的构成要件过严,而显失公平的构成要件过宽;主张乘人之危很难获得法院支持,[16] 而主张显失公平容易获得法院支持。并且,绝大多数当事人均选择主张显失公平,而不选择乘人之危。鉴于此,《民法典》总则编遂将乘人之危与显失公平合并为一个条文(本条),仍称“显失公平”。

按照本条规定,显失公平行为的构成要件是:(1)须给付与对待给付之间显失均衡。学说上称为客观要件。(2)须一方利用了对方处于危困状态、缺乏判断能力等不利情势。学说上称为主观要件。其法律效果为可撤销,法律赋予因民事法律行为显失公平而受不利益的一方当事人以撤销权。须注意的是,显失公平之判断时点,为“民事法律行为成立之时”。民事法律行为成立生效之后因情事变更导致双方对待给付显失公平的,不能适用本条,而应当适用《民法典》合同编第533条情事变更规则。

《民法典》第147条至第151条关于可撤销民事法律行为条文,统一规定其法律效果为可撤销,而删除《民法通则》和《合同法》所规定的“变更”效力,值得注意。

按照民法原理和立法例,于民事法律行为的意思表示存在瑕疵情形,赋予受损害一方撤销权,通过撤销权之行使,消灭有瑕疵民事法律行为的效力,使当事人双方恢复到成立该民事法律行为之前的状态,以纠正当事人之间的不公正。但《民法通则》和《合同法》却在撤销权之外更赋予变更的效力。此项“变更”效力,亦可解释为附着于撤销权的另一项形成权,即“变更权”。《民法典》总则编制定时,总结裁判实践经验,注意到当事人主张变更,很难获得法院的支持,而绝大多数当事人均选择主张撤销,而不选择主张变更。[17]有鉴于此,《民法典》从重大误解、欺诈、胁迫、显失公平民事法律行为的规定(第147条至第151条)中,删除了“变更”效力。

第一百五十二条　撤销权除斥期间

有下列情形之一的,撤销权消灭:

(一)当事人自知道或者应当知道撤销事由之日起一年内、重大误解的当事人自知道或者应当知道撤销事由之日起九十日内没有行使撤销权;

(二)当事人受胁迫,自胁迫行为终止之日起一年内没有行使撤销权;

(三)当事人知道撤销事由后明确表示或者以自己的行为表明放弃撤销权。

当事人自民事法律行为发生之日起五年内没有行使撤销权的,撤销权消灭。

按照民法原理,撤销权属于形成权之一种。所谓形成权,是指权利人依自己的意思,使自己与他人间的法律关系发生变动的权利。形成权既有依权利人单方的意思而使已经存在的法律关系发生变更或者消灭的效力,则其长期存在必然不利于法律关系的稳定和相对人合法利益之保护。因此,形成权受除斥期间的限制。本条规定,除斥期间经过为撤销权消灭原因之一。除斥期间的作用,在促使撤销权人尽快地行使权利,并保护相对人利益,有利于交易安全。除斥期间经过,撤销权即归消灭,可撤销的民事法律行为因而成为完全有效的民事法律行为。

值得注意的是,本条依撤销权发生原因的不同,而规定了不同的除斥期间及不同的起算时点。按照本条第 1 款第 1 项规定,发生原因为重大误解的撤销权的除斥期间为 90 日,其他原因(欺诈、胁迫、显失公平)的撤销权的除斥期间为 1 年;本条第 1 款第 2 项规定,发生原因为胁迫的撤销权的 1 年除斥期间,自胁迫行为终止之日起算;其他原因(重大误解、欺诈、显失公平)的撤销权的除斥期间自权利人知道或者应当知道撤销事由之日起算。考虑到社会生活的复杂性,可能有的当事人在可撤销民事法律行为成立若干年之后才知道撤销事由,因此本条第 2 款特别规定:当事人自民事法律行为发生之日起 5 年内没有行使撤销权的,其撤销权消灭。显而易见,本条实际上规定了双重除斥期间,即自当事人知道或者应当知道撤销事由之日起算的主观除斥期间(其中重大误解为 90 日、其他原因为 1 年),和自民事法律行为发生之日起算的 5 年客观除斥期间。

需特别注意的是,本条第 1 款第 2 项规定胁迫原因的 1 年除斥期间,自胁迫行为终止之日起算,究竟属于主观除斥期间还是客观除斥期间,以及发生原因为胁迫的撤销权,是否亦应适用自民事法律行为发生之日起算的 5 年客观除斥期间。根据本条之立法目的,应当认为,本条第 1 款第 2 项规定的胁迫原因的 1 年除斥期间,仍属于主观除斥期间,且胁迫原因的撤销权亦应适用本条第 2 款规定的 5 年客观除斥期间。

按照民法原理,民事权利之是否行使取决于权利人自己的意思,撤销权人既可以行使撤销权,亦可以不行使即抛弃撤销权。故撤销权除因除斥期间届满而消灭外,还将因撤销权人放弃权利而消灭。本条第 1 款第 3 项规定,当事人知道撤销事由后明确表示或者以自己的行为表明放弃撤销权的，撤销权消灭。依解释，构成撤销权的放弃，须有两个条件：其一，当事人知道撤销事由（因而知道自己享有撤销权）；其二，当事人作出放弃撤销权的意思表示，此放弃撤销权的意思表示，可以是明示也可以是默示。条文所谓“明确表示”为“明示”放弃撤销权，即以书面或者口头形式向可撤销民事法律行为之相对人表示不行使（放弃）撤销权。条文所谓“以自己的行为表明”为“默示”放弃撤销权，即在知道自己享有撤销权之后仍然行使该民事法律行为创设的权利（如请求相对人付款或者交货）或者履行该民事法律行为创设的义务（如向相对人交货或者付款）。

第一百五十三条　违反强制性规定、违背公序良俗

违反法律、行政法规的强制性规定的民事法律行为无效。但是，该强制性规定不导致该民事法律行为无效的除外。

违背公序良俗的民事法律行为无效。

按照民法原理，民事法律行为制度是民事主体实现意思自治的手段，但民事主体之意思自治并非毫无限制，意思自治不得超越法律和道德的容许限度，实施民事法律行为不得违反法律、行政法规的强制性规定、不得违背公序良俗。法律、行政法规的强制性规定、公序良俗，即是对民事主体意思自治的限制。《民法典》第143条已经将不得违反法律、行政法规的强制性规定，不违背公序良俗，规定为民事法律行为有效要件。本条再进一步从反面规定，违

反法律、行政法规的强制性规定,违背公序良俗的民事法律行为无效。

设置本条的立法目的,是授权法庭和仲裁庭主动审查当事人之间的民事法律行为(合同)的目的和内容(条款、约定),凡违反现行法律、行政法规的禁止性强制规定的,即依据本条第1款确认(裁决)其无效;于现行法律、行政法规未有禁止性强制规定的情形,授权法庭和仲裁庭主动审查该民事法律行为(合同)的目的和内容(条款、约定)是否违背公序良俗,法庭或者仲裁庭认为违背公序良俗的,即依据本条第2款确认(裁决)该民事法律行为(合同)无效。

本条第1款规定:“违反法律、行政法规的强制性规定的民事法律行为无效。但是,该强制性规定不导致该民事法律行为无效的除外。”但书所谓“不导致该民事法律行为无效的”强制规定,是指民法理论所谓“命令性规定”,亦即最高人民法院司法解释所说的“非效力性规定”。除去不导致民事法律行为无效的“命令性规定”(“非效力性规定”),剩下的“导致民事法律行为无效的”强制规定,是指民法理论所谓“禁止性规定”,亦即最高人民法院司法解释所谓“效力性强制规定”。[18]

关键问题是,如何区分一项法律规定(法律条文)究竟属于禁止性强制规定还是命令性强制规定?区分标准如下:

1. 禁止性强制规定所规范的对象是民事法律行为(合同)。例如,《民法典》第144条规范无行为能力人实施的民事法律行为,第146条规范虚伪表示行为,本条第2款规范违背公序良俗的民事法律行为,第154条规范双方恶意串通的民事法律行为,第497条规范免除自己一方责任、排除对方主要权利的格式合同。

2. 禁止性强制规定所规定的法律效果,或者直接规定该行为(合同)无效,或者明文“禁止”该行为。其一,直接规定该行为(合同)无效,如《民法典》第144条规定无行为能力人实施的民事法律行为无效,第146条规定虚伪表示行为无效,第154条规定双方恶意串通行为无效,第197条规定变更诉讼时效的约定无效、事先放弃时效利益的行为无效,以及第497条规定免除自己责任、排除对方主要权利的格式合同无效;其二,明文规定“禁止”该行为(合同),如《民法典》第111条禁止非法收集、买卖他人个人信息,第168条禁止自己代理、禁止双方代理,第791条对建设工程“禁止分包”给没有资质的单位及“禁止再分包”。请注意,民法上的“禁止”和“不得”,是禁止性强制规定的标志性用语。凡是法律条文采用了“不得”或者“禁止”,表明法律禁止该民事法律行为(合同)发生效力。

凡符合上述两项判断标准,即规范对象为民事法律行为(合同)并且直接规定行为(合同)无效或者禁止该行为(合同)的,均属于禁止性强制规定。须特别注意,所谓禁止性强制规定的判断标准,是针对法律、行政法规的具体规定而言的,不包括原则性规定(基本原则、适用原则)和概括性规定。按照民法原理及裁判实务经验,若干可以作为裁判依据的原则性规定,如《民法典》诚实信用原则(第7条)、禁止权利滥用原则(第132条)、物权法定原则(第116条)、不动产物权变动的登记生效原则(第209条、第214

条)等,亦应视同禁止性强制规定。此外,刑法关于犯罪行为的规定、行政法关于行政违法行为的规定,当然属于禁止性强制规定,自不待言。

下面介绍命令性强制规定(非效力性强制规定、管理性规定)。命令性强制规定,包括两类法律规定:第一类命令性强制规定,所规定的对象是民事主体,通常是对民事主体课加特殊的资质要求或者行政许可。例如,建设工程合同中承包方需要一定的资质条件,招标公司需要特殊的资质条件,某些设施(设备)融资租赁合同承租人必须取得行政许可。此种情形,法律规定的不是民事法律行为本身,而是民事法律行为的当事人一方或者双方。第二类命令性强制规定,虽然涉及民事法律行为,但既不是规定该行为无效,也不是规定禁止该行为,而只是规定该行为须履行某种特殊缔结程序。例如,《招标投标法》第 3 条规定,属于大型基础设施、公用事业等关系社会公共利益、公众安全的项目,全部或者部分使用国有资金投资或者国家融资的项目,使用国际组织或者外国政府贷款、援助资金项目的建设工程合同,必须采取招标投标方式签订。

本条第 2 款规定违背公序良俗的民事法律行为无效。公序良俗,包括公共秩序、善良风俗,属于不确定概念,其内涵和外延均不确定。民法之所以需要规定公序良俗,是因为立法当时不可能预见一切损害国家利益、社会公益和社会道德秩序的行为而作出详尽的禁止性规定,故以本款规定违背公序良俗的民事法律行为无效,以弥补禁止性规定之不足。违背公序良俗无效的规定,性质上为授权性规定。目的在于,遇有损害国家利益、社会公益和社会道德秩序的行为,而又缺乏相应的禁止性法律规定时,法院可以违背公序良俗为由,依据本款规定认定该行为无效。

民法学说采类型化研究方法,将裁判实务中依据公序良俗裁判的典型案件,区别为若干公序良俗违反行为类型。法庭或者仲裁庭于案件审理中,发现待决案件事实与其中某一个类型相符,即可依据本条第 2 款认定该行为无效。违反公序良俗行为类型如下:

1. 危害国家公序行为类型。国家公序,指国家政治、经济、财政、税收、金融、治安等秩序,关系国家和人民根本利益,其违反行为无论过去和现代均属于公序良俗违反行为之重要类型。例如,以从事犯罪或帮助犯罪为内容的契约;投票用纸的买卖契约;身份证件的买卖合意;规避课税的合意;意图影响投票结果而为选举人提供免费饮料的合意等。

2. 危害家庭关系行为类型。家庭关系属于政治公序。这一类型在公序良俗违反行为中从来占有重要位置。例如,约定子女与父母别居的协议;约定子女对父母不承担扶养义务的协议;约定夫妻别居的协议;约定断绝亲子关系的协议;代他人怀孕的所谓代孕协议等。

3. 违反性道德行为类型。性道德为善良风俗之基本内容。依公序良俗原则确认这类违反行为无效,对于维系社会起码的道德秩序,至关重要。例如,妓馆之开设、转让合同;为开设妓馆而购买或承租房屋的合同;以继续姘居关系为条件的财产赠与协议等。

4. 射幸行为类型。指以他人的损失而受偶然利益之行为,因有害于一般秩序而应无效。例如,赌博、彩票、巨奖销售等。但经政府依法特许者除外。

5. 违反人权和人格尊重行为类型。人权和人格之尊重,为现代民主法治社会之前提条件。《宪法》第33条规定“国家尊重和保障人权”,《民法典》第109条规定“自然人的人身自由、人格尊严受法律保护”。因此,依公序良俗原则规范违反人权和人格尊重的行为,具有重大意义。例如,过分限制人身自由的劳动契约;以债务人人身为抵押的约款;强制债务人在债主家作奴仆以抵偿债务的约款;企业或商店对雇员或顾客进行搜身检查的条款等。

6. 限制经济自由行为类型。经济自由为市场经济的基本条件,其违反行为当然无效。例如,过度的竞业限制条款,限制职业自由的条款。经济体制改革以来,大量存在的利用经济地位或行政权力分割市场、封锁市场、限制商品和人员流动的规定或协议,亦可归入这一类,依公序良俗违反而认定为无效。

7. 违反公平竞争行为类型。公平竞争为市场秩序的核心,当然应受公序良俗原则的保护。属于这一类的行为有:拍卖或招标中的围标行为;以贿赂方法诱使对方的雇员或代理人与自己订立契约;以使对方违反其对于第三人的契约义务为目的的契约等。

8. 违反消费者保护行为类型。现代市场经济条件下,消费者为经济上的弱者,不能与拥有强大经济力的企业相抗衡,于是各国制定并执行消费者保护法,由国家承担保护消费者的责任。因此,消费者保护成为公序良俗原则适用的重要领域。违反消费者保护的行为,主要是利用欺诈性的交易方法、不当劝诱方法,及虚假和易使人误信的广告、宣传、表示,致消费者遭受重大损害的行为。自改革开放以来,这类行为已达到泛滥程度,如无限连锁推销方式(传销)、交友热线电话等即其典型事例。

9. 违反劳动者保护行为类型。同消费者一样,劳动者也是现代市场经济条件下最易于遭受损害的弱者,因此保护劳动者为现代保护的公序的重要领域。运用公序良俗原则保护劳动者,是各国依公序良俗原则处理的重要类型。例如,劳动关系中以雇员对企业无不利行为作为支付退职金条件的条款;女雇员一经结婚视为自动离职的所谓"单身条款";"工伤概不负责"的约款;雇员须向雇主交纳保证金的约款;要求雇员为顾客对雇主的债务提供担保的约款;男女同工不同酬的差别待遇条款等。

第一百五十四条　双方恶意串通

行为人与相对人恶意串通,损害他人合法权益的民事法律行为无效。

《民法通则》第58条第1款第4项规定,"双方恶意串通,损害国家、集体或者第三人利益的民事法律行为无效"。《合同法》第52条第2项规定,与之相同。本条以《民法通则》和《合同法》的规定为基础,文字稍有改动。

须特别注意,本条规定的"恶意串通行为",容易与《民法典》第146条规定的"虚伪表示"行为发生混淆。因为"虚伪表示"行为,在民法理论上称为“通谋虚伪表示”,而“通谋”就是“双方串通”的意思。实则,传统民法上的“虚伪表示”与中国法上的“双方恶意串通”,是两项根本不同的行为。虚伪表示目的在规避法律规定和既有义务,而双方串通目的在损害国家、集体或者第三人利益;前者双方的意思不真实,是虚假民事法律行为,后者双方的意思真实,是真实的民事法律行为。

双方恶意串通行为,虽然在立法例上罕见其例,但在中国社会生活中却很常见。特别是改革开放以来的国有企业改制、采矿权出让、建设用地出让、公共工程发包等,双方串通压低合同价的实例所在多有,已造成巨额国有资产流失的严重后果。双方串通损害集体或者第三人利益的事例亦不少见。国家虽然拥有强大的公权力,但在面对双方串通损害国家利益的违法行为时,却往往力不从心、软弱无力,致国家利益、国有资产变成被侵吞、瓜分的“唐僧肉”。

本条“损害他人合法权益”一语之所谓“他人”,包括自然人、法人、非法人组织;所谓“他人合法权益”,包括国家利益、社会公共利益。于损害自然人、法人、非法人组织民事权益情形,受害人有权依据本条诉请人民法院确认恶意串通行为无效,并请求损害赔偿;于损害国家利益、社会公共利益情形,本条规定为人民检察院提起公益诉讼、将来开放纳税人公益诉讼,提供法律依据和请求权基础。

第一百五十五条　民事法律行为无效和撤销的效果

无效的或者被撤销的民事法律行为自始没有法律约束力。

本条规定民事法律行为无效或者被撤销的效果。因民事法律行为被撤销而归于无效,即成为无效的民事法律行为,故本条一并规定。条文所谓"自始"一语,应解释为自民事法律行为"成立时"。所谓民事法律行为无效,指民事法律行为因欠缺生效要件,在法律上确定、当然、完全不发生行为人预期之效力。兹将民事法律行为无效的意义分述如下:

1. 此所谓无效,指完全不发生民事法律行为之效力。如订立买卖合同,因符合成立要件,合同已经成立,但因合同内容违反法律禁止性规定而致合同无效。因此不发生买卖合同的效果。但须注意的是,此所谓不发生法律效力,仅指不发生该民事法律行为的效果,并不妨发生该民事法律行为效果之外的其他法律效果。例如,在具备侵权行为构成要件时将发生侵权责任的损害赔偿请求权,或在具备不当得利构成要件时将发生不当得利请求权。此外,如果当事人已为全部或部分履行,则将依《民法典》第157条的规定,发生返还(恢复原状)请求权及赔偿损失责任,自不待言。

2. 此所谓无效,指自始完全不发生民事法律行为之效力。无效的民事法律行为,因不具备生效要件,自该行为成立之时即为无效,即自始不曾发生法律效力。可撤销的(意思表示有瑕疵的)民事法律行为,从成立时起已经具有不完全的效力,因此与无效的民事法律行为自始不具有法律效力不同。但可撤销的民事法律行为一旦被撤销,其曾经具有的不完全的效力归于消灭,即溯及于该民事法律行为成立之时无效,实际上与自始无效的民事法律行为并无区别。

3. 此所谓无效,指当然地完全不发生民事法律行为之效力。无效的民事法律行为,其无效属于当然无效,既不需要当事人主张其无效,也不须经过任何程序。此与民事法律行为的撤销或解除须依当事人的意思并经一定程序,均不相同。须说明的是,无效的民事法律行为系当然无效,不待法院或仲裁机构之裁判,但当事人对于其是否无效有争议时,仍不妨提起无效确认之诉,请求法院或者仲裁机构予以确认。

4. 此所谓无效,指确定的完全不发生民事法律行为之效力。无效的民事法律行为,不仅于其成立时不发生法律效力,此后亦绝无再发生法律效力之可能。即其不生效力,已属确定。此与效力未定的民事法律行为可以经过补正而生效不同。效力未定的民事法律行为,如代理人超越代理权所订合同,如经被代理人追认,即因此变为完全有效。无效的民事法律行为,如以法律禁止流通物为标的物的合同,纵然以后法律修改准予该类标的物流通,该合同也不能变为有效。因此,学说上称无效的民事法律行为犹如死胎,虽有妙手神医亦不能使之复生。这与效力未定的民事法律行为,完全不同。

民事法律行为,依无效原因系存在于行为内容之全部或一部,可分为全部无效与一部无效。全部无效,则该民事法律行为当然全部不生效力,别无问题。如属于一部无效,则应如何处置?《民法典》第 156 条规定,民事法律行为部分无效,不影响其他部分的效力的,其他部分仍然有效。

无效的民事法律行为,以其无效效果的范围为标准,可分为绝对无效与相对无效。绝对无效的民事法律行为,不以当事人为限,任何人均可主张其无效。相对无效的民事法律行为,其无效效果受到限制,仅当事人之一方可主张其无效。无效的民事法律行为,以绝对无效为原则,而以相对无效为例外。例如,违反公序良俗的民事法律行为,本属于绝对无效,近年来各国法院已改变态度,仅承认受不利益一方当事人有权主张其无效。

下面介绍撤销及撤销的效力。须特别注意,"撤销"一词在民法上较为常用,且有不同的含义。例如,法人之撤销、监护人资格之撤销,其意义在于使某种法律资格归于消灭;失踪宣告之撤销、死亡宣告之撤销,其意义在于取消某种决定。这两种撤销,撤销权均归授予法律资格或作出决定的国家机关,其实质属于司法权力或行政权力的活动。

所谓民事法律行为之撤销,与上述撤销的含义不同。约有两种情形:(1)以有效要件欠缺为由,使有瑕疵民事法律行为效力消灭,具有溯及力,如民事法律行为因欺诈、胁迫、重大误解、显失公平而撤销;(2)使已生效的无瑕疵民事法律行为之效力消灭,有无溯及力依各行为而定,如赠与之撤销(《民法典》第 658 条)。《民法典》总则编第 147 条至第 152 条所规定的可撤销民事法律行为之撤销,属于第一种情形。质言之,可撤销民事法律行为之撤销,指撤销权人溯及地消灭有瑕疵民事法律行为效力的权利行使行为。

另须注意,民法分则及民事特别法对若干有瑕疵民事法律行为撤销制度,设有特别的构成要件、行使方式或除斥期间。如《民法典》第85条营利法人权力机构、执行机构决议之撤销;物权编第265条第2款农村集体经济组织、村民委员会或其负责人所作决定因侵害集体成员权益之撤销;物权编第280条第2款业主大会或业主委员会所作决定因侵害业主权益之撤销;合同编第538条、第539条诈害行为之撤销(债权人撤销权)。

可撤销的民事法律行为,区别于完全有效的民事法律行为,在于法律赋予当事人一方以撤销权,该当事人据此可以请求法院撤销该民事法律行为。可撤销的民事法律行为,经撤销后,则归于完全无效。可见,可撤销的民事法律行为,区别于有效的民事法律行为、无效的民事法律行为,既存在变成有效民事法律行为的可能性(撤销权人放弃权利或者撤销权消灭),也存在变成无效民事法律行为的可能性(撤销权人行使权利)。

按照民法原理,撤销权为溯及地使可撤销的民事法律行为归于消灭的权利。撤销权,在性质上属于形成权的一种。撤销的效力,在于溯及地使可撤销民事法律行为归于消灭。《德国民法典》第142条规定:可撤销的法律行为,被撤销者,视为自始无效。《日本民法典》第121条规定:可撤销之行为被撤销者,视为自始无效。《欧洲民法典草案》(DCFR)第2编第7:212条第1款规定:可撤销合同一经撤销,溯及地自始无效。本条规定与之相同。本条所谓"自始没有法律约束力",亦即德、日民法所谓"视为自始无效",《欧洲民法典草案》所谓"溯及地自始无效"。

撤销权的行使，为撤销权人单方行为，无须相对人表示同意。此从撤销权性质上属于形成权，即可明了，各国家和地区民法规定并无不同。但须注意，关于撤销权的行使，德国民法、荷兰民法、日本民法、英美契约法、《欧洲民法典草案》、《国际商事合同通则》(PICC)及中国台湾地区“民法”，均仅要求以意思表示向相对人为之(发意思通知)。但中国民法要求撤销权之行使必须采取诉讼或者仲裁的方式，亦即撤销权的行使必须采取撤销之诉或仲裁申请的方式为之。故撤销权人如果不采取向法院起诉或向仲裁机构申请仲裁的方式行使其撤销权，而直接向相对人发(撤销权行使)通知，将不发生撤销权行使的效力(这种情形如相对人表示同意可发生协议解除的效力)。

按照民法原理，民事法律行为撤销的效力，包括对民事法律行为当事人的效力，及对民事法律行为当事人之外的第三人的效力。《民法典》起草人考虑到民事法律行为被撤销，即等同于无效的民事法律行为，因此将民事法律行为的无效与民事法律行为的撤销合并规定(第 155 条)，并且未规定民事法律行为之撤销对第三人的效力，留下法律漏洞。[19]按照民法原理及立法例，[20]民事法律行为因胁迫被撤销，可以对抗善意第三人；民事法律行为因重大误解、欺诈、显失公平被撤销，不得对抗善意第三人。

此所谓“第三人”，特指在连续(交易)合同(A—B、B—C)关系中，后合同(B—C)关系的受让人 C。[21]在前合同(A—B)关系存在可撤销事由(重大误解、欺诈、显失公平)的情形，如果后合同(B—C)受让人 C 不知道前合同(A—B)存在可撤销事由，即为“善意第三人”;反之,如果 C 知道或者应当知道前合同(A—B)存在可撤销事由,即为“恶意第三人”。法庭于判断该第三人是否属于善意时应当采用“善意推定”的法理规则,自不待言。

所谓“不得对抗善意第三人”的含义,是前合同(A—B)因被撤销而归于无效,但后合同(B—C)的效力不受影响。例如,动产或者不动产买卖合同(A—B)存在可撤销事由,假如 B 将该财产出卖给 C,则 C 为第三人。C 不知道前合同(A—B)存在可撤销事由,即属于善意第三人。这种情形,前买卖合同(A—B)被撤销,无论 A 或者 B 均不得要求从善意第三人 C 取回该动产或者不动产。在 A 或者 B 向法院起诉要求 C 返还该项财产时,C 可主张“善意”抗辩、拒绝返还,法庭经审查认定 C 属于善意时,应驳回原告 A 或者 B 的诉讼请求。反之,如果法庭经审查认定被告 C 属于恶意第三人,则应支持原告 A 或者 B 从恶意第三人 C 取回该项财产的诉讼请求。

请特别注意这里讲的“不得对抗善意第三人”制度与“善意取得制度”的区别。善意取得属于物权法制度(《民法典》物权编第 311 条),其适用对象限于无处分权人处分他人有形财产的案型,如受让人具备善意取得三要件(受让人属于善意、有偿取得、已办理不动产过户登记或者动产交付),则受让人直接依据善意取得制度获得标的物所有权。这里讲的“不得对抗善意第三人”属于债权法制度,其适用对象是连续性交易的两个合同关系中,前一合同因意思表示瑕疵被确认无效或者撤销的案型,前合同被确认无效或者被撤销,如后合同受让人属于善意,则应由该善意受让人(善意第三人)的意思决定后合同有效或者无效。

这里顺便介绍,物权法上的“不得对抗善意第三人”(《民法典》物权编第225条),属于物权对抗效力的特别制度。其适用对象为采登记对抗主义的特别动产发生一物二卖。典型案例是,前合同买受人已经占有该动产却未办理过户登记,而后合同买受人已经办理过户登记却未占有该动产,后合同买受人依据《民法典》物权编第235条请求前合同买受人交付(返还)标的物。此种案型,前合同买受人因占有(交付)而(依据《民法典》第224条)取得的物权(所有权)之是否具有对抗(后合同买受人返还请求权)的效力,取决于后合同买受人之是否属于善意第三人。有两种判决结果:

第一,如后合同买受人属于善意(不知道或者不应当知道前合同关系存在),则前合同买受人因占有(未办理过户登记)取得的所有权,不具有对抗后合同买受人请求其交付(返还)标的物请求权的效力。这种情形,法庭应当驳回前合同买受人(被告)的抗辩和反诉,支持后合同买受人(原告)的请求、判决前合同买受人(被告)将其占有的标的物交付(返还)给后合同买受人(原告)。

第二,如后合同买受人属于恶意(知道或者应当知道前合同关系存在),则前合同买受人因占有(未办理过户登记)取得的所有权,具有对抗后合同买受人请求其交付(返还)标的物请求权的效力。这种情形,法庭应当驳回后合同买受人(原告)的请求,支持前合同买受人(被告)的抗辩和反诉,判决系争标的物所有权归属于前合同买受人(被告)。获得胜诉判决的前合同买受人(被告)可依据此生效判决到登记机构申请涂销后合同买受人的过户登记,自不待言。

第一百五十六条　部分无效

民事法律行为部分无效,不影响其他部分效力的,其他部分仍然有效。

因违法无效的民事法律行为可以分为目的违法和内容违法。如果民事法律行为的目的违法,则整个民事法律行为无效;如果目的合法,只是内容部分违法,则民事法律行为的内容违法的部分无效,不违法的部分可以有效。因此本条规定,民事法律行为部分无效,不影响其他部分效力的,其他部分仍然有效。例如,《民法典》合同编第506条规定,免除造成他人人身伤害责任的免责条款无效,虽然此免责条款无效,合同中的其他条款仍然有效;合同编第497条规定,提供格式合同条款的一方不合理地免除或者限制其责任、加重对方责任、限制对方主要权利或者排除对方主要权利的格式条款无效,而合同其他条款依然有效。此外,需要说明的是,民事法律行为的成立、生效、撤销、解除,绝对不发生部分成立、部分生效、部分撤销、部分解除的问题,请特别注意。

第一百五十七条　恢复原状

民事法律行为无效、被撤销或者确定不发生效力后,行为人因该行为取得的财产,应当予以返还;不能返还或者没有必要返还的,应当折价补偿。有过错的一方应当赔偿对方由此所受到的损失;各方都有过错的,应当各自承担相应的责任。法律另有规定的,依照其规定。

民事法律行为无效、被撤销或者确定不发生效力情形,对于已经履行的部分如何处理?按照民法原理,民事法律行为被确认无效、被撤销或者确定不生效,双方当事人实施民事法律行为所欲实现的目的注定不能实现,尚未履行的不得履行,已经履行的必须恢复原状,即恢复到成立该民事法律行为之前的利益状况。故本条规定:"行为人因该行为取得的财产,应当予以返还;不能返还或者没有必要返还的,应当折价补偿。有过错的一方应当赔偿对方由此所受到的损失;各方都有过错的,应当各自承担相应的责任。法律另有规定的,依照其规定。"条文所谓"因该行为取得的财产,应当予以返还",可称为返还(恢复原状)请求权,即交货方请求退货、付款方请求退款。须注意下面几点:

1. 本条规定属于就事论事之处理办法,不再进一步分析返还请求权的性质(属于债权性不当得利请求权或者物权性取回权),经《合同法》实施以来的长期实践证明,具有简便易行的优点。

2. 民法上所谓"不能返还",包括事实上不能返还和法律上不能返还。其中法律上不能返还,如买卖禁止物等。条文所谓"不能返还或者没有必要返还的,应当折价补偿"中的"不能返还",仅指事实上不能返还,不包括法律上不能返还。事实上不能返还,如有形财产中的消费物和无形财产(知识产权、商业秘密)。

3. 条文"有过错的一方应当赔偿对方由此所受到的损失"一句,所谓"对方由此所受到的损失",仅指"实际的财产损失",不包括"可得利益损失",由对该行为被确认无效、被撤销或者不发生效力有过错的一方赔偿;双方都有过错的,则按照各自过错比例分担损失。

4. 须特别注意,本条不是一个独立的裁判规范,[22]必须与据以认定民事法律行为无效、撤销或者不生效的法律规范(法律条文)一并适用。换言之,法庭或者仲裁庭一旦依据《民法典》相关条文作出确认民事法律行为无效、撤销或者不生效的判决(裁定),如果该民事法律行为(合同)已经履行或者部分履行,无论当事人是否请求返还,均应依职权适用本条判决相互返还财产(价款),不能返还的折价补偿,有损失的按照过错分担。于当事人请求返还时,不得令其变更诉讼请求或者另案起诉。

5. 本条末句"法律另有规定的,依照其规定",现今仅有《民法典》物权编第 311 条关于善意取得制度的规定。但物权编该条的适用范围,仅限于无处分权人处分他人有形财产的案型,此外的民事法律行为无效案型,以及民事法律行为被撤销案型、民事法律行为被确认不生效案型,均无适用物权编第 311 条善意取得制度的可能。

第一百五十八条　附条件

民事法律行为可以附条件,但是根据其性质不得附条件的除外。

附生效条件的民事法律行为，自条件成就时生效。附解除条件的民事法律行为，自条件成就时失效。

依据意思自治原则，民事法律行为系依当事人意思成立并发生当事人所希望的效力。故当事人对民事法律行为效力之发生或消灭加以限制，自无不可。当事人用来限制民事法律行为效力之发生或消灭的条款，称为民事法律行为的“附款”。民事法律行为之附款有二：一为条件；二为期限。本条规定民事法律行为附条件。

用来限制民事法律行为效力之发生或者消灭的“条件”，必须是将来的、是否发生不确定的事实。虽属于将来的事实，而该事实已确定发生者，应作为期限，而不能作为条件。用来决定民事法律行为效力发生的条件，称为停止条件（生效条件）。用来决定民事法律行为效力消灭的条件，称为解除条件。附停止条件（生效条件）的民事法律行为，在条件成就前，该民事法律行为虽已成立，但尚未生效。即其效力处于停止状态，须待条件成就方才生效。如果此条件终不成就，则该民事法律行为将终不生效。附解除条件的民事法律行为，该民事法律行为已经生效，将因条件成就而丧失效力。如果条件终不成就，则该民事法律行为将继续有效。

需特别注意，不可将此所谓附条件民事法律行为混同于所谓“附条件买卖”。所谓“附条件买卖”（conditional sale），并非买卖（民事法律行为）附有条件，而是买卖标的物所有权之移转附有条件，故应准确称之为“保留所有权买卖”（《民法典》合同编第641

条)。“附条件买卖”所附的“条件”仅决定标的物所有权的移转,而不决定民事法律行为(买卖)效力之发生或消灭,因此与附条件民事法律行为不同。

还须注意,民法理论有所谓“非真正条件”,即具有条件的外观而不具有条件之实质的条件:(1)法定条件。即以法律规定的民事法律行为效力发生或消灭的条件,作为民事法律行为所附条件。此种条件出于法律规定,与当事人意思无关。以法定条件作为条件,属于画蛇添足。例如,对于法律规定须经国家机关批准生效的合同,双方约定:本合同在获得国家机关审查批准后生效。此种条件,徒具条件的外形,并不影响民事法律行为的效力。(2)不法条件。即以违反法律强制性规定或公序良俗的事项为内容的条件。不法条件有三种:一是以为违法行为作为条件,如以杀人为赠与之条件;二是条件内容违反公序良俗,如以女雇员之结婚为解除雇用合同的条件,以姘居关系之维持为赠与合同之条件;三是以不为违法行为作为条件。《日本民法典》第132条规定:附不法条件的法律行为无效;以不为不法行为为条件者,亦同。依此规定,则三种不法条件,均应为无效。(3)确定条件。即在民事法律行为成立之时,其事实已经确定发生或确定不发生的条件。条件之本质,要求作为条件的事实为不确定的事实。因此,已确定的事实不能作为条件。附此种条件的民事法律行为,与未附条件同。(4)不能条件。即以民事法律行为成立之时已确定实现的事实之不实现为条件,或以已确定不实现的事实之实现为条件。此与条件应以不确定事实为内容的要求不符,因此其效果与未附条件同。(5)矛盾条件。即因附条件致民事法律行为的内容互相矛盾。矛盾条件,非条件存在矛盾,而是条件与民事法律行为内容矛盾。因附矛盾条件,使民事法律行为效果意思被否定,故无论以矛盾条件为停止条件或者解除条件,均应认定该民事法律行为不成立。

附条件民事法律行为,其效力之是否发生或是否消灭,取决于条件之成就或不成就。所谓条件成就,指作为条件内容的事实已经实现。又因属于积极条件或消极条件而不同。在积极条件,其条件事实已经发生,为条件成就;在消极条件,其条件事实不发生,为条件成就。例如,约定"今年考上大学,则如何如何",到时果真考上大学,为条件成就。如约定"今年考不上大学,则如何如何",届时果真未考上大学,为条件成就。条件成就的效力,在于决定民事法律行为效力之发生或消灭。在停止条件,因条件成就,使民事法律行为发生效力;在解除条件,因条件之成就,使民事法律行为效力消灭。此外,条件成就之效力,应自条件成就之时发生,以不溯及既往为原则。

所谓条件不成就,指作为条件内容的事实确定地不实现。亦因条件之属于积极条件或消极条件而不同。在积极条件,其条件事实不发生,为条件不成就;在消极条件,其条件事实已经发生,为条件不成就。例如,约定"明日下雨则如何如何",届时晴天,为条件不成就。如约定"明日不下雨则如何如何",届时雨天,为条件不成就。条件不成就的效力,在决定民事法律行为效力之不发生或不消灭。在停止条件,因条件之不成就,使民事法律行为确定地不生效;在解除条件,因条件之不成就,使民事法律行为效力确定地不消灭。

民法理论有所谓条件成否未定,指条件之成就与不成就均未确定。因条件之成就或不成就均未确定,使附条件民事法律行为之效力是否发生或是否消灭,处于不确定状态。此种状态下,因条件之成就或不成就而受利益的一方当事人,对于该利益有一种期待可能性,在法律上称为期待权。期待权既属于权利之一种,自应受法律保护。因此,附条件民事法律行为的当事人,于条件成否未定时,不得侵害相对人因条件成就依该民事法律行为所生利益。否则应承担损害赔偿责任。例如,甲、乙约定:如甲考上大学,则乙将自己的汽车赠与甲。而于甲是否考上大学未定之前,乙将该汽车毁损。则甲如考上大学,应有权向乙请求损害赔偿。此外,如因第三人行为损害此期待权,也应成立侵权行为。如该汽车被第三人丙故意毁损,则甲有权向第三人丙请求损害赔偿。

条文第一句"但书"规定,"但是根据其性质不得附条件的除外"。民事法律行为,以许可附条件为原则,以不许附条件为例外。所谓"根据其性质不得附条件的"民事法律行为,称为不许附条件的民事法律行为。此类民事法律行为附有条件的,原则上应全部归于无效,但除去该条件不影响民事法律行为效力的,则可作为未附条件的行为而有效。

不许附条件的民事法律行为,有下述两类:其一,依其性质不许附条件的民事法律行为。某些民事法律行为其性质决定必须即时地、确定地发生效力,不允许处于效力不确定状态,因此不得附条件。例如,票据行为,为保障其流通性,因此不许附条件,否则不发生票据法上的效力(如《票据法》第33条、第48条)。又如,撤销、追认、解除、抵销及选择权的行使等行使形成权之行为,本为使不确定的法律关系变为确定而设,若附条件,则使本不确定的法律关系愈加不确定,不仅违背该类民事法律行为性质,并且使相对人地位不安定,因此不许附条件。其二,附条件违背公序良俗的民事法律行为。主要是身份关系上的行为或与身份密切相关的行为。例如,结婚、离婚、收养、收养关系之解除、继承之承认与抛弃、对非婚生子女的承认与否认等。此类民事法律行为,一经附条件即构成违反公序良俗,因此绝对不许附条件。本条将"附条件违背公序良俗的民事法律行为",视同"根据其性质不得附条件的"民事法律行为,似无不可。

第一百五十九条　条件成就、不成就的拟制

附条件的民事法律行为,当事人为自己的利益不正当地阻止条件成就的,视为条件已成就;不正当地促成条件成就的,视为条件不成就。

条件之成就决定民事法律行为之是否生效或是否失效,事关当事人利益。因条件之成就而受不利益的当事人,如以不正当行为阻碍条件之成就,将损害对方当事人利益且使民事法律行为附条件制度之目的落空。因此民法有拟制条件成就之规定;因条件成就而受利益的当事人,如以不正当行为促其条件之成就,亦将损害对方当事人的利益而使民事法律行为附条件制度之目的落空,因此民法有拟制条件不成就之规定。

本条第一句为拟制条件成就之规定:附条件的民事法律行为,当事人为自己的利益不正当地阻止条件成就的,视为条件已成就。第二句为拟制条件不成就之规定:附条件的民事法律行为,当事人为自己的利益不正当地促成条件成就的,视为条件不成就。

第一百六十条　附期限

民事法律行为可以附期限,但是根据其性质不得附期限的除外。附生效期限的民事法律行为,自期限届至时生效。附终止期限的民事法律行为,自期限届满时失效。

期限为民事法律行为附款之一种,已如前述。期限之作用,在于决定民事法律行为效力之发生或消灭。此与条件同。决定民事法律行为效力之发生者,称为始期(生效期限)。即在期限到来之前,民事法律行为虽然成立但未生效,其效力处于一种未定状态,须待期限到来,该民事法律行为方才生效。决定民事法律行为效力之消灭者,称为终期(终止期限)。即在期限到来之前,民事法律行为效力已经发生,待期限到来时,该民事法律行为效力即归消灭。始期(生效期限)类似于停止条件(生效条件),终期(终止期限)类似于解除条件。

期限是以将来确定事实之到来为内容。此系与条件的区别所在。例如,约定"明日下雨,则如何如何",属于条件;而约定"某月某日,则如何如何",属于期限。条件系以将来不确定的事实为内容,而期限系以将来确定的事实为内容。但期限不一定用时间表示。例如,约定"下雨则如何如何",是为期限,因终有下雨之时,属于确定的事实。又如,约定"某人结婚之日,则如何如何",是为条件,因某人之结婚属于不确定的事实。

须特别注意,此所谓期限,为决定民事法律行为效力发生或消灭之附款,应与民事法律行为的履行期限相区别。履行期限,如买卖合同的交货期限和付款期限、借款合同的还款期限、租赁合同的租金支付期限等,是对当事人基于已生效民事法律行为所负义务之履行所加的限制。因民事法律行为之生效,当事人的权利义务已经发生,只是在履行期限到来之前,当事人所负义务不具有强制履行的效力。但一旦履行期限到来,该义务即具有强制执行的效力,义务人如不履行,权利人有权请求人民法院或者仲裁机构强制其履行或强制其承担赔偿责任。切不可与作为民事法律行为附款的期限相混淆。

如前所述,期限以其作用在决定效力之发生或消灭为标准,分为始期与终期,本条称为"生效期限"与"终止期限"。期限又以作为内容的事实发生之时是否确定为标准,分为确定期限与不确定期限。发生之时确定者,属于确定期限。例如,约定"某月某日则如何如何",属于确定期限;而约定"某人死亡之日,则如何如何",人必有死,属于确定发生的事实,但发生之时不确定,故属于不确定期限。

期限的效力,在于期限到来时,民事法律行为的效力当然发生或当然消灭。所谓期限到来,指作为期限内容的事实业已发生。

期限为客观上必定发生的事实,因此期限只有到来,而无不到来。此与条件之有成就与不成就,显然不同。须注意,始期(生效期限)之到来,又称“届至”,终期(终止期限)之到来,又称“届满”。期限到来的效力,在决定附期限民事法律行为效力之发生或消灭。即本条第二句规定,“附生效期限的民事法律行为,自期限届至时生效。附终止期限的民事法律行为,自期限届满时失效”。

附期限民事法律行为,于期限到来之前,其当事人虽然未实际取得权利(始期)或回复权利(终期),但存在取得权利或回复权利的可能性,学说上称为期待权。此与条件成就或不成就之前当事人之期待权相同。因期限只有到来而无不到来,故附期限民事法律行为当事人之期待权比较附条件民事法律行为当事人的期待权,更为确实、可靠,更有予以保护的必要。因此,此期待权受侵害时,应使侵害人承担损害赔偿责任。

唯须注意,此种情形,基于期待权受侵害的损害赔偿请求权,常与基于债务不履行的违约责任请求权或者基于物权的请求权发生竞合。而当事人往往主张违约责任请求权或者物权请求权,却较少依据期待权受侵害提出请求。此外,期待权亦可成为侵权行为之对象,如附期限民事法律行为当事人之外的第三人,有故意损害当事人因期限到来所应得利益之行为,即应对所生损害负侵权赔偿责任。

本条第一句“但书”规定,“根据其性质不得附期限的除外”。按照民法原理,民事法律行为以许附期限为原则,以不许附期限为例外。条文所谓“根据其性质不得附期限的”民事法律行为,如身份上行为如结婚、离婚、收养及非婚生子女之认领等,债权关系上的形成权行使行为如撤销、抵销、追认等。上述行为,属于既不许附条件也不许附期限的行为。但应注意,不许附条件的民事法律行为,未必不许附期限,如票据行为不许附条件,但可以附期限。

注　释

1 参见[日]北川善太郎:《民法总则》,有斐阁1993年版,第105页。

2 参见[日]北川善太郎:《民法总则》,有斐阁1993年版,第105页。

3 参见王泽鉴:《民法总则》,台北,2000年自版,第194页。

4 参见[德]迪特尔·梅迪库斯:《德国民法总论》,邵建东译,法律出版社2000年版,第167页;[德]卡尔·拉伦茨:《德国民法通论》(下),王晓晔等译,法律出版社2003年版,第433页。

5 对话人间之意思表示,其效力何时发生?德国、日本民法皆无明文,因此学者间颇多议论,通说认为应与非对话人间之意思表示同采到达主义。即意思表示已置于客观上可能了解之状态,即发生效力。但中国台湾地区“民法”明文规定,以相对人了解时发生效力。

6 参见王泽鉴:《民法总则》,台北,2000年自版,第233~234页。

7 非对话的意思表示,其效力于何时发生,因意思表示属于要约或承诺而有不同。各国民法关于要约的生效,均规定为自要约到达受要约人时生效。关于承诺的生效,各国立法例有发信主义与到达主义之别。《民法典》合同编第474条关于要约的生效时间和第484条关于承诺的生效时间,均规定适用本条(第137条)的规定,可见对于要约和承诺不加区分一律实行“到达主义”。

8 参见[日]北川善太郎:《民法总则》,有斐阁1993年版,第105页。

9 这些民法典未明文规定民事法律行为有效要件,推测其立法者意思,是有意留予民法理论阐释,而各国权威教科书均有关于民事法律行为有效要件的论述。例如,德国的温德夏德所著《潘德克顿法学教科书》第1卷第85小节专门论述法律行为有效要件;日本的四宫和夫、能见善久所著《民法总则》(第8版,弘文堂2010年版)第四章私权变动的第三节专门论述法律行为有效要件。

10 《法国民法典》第1108条:"下列四条件为契约有效成立的必要条件:(1)负担债务当事人的同意;(2)订立契约的能力;(3)构成约束客体的确定标的;(4)债的合法原因。"《意大利民法典》第1325条:"契约的要件包括:(1)当事人的合意(参阅第1326条);(2)原因(参阅第1234条、第1343条);(3)标的(参阅第1346条);(4)法律规定必须采取的、否则无效的形式(参阅第1350条)。"《乌克兰民法典》第194条[法律行为的一般生效要件]:"(1)法律行为的合意不能违反法律、行政法规的当事人必须遵守的强制性规定以及社会的道德原则。(2)当事人应具有相应的民事能力。(3)当事人的意思表示自由,并与其内心意思一致。(4)法律行为应以符合法律规定的形式订立。(5)法律行为的当事人应追求民事法律行为本身的法律后果。(6)未成年人的父母或养父母(代理)订立的合同不能违背未成年人的利益。"

11 此项法律漏洞,属于"隐藏的漏洞"。拉伦茨:"就此类事件,法律虽含有得以适用的规则,唯该规则——在评价上并未虑及此类事件的特质,依其意义及目的而言——对此类事件并不适宜,于此即有隐藏的漏洞存在。"[德]卡尔·拉伦茨:《法学方法论》,陈爱娥译,商务印书馆2003年版,第254页。

12 此属于"开放的漏洞"。拉伦茨:"就特定类型事件,法律欠缺——依其目的本应包含之——适用规则时，即有开放的漏洞存在。”[德]卡尔·拉伦茨：《法学方法论》，陈爱娥译，商务印书馆2003年版，第254页。

13 中国台湾地区“民法”第87条第1款：“表意人与相对人通谋而为虚伪意思表示者，其意思表示无效。但不得以其无效对抗善意第三人。”《日本民法典》第94条[虚伪表示]：“(1)与相对人通谋而进行虚伪意思表示者，其意思表示为无效。(2)前款意思表示的无效，不得以之对抗善意第三人。”《韩国民法典》第108条[通谋的虚伪意思表示]：“(1)与相对人通谋而作出的虚伪意思表示无效。(2)前项的意思表示无效，不得对抗善意第三人。”请注意，前文已经提到，我国最高人民法院在(2014)民提字第71号案民事判决，曾引用民法关于虚伪表示无效不得对抗善意第三人的法理作为裁判依据。

14 例如，广州市中级人民法院(2006)穗中法民二初字第106号民事判决书：王某某误认为，如果签订债权转让协议，则可以立即取保候审，并免于被追究刑事责任，属于对缔约动机的错误认识，不属于《民通意见》第71条规定的重大误解。对缔约动机的错误认识，并不为相对方所知，亦无公示、披露方式，为保护善意相对方的利益，对于基于动机错误的意思表示，不允许误解方诉请撤销。

15 例如，拟出售房屋本非所谓“学区房”，而居间人(房屋中介)告诉买受人是“学区房”，即属于第三方欺诈。如当时出卖人在场(或者买受人另向出卖人求证)而出卖人未作否认表示，则属于出卖人知道(应当知道)该欺诈行为，依据本条受欺诈一方(买受人)有权请求撤销该房屋买卖合同；反之，如在居间人为欺诈行为时出卖人并不在场，买受人也未向出卖人求证(该房屋是否为“学区房”)，应属于出卖人不知道

(不应当知道)该欺诈行为,则依据本条受欺诈一方(买受人)无权请求撤销买卖合同。

16 从网上搜索到(至2015年)原告依据关于乘人之危的规定起诉的案件274件,获得法庭支持的仅1件。

17 从网上搜索到(《合同法》实施至2015年)原告依据《合同法》第54条关于可撤销合同的规定起诉的案件7688件,其中原告主张变更的仅478件;原告主张变更的478件中,法庭支持变更的仅91件。有13个省市自治区的法院从未作出过支持变更的判决。

18 本条第1款所参考的相关规定包括《德国民法典》第134条:"违反法律禁止性规定的民事法律行为无效,但法律另有规定的除外。"中国台湾地区"民法"第71条:"民事法律行为,违反强制或禁止之规定者,无效。但其规定并不以之为无效者,不在此限。"

19 此亦属于开放的漏洞。参见[德]卡尔·拉伦茨:《法学方法论》,陈爱娥译,商务印书馆2003年版,第254页。

20 我国台湾地区"民法"第92条:"被诈欺而为之意思表示,其撤销不得以之对抗善意第三人。"《日本民法典》第96条:"(3)欺诈之撤销,不得对抗善意第三人。"

21 民法所谓"第三人",指合同关系双方当事人之外的、与合同关系一方当事人有某种法律关系的特定人。如《民法典》第522条、第523条、第593条中的第三人,但这些条文中的第三人无须区分"善意"或者"恶意"。民法需要区分"善意"或者"恶意"的第三人有两种:一是合同法上的第三人,即连续交易关系的后一买卖合同的受让人(后一抵押合同的抵押权人);二是物权法上的第三人,即一物二卖关系中后一买卖合同的受让人。

22 本条仅规定民事法律行为无效、被撤销或者确定不生效(如当事人已经履行、部分履行)的法律效果,属于不完全法条,须与规定民事法律行为无效、撤销及确定不生效的法条结合才能构成完全法条。关于不完全法条,参见[德]卡尔·拉伦茨:《法学方法论》,陈爱娥译,商务印书馆2003年版,第137~138页。

代　理

法律上所称代理，是指一人代另一人为法律行为，其所产生的法律效果直接归属于所代的另一人。

第一百六十一条　代理的原则

民事主体可以通过代理人实施民事法律行为。

依照法律规定、当事人约定或者民事法律行为的性质，应当由本人亲自实施的民事法律行为，不得代理。

本条第1款规定民事主体（自然人、法人或者非法人组织）可以通过代理人实施民事法律行为。此所谓民事法律行为，既包括双方民事法律行为，也包括单方民事法律行为和多方民事法律行为。

特别要注意的是，与民事法律行为密切相关的准民事法律行为、事实行为和程序行为，亦可（类推）适用代理。具体言之，包括：

(1)与合同密切相关的准民事法律行为,如要约邀请、要约撤回、承诺撤回、承诺迟到通知、合同履行的催告等;(2)与合同密切相关的事实行为,如样品买卖合同订立时样品的交付、受领与封存,实践合同中的标的物的交付、检验、受领等行为;(3)与合同密切相关的程序行为,如办理合同审批、合同公证、不动产物权登记等行为。

本条第2款规定不得适用代理的民事法律行为:(1)依照法律规定或者民事法律行为性质决定,应当由自然人亲自实施的民事法律行为,不允许他人代理。此类行为,包括但不限于人身性质较强的身份行为,如结婚、离婚、收养、遗嘱、遗赠扶养协议等行为。(2)按照双方当事人约定,应当由当事人亲自实施的民事法律行为。立法者本来允许这类行为由他人代理实施,但民事法律行为的当事人根据私法自治原则排斥了这类行为代理之可能。

在市场经济条件下,代理行为的范围与私法自治的范围一样,有逐渐扩张之趋势。代理立法也应顺应这一时代潮流,允许民事主体广泛地运用代理制度实施民事法律行为。但为实现法律政策的目标,确保民事主体的具体行为合乎社会公共利益,确保民事主体之间的个体利益相互协调,有必要适度限制代理范围。鉴于此,本条第2款规定:依照法律规定、当事人约定或者民事法律行为的性质,应当由本人亲自实施的民事法律行为,不得代理。

第一百六十二条　直接代理

代理人在代理权限内,以被代理人名义实施的民事法律行为,对被代理人发生效力。

民法代理概念,可分为直接代理与间接代理。所谓直接代理,指代理人以被代理人(本人)名义实施民事法律行为,其法律后果直接归属于被代理人(本人)之代理,即狭义代理。所谓间接代理,指代理人以自己名义为民事法律行为,其法律效果间接地归属于被代理人(本人)之代理。广义代理,既包括直接代理,也包括间接代理;狭义代理,仅指直接代理。

各国家和地区民法关于代理的规定颇不一致。大陆法系民法,如德国、日本、中国台湾地区等,采狭义概念,所称代理,仅指直接代理,而不包括间接代理。英美法系,如英国、美国、澳大利亚等,系采广义概念,其所称代理,不仅包括直接代理,而且包括间接代理。值得注意的是,《欧洲合同法通则》(PECL)集合两大法系之长,对直接代理与间接代理分别设专节规定(第 3:201 条至第 3:304 条),《国际商事合同通则》不区分直接代理与间接代理而统一适用有关代理之规定,仅就显名代理与隐名代理作出区分(第 2.2.1 条、第 2.2.3 条、第 2.2.4 条)。

《民法通则》第 63 条第 1 款、第 2 款规定:“公民、法人可以通过代理人实施民事法律行为。代理人在代理权限内,以被代理人名义实施民事法律行为。被代理人对代理人的代理行为,承担民事责任。”依对条文的解释,必须是代理人以被代理人名义实施的民事法律行为,方才称为代理;反之,代理人以自己名义实施的民事法律行为,不得称为代理。可知《民法通则》所称代理,仅指直接代理,系采狭义代理概念。但1999年通过的《合同法》,在第二十一章委托合同中专设第402条、第403条,规定间接代理。表明中国代理制度,已突破大陆法系民法狭义代理概念,采用了包括直接代理和间接代理的广义代理概念。

制定《民法典》总则编,应如何对待《合同法》上的间接代理?有两个方案。第一个方案,将《民法通则》的直接代理,与《合同法》上的间接代理加以整合,制定符合现代化市场经济,特别是发展国际经济贸易的要求,并与国际公约和惯例接轨的代理法。即在代理这一章第一节一般规定中,规定广义代理概念;第二节规定直接代理;第三节规定间接代理。第二个方案,《民法典》总则编仅规定直接代理,作为中国代理法的一般规则,而将间接代理保留在合同编,作为特别规则。立法机关最终采纳第二方案,《民法典》总则编第七章代理,仍然规定直接代理,而将间接代理保留在合同编(第925条、第926条)。

按照本条规定,代理人在代理权限内为被代理人实施民事法律行为,对被代理人发生效力。此所谓"对被代理人发生效力",应当理解为,代理行为创设、变更、终止民事法律关系的效果,包括权利、义务和责任,全部归属于被代理人。亦即代理行为所产生的权利归被代理人享有,义务由被代理人负担,民事责任由被代理人承担。代理行为的法律效果归属于被代理人,是依据法律规定自动发生的,无须被代理人明示或者默示地对代理人或者第三人表示愿意承受代理人代其创设的民事权利义务关系。且代理人自身不对第三人负有任何义务,自不待言。

按照本条规定,代理行为发生效力须有两项条件:(1)代理人在代理权限内代为或者代受意思表示。行为人缺乏或者超越代理权限而代他人作出或者接受的意思表示,除具备表见代理(《民法典》第172条)的要件外,属狭义的无权代理(《民法典》第171条),须经被代理人追认才对被代理人产生拘束力。(2)代理人为被代理人而与第三人实施民事法律行为。所谓"为被代理人",既包括"以被代理人名义"而实施代理行为的情形,即显名代理;也包括按照情况可以断定系以被代理人的名义而实施代理行为的情形,即隐名代理。

所谓间接代理,是指代理人在代理权限内以自己的名义实施民事法律行为。依解释,间接代理的构成条件是:(1)须代理人拥有被代理人授予的代理权;(2)须代理人在被代理人授予的代理权限内实施民事法律行为;(3)须代理人以自己的名义(不是以被代理人的名义)实施民事法律行为。前两项条件,直接代理和间接代理均须具备,二者的区别仅在第三项条件:以被代理人的名义,属于直接代理;以自己的名义,属于间接代理。

间接代理的法律效果分为两种情形:(1)第三人知道代理人与被代理人之间存在代理关系的,该民事法律行为直接约束被代理人和第三人,即该代理行为的法律效果归属于被代理人,此与直接代理相同。(2)即使第三人知道代理人与被代理人之间存在代理关系,如果有证据证明该民事法律行为只约束代理人和第三人,则该代理行为的法律效果应归属于代理人(而不是被代理人)。第一项约束被代理人和第三人(归属于被代理人)是为原则,第二项只约束代理人与第三人(归属于代理人)是为例外。证明该行为只约束代理人和第三人的“确切证据”,应当由被代理人或者第三人负担举证责任。

在第三人不知代理人与被代理人之间代理关系存在,及虽然知道此代理关系存在而有确切证据证明代理行为只约束代理人和第三人情形,代理行为的法律效果应当归属于代理人,再依代理人与被代理人之间的其他关系,间接归属于被代理人,自不待言。此外,《民法典》合同编关于间接代理有关于代理人的披露义务(第926条第1款)、被代理人的介入权(第925条)、第三人选择权(第926条第2款)及被代理人与第三人相互主张抗辩权(第926条第3款)等的规定。

第一百六十三条　分类

代理包括委托代理和法定代理。

委托代理人按照被代理人的委托行使代理权。法定代理人依照法律的规定行使代理权。

民法理论上以代理权之发生原因不同,分为委托代理(意定代理)与法定代理。代理权因法律规定当然发生者,为法定代理。代理权因本人授权行为而发生者,为意定代理,本条沿用《民法通则》概念,称为委托代理。

代理除分为委托代理与法定代理外,还有别的分类:(1)直接代理与间接代理。大陆法系民法上所称代理为直接代理。与之相对的是系英美法上的间接代理。直接代理与间接代理的区分,是以何人的名义实施代理行为作为标准。所谓间接代理,是指代理人以自己的名义,为本人之计算(损益归于本人),而为民事法律行为,其法律效果首先对间接代理人发生,然后依间接代理人与本人之内部关系,而移转于本人之制度。本条规定的代理,为直接代理;《民法典》第925条、第926条规定的代理,为间接代理。(2)代理可以代理人系代为意思表示,或仅代受意思表示为标准,分为积极代理与消极代理。代为意思表示之代理,为积极代理,又称主动代理。仅代受意思表示之代理,为消极代理,又称被动代理。(3)代理可以代理权是否被限定为标准,分为概括代理与限定代理。代理权范围无特别限定之代理,称概括代理,又称一般代理。代理权范围有特别限定之代理,为限定代理,又称特别代理。代理权范围未作限定时,应认定为概括代理。委托代理可以是概括代理或限定代理,法定代理原则上不存在限定代理问题,仅在个别情形,法院或其他有权机关在指定代理人时可能特别限定代理权范围。

需特别注意,民法所规定的代理,属于实体法上的代理,与诉讼法上的代理,是两种不同的制度。其主要区别如下:(1)代理的内容不同,在民法上的代理,代理人代本人为民事法律行为,所代行的是民事权利,属私权;在诉讼法上的代理,代理人代委托人为民事诉讼、刑事诉讼或行政诉讼行为,所代行的是诉讼权利,属公权。(2)代理关系不同,在民法上的代理,为三方面的民事法律关系,三方当事人是本人、代理人、相对人,并不涉及国家机关;在诉讼法上的代理,为四方面的民事诉讼关系,涉及原告、被告、代理人及法院。其中法院为审判机关,它与原告、被告、代理人非平等的关系。(3)对代理人所要求的资格不同,在民法上的代理,代理人仅须有民事权利能力和民事行为能力;在诉讼法上的代理,代理人须有诉讼行为能力,且诉讼法为维护诉讼秩序、保护当事人利益,对诉讼代理人往往设有特别资格限制。[1](4)法人可以担任民法上的代理人,但不可以担任诉讼法上的代理人。

第一百六十四条　代理人责任

代理人不履行或者不完全履行职责,造成被代理人损害的,应当承担民事责任。

代理人和相对人恶意串通,损害被代理人合法权益的,代理人和相对人应当承担连带责任。

本条第1款规定:"代理人不履行或者不完全履行职责,造成被代理人损害的,应当承担民事责任。"因代理人与被代理人之间的法律关系为委托合同关系,代理人"不履行或者不完全履行"其作为代理人的"职责",构成委托合同关系上的违约行为。故本款规定代理人应当承担的民事责任,性质上属于违约责任。

需注意的是,本条第1款关于代理人责任的规定,与《民法典》合同编第929条关于受托人责任规定之间的逻辑关系,第929条规定为"一般规则",本条第1款规定为"特别规则"。按照特别法优先适用原则,代理人不履行或者不完全履行职责致被代理人受损害的案件,应当适用本条第 1 款的规定,不适用合同编第 929 条的规定。还须注意,合同编第 929 条规定受托人的违约责任,属于过错责任;本条第 1 款规定代理人的违约责任属于严格责任(无过错责任)。

本条第 2 款规定:“代理人和相对人恶意串通,损害被代理人合法权益的,代理人和相对人应当承担连带责任。”代理人和相对人恶意串通,损害被代理人合法权益,构成《民法典》侵权责任编第 1168 条所规定的“(主观)共同侵权行为”,理当由代理人与相对人对被代理人承担连带侵权责任。侵权责任编第 1168 条关于(主观)共同侵权责任的规定属于“一般规则”,本条第 2 款规定为“特别规则”。按照特别法优先适用原则,关于代理人与相对人“恶意串通”侵害被代理人合法权益的侵权责任案件,应当适用本条第 2 款规定,不适用侵权责任编第 1168 条的规定。须特别注意,本条第 2 款仅规定代理人与相对人恶意串通损害被代理人(本人)合法权益的侵权责任,未规定代理人与相对人恶意串通所实施民事法律行为是否具有法律效力。按照解释,代理人与相对人恶意串通损害被代理人(本人)合法权益的行为,属于《民法典》第 154 条规定的“行为人与相对人恶意串通,损害他人合法权益的”无效民事法律行为。受损害的被代理人可请求法院或者仲裁机构确认其无效,自不待言。

第一百六十五条　委托书

委托代理授权采用书面形式的,授权委托书应当载明代理人的姓名或者名称、代理事项、权限和期限,并由被代理人签名或者盖章。

代理人与被代理人之间为委托合同关系。按照《民法典》合同编第919条的规定,委托合同是委托人和受托人约定,由受托人处理委托人事务的合同。受托人处理的“事务”(理论上称为“委托事务”),可以是事实行为,也可以是民事法律行为。当委托事务属于民事法律行为时,委托人须授予受托人代理权。代理权之授予行为,称为“授权行为”。此授权行为,可以采用书面形式,也可以采用口头形式。本条规定采用书面形式的授权委托书所必须具备的内容。

按照本条规定,代理授权委托书的内容,除代理人(受托人)与被代理人(委托人)外,最重要的内容是“代理事项”、“权限”和“期限”三项。“代理事项”(委托事项)应当具体明确。代理事项不具体明确的,代理人和相对人应当要求被代理人予以补充,使其具体明确。“权限”,指“代理权范围”。委托书对代理权范围无特别限定,为概括代理(概括授权);对代理权范围作特别限定,为限定代理(限定授权)。如委托书对代理权范围既未作限定、亦未明示概括代理(概括授权),则应当认定为概括代理(概括授权)。“期限”,为代理权有效期间。委托书载明“代理权有效期间”(如代理权有效期至某年某月某日截止)的,该期间届满,无论委托事务是否完成,代理权均归于无效。“代理权有效期间”届满后,代理人仍然实施代理行为的,构成“无权代理”。委托书未载明“代理权有效期间”的，应当解释为“代理权有效期间”至“代理事项”（委托事务）完成时截止。

第一百六十六条　数代理人之代理

数人为同一代理事项的代理人的，应当共同行使代理权，但是当事人另有约定的除外。

被代理人授权数个代理人处理同一代理事项时，以代理权行使之方式为标准，可分为单独代理与共同代理。各代理人得单独行使代理权者，为单独代理；其代理权之行使由数个代理人共同为之者，为共同代理。本条规定：“数人为同一代理事项的代理人的，应当共同行使代理权，但是当事人另有约定的除外。”按照本条规定，委托数代理人处理同一代理事项（委托事项），如果委托书未明示“各代理人得单独行使代理权”（单独代理）的，应当视为各代理人“共同行使代理权”。换言之，委托数代理人处理同一代理事项，以共同代理（共同行使代理权）为原则；以单独代理（单独行使代理权）为例外。

第一百六十七条　代理行为违法

代理人知道或者应当知道代理事项违法仍然实施代理行为，或者被代理人知道或者应当知道代理人的代理行为违法未作反对表示的，被代理人和代理人应当承担连带责任。

《民法典》第8条规定公序良俗原则,要求民事主体从事民事活动,不得违反法律、不得违背公序良俗。无论民事主体自己实施或者经由代理人实施的民事法律行为,违反法律强制性规定或者违背公序良俗,依据《民法典》第153条的规定,应属于无效民事法律行为。条文"代理事项违法""代理行为违法"之所谓"违法",指违反(导致民事法律行为无效的)强制性规定(第153条第1款),及违背公序良俗(第153条第2款)。

按照本条立法目的,代理人如知道"代理事项违法",应当拒绝按照"代理事项"实施民事法律行为;被代理人知道代理人的"代理行为违法",应当明确表示反对、制止该代理行为。如果代理人知道或者应当知道代理事项违法仍然实施代理行为,或者被代理人知道或者应当知道代理人的代理行为违法未作反对表示,则"被代理人和代理人应当承担连带责任"。条文所谓"承担连带责任",是指代理人所实施的民事法律行为依据《民法典》第153条被确认无效之后,《民法典》第157条所规定的"返还财产"、"折价补偿"及"赔偿对方由此受到的损失",由代理人与被代理人承担连带责任。

第一百六十八条　禁止自己代理、双方代理

代理人不得以被代理人的名义与自己实施民事法律行为,但是被代理人同意或者追认的除外。

代理人不得以被代理人的名义与自己同时代理的其他人实施民事法律行为,但是被代理的双方同意或者追认的除外。

所谓自己代理，指代理人以被代理人的名义与自己实施民事法律行为。所谓双方代理，指代理人同时以双方当事人的代理人名义实施民事法律行为。按照代理制度，代理人在实施代理行为时，应当追求被代理人的最大利益，不得追求自己的利益。但在自己代理的情形，代理人处在自己的利益与被代理人利益的冲突之中。这种情形，按照一般社会生活经验，代理人往往会追求自己的利益，损害被代理人的利益。在双方代理情形，代理人一身而同时担任双方当事人的代理人，处在双方当事人的利益冲突之中。这种情形，按照一般社会生活经验，代理人往往会追求一方的利益而损害另一方的利益。因此，本条第 1 款规定禁止自己代理，第 2 款规定禁止双方代理。

鉴于法律禁止自己代理和禁止双方代理的立法目的在避免因利益冲突而损害被代理人利益，则在纯使被代理人获得利益的情形，因不存在利益冲突，也就没有必要予以禁止。因此本条在规定禁止自己代理（第 1 款）、禁止双方代理（第 2 款）的同时，设"但书"规定但是被代理人/被代理的双方同意或者追认的除外：第 1 款第一句规定禁止自己代理，为"原则规定"，第二句"但书"规定为"例外规定"；第 2 款第一句规定禁止双方代理，为"原则规定"，第二句"但书"规定为"例外规定"。

请特别注意，两款"但书"规定，应当如何理解和掌握？例如，父亲赠与自己未成年子女财产，父亲自己是赠与人，同时又是受赠人的代理人。如果死抠本条第 1 款"但书"规定，须被代理人同意或者追认，此赠与方能有效。但被代理人为无民事行为能力的未成年人,既不能事前“同意”,也不能事后“追认”。又如,甲赠与财产给未成年人乙而委托乙父丙为其代理人,丙既是赠与人甲的委托代理人又是受赠人乙的法定代理人,虽构成双方代理,但不存在利益冲突。如果严格按照本条第2款“但书”规定,须被代理之双方当事人同意或者追认,此项赠与方能有效。但受赠人为无民事行为能力之未成年人,既不能事前同意,也不能事后追认。仅赠与人一方的同意或者追认,也难于符合“但书”规定之要求。鉴于此,解释本条两款“但书”规定,不能死抠条文所使用之词句,应当兼采文义解释和目的解释方法进行解释,即在被代理人为具有完全民事行为能力人的情形,应当按照条文所使用词句之文义解释,经“被代理人同意或者追认”的,其代理行为作为禁止规定之“例外”而认定为有效;在被代理人为无民事行为能力人的情形,不应严格按照“但书”规定所使用词句,应当解释为:只要代理行为双方当事人之间不存在利益冲突、属于纯使被代理人获得利益的,即作为禁止规定之“例外”而认定为有效。

第一百六十九条　复代理

代理人需要转委托第三人代理的,应当取得被代理人的同意或者追认。

转委托代理经被代理人同意或者追认的,被代理人可以就代理事务直接指示转委托的第三人,代理人仅就第三人的选任以及对第三人的指示承担责任。

转委托代理未经被代理人同意或者追认的，代理人应当对转委托的第三人的行为承担责任；但是，在紧急情况下代理人为了维护被代理人的利益需要转委托第三人代理的除外。

所谓复代理，又称转委托（代理），指代理人为处理其代理权限内的全部或者部分事务，而以代理人自己的名义为被代理人选任代理人的行为。所选任的代理人为复代理人。与复代理相对的，是本代理或者原代理，即由被代理人选任代理人或者依据法律规定而成立的代理。

成立复代理的条件如下：(1)存在本代理。没有本代理，复代理无从产生。(2)复代理人由代理人以自己名义选任。(3)复代理人是被代理人的代理人，而非代理人的代理人。(4)复代理人的代理权限可以等于或者小于原代理权，而不得大于原代理权。(5)复代理权的产生并不意味着原代理权的转移或者消灭，原代理权依然有效存续。

关于是否承认复代理，各国家和地区有不同的立场。《日本民法典》、《法国民法典》、《欧洲合同法通则》和我国《澳门民法典》等，均承认并规定了复代理。《德国民法典》、《瑞士债务法》、我国台湾地区“民法”等，不仅未规定复代理，而且在关于委托合同的规定中，禁止转委托（禁止复代理）。《民法通则》采取承认复代理的立场，第 68 条规定：“委托代理人为被代理人的利益需要转托他人代理的，应当事先取得被代理人的同意。事先没有取得被代理人同意的，应当在事后及时告诉被代理人，如被代理人不同意，由代理人对自己所转托的人的行为负民事责任,但在紧急情况下,为了保护被代理人的利益而转托他人代理的除外。”《民法通则》实施以来的实践证明,复代理制度有助于在代理人无法或者很难办理代理事务的情形,最大限度地维护被代理人利益,加速市场交易。《民法典》总则编起草人以《民法通则》第 68 条的规定为基础,并参考其他立法例的经验,制定本条。

本条第 1 款规定:“代理人需要转委托第三人代理的,应当取得被代理人的同意或者追认。”本款规定选任复代理人的原则:须经被代理人“同意或者追认”。

本条第 2 款规定:“转委托代理经被代理人同意或者追认的,被代理人可以就代理事务直接指示转委托的第三人,代理人仅就第三人的选任以及对第三人的指示承担责任。”第 2 款承接第 1 款规定,经被代理人同意或者追认的,复代理人理当接受被代理人的“指示”。第 2 款的重点在于对原代理人责任的限制:原代理人仅就自己对于复代理人的选任(不当)以及指示(不当)给被代理人造成的损失承担责任。显而易见,这种情形原代理人承担的责任较轻。

本条第 3 款规定:“转委托代理未经被代理人同意或者追认的,代理人应当对转委托的第三人的行为承担责任;但是,在紧急情况下代理人为了维护被代理人的利益需要转委托第三人代理的除外。”按照本款规定,转委托未经被代理人同意或者追认,代理人应当对复代理人的行为给被代理人造成的损失承担责任。条文所谓“对转委托的第三人的行为承担责任”,指复代理人不履行或者不完全履行代理职责的行为给被代理人造成的损失，由原代理人与复代理人承担连带责任。这种情形，原代理人承担的责任较重。

须注意，本条第 3 款“但书”规定，“紧急情况下代理人为了维护被代理人的利益需要转委托第三人代理的除外”。按照与第 2 款之间的逻辑关系，此“紧急情况下”的转委托不能取得被代理人的同意或者追认，系出于“为了维护被代理人的利益需要”不得已而为之，故原代理人不应当承担第 3 款规定的较重的责任，而应当作为第 3 款规定之例外，比照第 2 款的规定，原代理人“仅就自己对于复代理人的选任（不当）以及指示（不当）给被代理人造成的损失承担责任”。

第一百七十条　职务代理权

执行法人或者非法人组织工作任务的人员，就其职权范围内的事项，以法人或者非法人组织的名义实施民事法律行为，对法人或者非法人组织发生效力。

法人或者非法人组织对执行其工作任务的人员职权范围的限制，不得对抗善意相对人。

按照民法原理，委托代理的基础关系可以是委托合同关系，也可以是法人、非法人组织的内部组织关系或者劳务合同关系。基于委托合同关系的代理，代理人与被代理人是两个平等的民事主体，鉴于委托事务须实施民事法律行为，故被代理人（委托人）须授

予受托人(代理人)代理权。代理权之授予,性质上属于单方行为,其书面形式为“授权委托书”(《民法典》第165条)。基于法人、非法人组织之内部组织关系和劳务合同关系之代理,依通常习惯,代理权之授予,并不采取签发授权委托书的形式,而是与特定职务结合在一起:担任该特定职务即在其职权范围内拥有代理权。例如,法人、非法人组织之总经理、项目经理、部门经理、推销员、售货员等,拥有以法人、非法人组织名义,就其职权(职务)范围内的事项,与其他民事主体实施民事法律行为的代理权。此即职务代理权。

需注意的是,条文“执行法人或者非法人组织工作任务的人员”一语,文义过于宽泛,应当限于承担与其他民事主体实施民事法律行为(签订合同)职务的人员。担任内部管理事务、技术工作的人员,并无此种职务代理权。本条第1款所谓“职权范围”一词,是指在内部组织关系、劳务合同关系中各种特定职务(工作任务、岗位)通常的“职权范围”。

本条第2款规定:“法人或者非法人组织对执行其工作任务的人员职权范围的限制,不得对抗善意相对人。”所谓对“职权范围的限制”,是指法人或者非法人组织内部对该通常的“职权范围”所加的特别限制。例如,公司总经理通常的“职权范围”是以公司名义实施民事法律行为(签订合同),该公司内部规定总经理不得签订担保合同,即是对总经理“职权范围”的限制,假如该总经理超越此内部限制为其他公司向银行借款担任保证人、订立保证合同,应当构成无权代理,自不待言。

第一百七十一条　狭义无权代理

行为人没有代理权、超越代理权或者代理权终止后，仍然实施代理行为，未经被代理人追认的，对被代理人不发生效力。

相对人可以催告被代理人自收到通知之日起三十日内予以追认。被代理人未作表示的，视为拒绝追认。行为人实施的行为被追认前，善意相对人有撤销的权利。撤销应当以通知的方式作出。

行为人实施的行为未被追认的，善意相对人有权请求行为人履行债务或者就其受到的损害请求行为人赔偿。但是，赔偿的范围不得超过被代理人追认时相对人所能获得的利益。

相对人知道或者应当知道行为人无权代理的，相对人和行为人按照各自的过错承担责任。

本条规定狭义无权代理，是在《合同法》第 48 条规定基础上进行了修改完善。本条第 1 款规定，行为人没有代理权、超越代理权或者代理权终止后，仍然实施代理行为，未经被代理人追认的，对被代理人不发生效力。该款是对无权代理人实施代理行为的原则性规定，即明确无代理权的行为人实施的代理行为，未经被代理人追认不发生代理效力。

本条第 2 款规定相对人的催告权和撤销权，相对人可以催告被代理人自收到通知之日起 30 日内予以追认，被代理人未作表示的，视为拒绝追认，行为人实施的行为被追认前，善意相对人有撤销的权利。实际是《合同法》第 48 条第 2 款原文。

本条第3款规定,行为人实施的行为未被追认的,善意相对人有权请求行为人履行债务或者请求行为人予以赔偿,但是赔偿的范围不得超过被代理人追认时相对人所能获得的利益。这是《民法典》新增规定。

本条第4款也是《民法典》新增规定,“相对人知道或者应当知道行为人无权代理的,相对人和行为人按照各自的过错承担责任”。

请特别注意本条第3款和第4款规定的适用。按照社会生活经验,相对人不会自己承认属于恶意相对人,在行为人实施的行为没有被追认时,相对人当然会依据本条第3款向法院起诉要求行为人履行债务或者就其损害请求行为人赔偿,并且在起诉状中声称自己属于善意相对人。前文已经谈到民法关于“善意推定”的法理,法庭(仲裁庭)应当推定相对人(原告)属于善意。这种情形,如行为人(被告)对于相对人之声称属于善意未主张异议,或者虽主张异议而未能举出足以证明相对人知道(应当知道)行为人无代理权的证据,法庭(仲裁庭)即应支持相对人的请求,判决行为人(被告)履行债务或者在被代理人追认时相对人所能获得的利益范围内予以赔偿。如果行为人举证证明相对人属于恶意,法庭(仲裁庭)在驳回该恶意相对人的履行或者赔偿请求的同时,应当依职权适用本条第4款规定,判决行为人与恶意相对人按照各自的过错承担责任(分担损失)。

第一百七十二条 表见代理

行为人没有代理权、超越代理权或者代理权终止后，仍然实施代理行为，相对人有理由相信行为人有代理权的，代理行为有效。

民法上的表见代理，指本来属于无权代理，但因被代理人与无权代理人之间的关系，具有授予代理权的表象（外观），致相对人有理由相信其有代理权而与其实施民事法律行为，法律使之发生与有权代理同样的法律效果。

表见代理与狭义无权代理，同属于无权代理。狭义无权代理为无权代理之原则规定，表见代理为无权代理之特别规定。表见代理制度之设，在于维护交易安全、保护善意相对人的信赖利益。在满足表见代理制度适用要件的情形下，相对人对于适用狭义无权代理制度，还是适用表见代理制度享有选择权。他既可选择适用表见代理制度，主张代理行为有效，要求被代理人承担代理行为的后果，也可选择适用狭义无权代理制度，依法催告被代理人予以追认，或者依法行使撤销权，或者在被代理人拒绝追认时要求无权代理人履行义务或者承担损害赔偿责任。

须特别注意的是，表见代理与狭义无权代理之适用，虽相对人有权选择，但二者不构成竞合关系，即使在相对人选择适用表见代理制度而未得到法院或者仲裁庭认可的情形，也还有权主张适用狭义无权代理制度，依法行使撤销权或者催告被代理人对无权代理行为予以追认，或者要求无权代理人履行义务或者承担损害赔偿责任。

从网上公布的案件统计,2015年、2016年和2017年三年原告依据《合同法》第49条关于表见代理的规定提起的案件,总共7101件,其中获得人民法院支持的1552件,占21.86%;被法院驳回的5549件,占78.14%。从这一比例关系看,表见代理在裁判实务中的适用,大体符合《合同法》创设表见代理制度的预想。《民法典》总则编制定时,肯定《合同法》实施以来人民法院适用表见代理的裁判经验,直接采用《合同法》第49条原文,规定为本条。

按照本条规定,成立表见代理须同时满足四项要件:(1)行为人实施代理行为时缺乏所必需的代理权。(2)无权代理人有被授予代理权的表象(外观)。(3)相对人对于信赖无权代理人具有代理权,须是善意且无过失。(4)相对人须基于此信赖同无权代理人实施民事法律行为。其中,第一项和第四项为适用表见代理之前提,不难理解和判断;而第二项和第三项,为构成表见代理之充分条件。

本条所谓"相对人有理由相信行为人有代理权",应指同时具备第二项、第三项要件而言。从《合同法》实施以来的裁判实践看,人民法院"不仅要求代理人的无权代理行为在客观上形成具有代理权的表象,而且要求相对人善意且无过失地相信行为人有代理权",[2]"相对人善意且无过失是表见代理适用的必要条件,在相对人存在过失的情况下,则无表见代理适用的余地"。[3]可以认为,这样的理解,已经成为人民法院的固定立场。[4]

所谓"相对人善意",指相对人不知道(不应当知道)行为人无代理权。按照社会生活经验,"不知道"是难于举证证明的,故法庭不要求相对人就自己属于善意举证,而依“善意推定”的法理进行判断;所谓“过失”指相对人未尽到一般谨慎之人(reasonable man)于同样情形所应尽之注意。至于裁判实践中,如何认定行为人与被代理人之间“存在行为人被授予代理权之表象”,请看下面的实例:

最高人民法院(2016)民再 197 号民事判决:被告公司虽对行为人签字行为不予认可,但承认行为人是其员工。考虑行为人在案涉交易中的身份以及增值税票的特性,可以认定被告公司收到了原告公司向其开具的全部增值税发票。行为人还多次参与了后续的对账结算行为,其于 2011 年 10 月 9 日签字确认的商品混凝土对账清单,同时加盖了被告公司项目部的技术资料专用章。就此而言,原告公司相信行为人在案涉交易中具有代理被告公司的权利,本院予以支持。

最高人民法院(2015)民二终字第 335 号民事判决:在长芦公司与建平公司存在长期密切往来的前提下,综观涉案合同的签订方式、结合之前 9750 万元的两份合同的签订和履行方式,再考虑到《三方协议》期间的三方行为,足以制造出长芦公司委托了建平公司从事交易、代收货款等表象,基于此,已经完成了汇票背书付款的沈阳公司有理由相信建平公司有权代理长芦公司领取 4900 万元汇票,在上述分析的综合考量下,本院认为,认定长芦公司领取该汇票的行为构成表见代理更具有合理性。

最高人民法院(2016)民再 386 号民事裁定:即便杨智源、马飞实际上并未得到浩源公司的授权,鉴于杨智源、马飞持有浩源公司的公章且系浩源公司的实际控制人,作为合同相对人的刘伯武也有理由相信杨智源、马飞是代表浩源公司的,符合《合同法》第 49 条的规定,构成表见代理。

最高人民法院(2008)民申字第 677 号民事裁定:本案麦赞新是长新公司的法定代表人,与另一股东蔡月红是夫妻,麦赞新以长新公司的名义将长新公司全部股权转让给李炳,并特别注明该股份及项目转让事宜已事先取得长新公司全体股东决议通过,股权转让款优先抵扣 1500 万元借款。双方在签订 8 月 8 日协议书之后,又签订确认书对股权转让事宜予以确认。这些客观事实足以使李炳有理由相信,股权转让系蔡月红与麦赞新夫妻双方共同的意思表示。

如果行为人为法人或非法人组织的工作人员,而该法人或非法人组织(被代理人)主张行为人超越了该法人或者非法人组织对行为人"职权范围的限制"而否认行为人的代理权,则应当直接适用《民法典》第 170 条第 2 款关于"法人或者非法人组织对执行其工作任务的人员职权范围的限制,不得对抗善意相对人"的规定,而不适用本条关于表见代理的规定。

第一百七十三条　委托代理终止

有下列情形之一的,委托代理终止:

(一)代理期限届满或者代理事务完成;

(二)被代理人取消委托或者代理人辞去委托;

(三)代理人丧失民事行为能力;

(四)代理人或者被代理人死亡;

(五)作为代理人或者被代理人的法人、非法人组织终止。

委托代理的终止,亦即委托代理权的消灭。本条所规定委托代理终止的法定事由明确具体,易于掌握,毋庸赘言。

第一百七十四条 被代理人死亡

被代理人死亡后,有下列情形之一的,委托代理人实施的代理行为有效:

(一)代理人不知道并且不应当知道被代理人死亡;

(二)被代理人的继承人予以承认;

(三)授权中明确代理权在代理事务完成时终止;

(四)被代理人死亡前已经实施,为了被代理人的继承人的利益继续代理。

作为被代理人的法人、非法人组织终止的,参照适用前款规定。

本条规定被代理人死亡导致委托代理终止的"例外规则"。因为,按照《民法典》第173条第4项规定,(认定)被代理人死亡情形委托代理一律终止,可能对保护被代理人或者被代理人的继承人的利益不利。因此,《民通意见》第82条解释:"被代理人死亡后有下列情况之一的,委托代理人实施的代理行为有效:(一)代理人不知道被代理人死亡的;(二)被代理人的继承人均予承认的;

(三)被代理人与代理人约定到代理事项完成时代理权终止的;(四)在被代理人死亡前已经进行、而在被代理人死亡后为了被代理人的继承人的利益继续完成的。”此项司法解释,与立法例相符。《民法典》总则编起草人以上述司法解释意见为基础,并借鉴《德国民法典》、《日本民法典》和《欧洲合同法通则》的立法经验,制定本条。

第一百七十五条　法定代理终止

有下列情形之一的,法定代理终止:

(一)被代理人取得或者恢复完全民事行为能力;

(二)代理人丧失民事行为能力;

(三)代理人或者被代理人死亡;

(四)法律规定的其他情形。

法定代理不同于委托代理,法定代理终止的原因,有的与委托代理终止原因相同,如代理人死亡或丧失民事行为能力;但法定代理有其独特的终止原因,如被代理人取得或者恢复民事行为能力。所谓“法律规定的其他情形”,如监护人担任法定代理人(《民法典》第23条)情形,担任法定代理人的监护人被人民法院撤销其监护资格(《民法典》第36条)。

注　释

1　参见[德]维尔纳·弗卢梅:《民事法律行为论》,迟颖译,法律出版社

2013 年版,第 413 ~414 页。

2　(2016)最高法民申 2928 号民事裁定书。

3　(2016)最高法民申 3057 号民事裁定书。

4　如(2008)最高法民申字第 677 号民事裁定书、(2016)民再 386 号民事裁定书等,对“相对人有理由相信行为人有代理权”均作同样理解。

民事责任

民事责任为民事法律关系之构成要素；民事权利、民事义务唯有与民事责任结合，民事权利才能受到责任关系的保护。

第一百七十六条　原则规定

民事主体依照法律规定或者按照当事人约定，履行民事义务，承担民事责任。

民事权利、民事义务、民事责任，为现代民法三个基础性概念。前已述及，民事权利与民事义务相对应，在一方为民事权利，在相对方即为民事义务。义务人履行民事义务，即为权利人所享有的民事权利之实现；义务人违反（不履行、不完全履行）民事义务，则义务人因此承担民事责任。教科书论述民事法律关系的内容时，往往指出民事法律关系的内容为民事权利和民事义务，而未提及民事责任。实则民事权利、民事义务、民事责任均系民事法律关系的内容,而民事责任隐含于民事义务之中。所谓"有义务即有责任,无义务即无责任",此为民事责任法之铁则。民事义务是民事责任的前提,而民事责任系以民事义务之违反作为停止条件(生效条件)。

中国民法继受现代民法思想,严格区分民事权利、民事义务和民事责任。首先,《民法典》总则编的立法体例,对债权、债务与民事责任作分别规定。债权、债务概念及其发生原因,规定在第五章民事权利(第 118 条至第 122 条),另设第八章规定民事责任(第 176 条至第 187 条)。其次,在定义上将债权、债务与责任严加区别。《民法典》总则编第 118 条第 2 款规定债权定义如下:"债权是因合同、侵权行为、无因管理、不当得利以及法律的其他规定,权利人请求特定义务人为或者不为一定行为的权利。"由此债权定义可知,债权(其他民事权利也如此)并不包含任何对债务人的强制。当债务人不履行债务时,强制其履行债务或赔偿债权人所受损害,则属于民事责任问题。

本条规定:"民事主体依照法律规定或者按照当事人约定,履行民事义务,承担民事责任。"按照条文,民事责任与民事义务,是两个不同概念;民事义务是民事责任的前提;义务人依照法律规定和当事人约定,履行民事义务,亦不发生民事责任;须义务人不履行民事义务,方才发生民事责任,由义务人对权利人承担民事责任。

值得注意的是,无论大陆法系中的德国法系或者法国法系的民法典,大体在债权编的合同法部分规定违约责任,在侵权行为法部分规定侵权责任,并在物权编规定民事责任性质的物上请求权。其余具有民事责任性质的制度,则或者附带规定于债权编合同法部分,如缔约过失责任、违反后契约义务责任,或者附带规定于物权编,如不可量物侵害责任。而将各种属于民事责任的责任类型(制度)合并称为“民事责任”,于《民法典》总则编专章规定的立法例较为罕见。传统民法理论,也受立法(或者民法教学分科)的局限,往往对侵权责任、违约责任、物上请求权等作各别研究(论述),而将侵权责任、违约责任、物上请求权、缔约过失责任及分散在民商事特别法中的责任,合并称为“民事责任”予以总括研究的著作极少。[1]显而易见,《民法典》总则编专章规定民事责任,为中国民法典编纂体例的一个特点。

第一百七十七条　按份责任

二人以上依法承担按份责任,能够确定责任大小的,各自承担相应的责任;难以确定责任大小的,平均承担责任。

民法理论,依民事责任主体(责任人)的人数,分为(单)个人责任与多数人责任。个人责任的责任主体为一个自然人或者一个法人;多数人责任的责任主体至少为二人(自然人或者法人)。多数人责任,再分为按份责任与连带责任。本条规定按份责任。按照本条规定,数人承担按份责任,“能够确定责任大小的,各自承担相应的责任;难以确定责任大小的,平均承担责任”。条文明确具体,易于掌握,毋庸赘言。

第一百七十八条　连带责任

二人以上依法承担连带责任的,权利人有权请求部分或者全部连带责任人承担责任。

连带责任人的责任份额根据各自责任大小确定;难以确定责任大小的,平均承担责任。实际承担责任超过自己责任份额的连带责任人,有权向其他连带责任人追偿。

连带责任,由法律规定或者当事人约定。

本条第 1 款规定,属于连带责任情形,“权利人有权请求部分或者全部连带责任人承担责任”。本款末尾“承担责任”一语,应当解释为“承担全部责任”。此是连带责任区别于按份责任之所在。亦即在按份责任,权利主体只能请求各责任人承担各自负担的责任份额;而在连带责任,权利主体有权请求任何一个责任人承担全部责任。可见,比较而言,连带责任对于权利人更为有利。

须注意的是,承担连带责任的数个责任人并非没有各自应当负担的责任份额,只是权利主体追究责任时不受各责任人责任份额的限制罢了。本条第 2 款前段规定连带责任人的“责任份额根据各自责任大小确定;难以确定责任大小的,平均承担责任”。本款后段规定连带责任人的“追偿权”,即“实际承担责任超过自己责任份额的连带责任人,有权向其他连带责任人追偿”。

须特别注意的是,在连带责任案件,无论权利人(原告)以全部连带责任人为被告或者仅以其中一人为被告,法庭均仅判决被告(对全部责任数额)承担连带责任,而无须确定各责任人应当负担的责任份额。而被法庭判决承担超过自己应当负担的责任份额的责任人,依据本条第2款后段规定另案起诉行使“追偿权”(以其余连带责任人为被告)的案件,法庭才依据本款前段规定为各连带责任人确定各自应当负担的责任份额。

本条第3款规定,“连带责任,由法律规定或者当事人约定”。此项规定非常重要,即“连带责任”只能由法律规定或者当事人约定。法律未规定为连带责任且当事人也未约定为连带责任的,均为按份责任。由此可知,多数责任人的民事责任,以承担按份责任为原则,以承担连带责任为例外。凡规定承担民事责任的法律条文未有“连带(责任)”一词、约定承担民事责任的民事法律行为(合同)未使用“连带(责任)”一词,即应一律解释为承担“按份责任”。

第一百七十九条　责任方式

承担民事责任的方式主要有:

(一)停止侵害;

(二)排除妨碍;

(三)消除危险;

(四)返还财产;

(五)恢复原状;

(六)修理、重作、更换;

(七)继续履行;

(八)赔偿损失;

(九)支付违约金;

(十)消除影响、恢复名誉;

(十一)赔礼道歉。

法律规定惩罚性赔偿的,依照其规定。

本条规定的承担民事责任的方式,可以单独适用,也可以合并适用。

本条第1款例举规定了11种民事责任方式。而这11种民事责任方式,分别规定在《民法典》的各编及《民法典》之外的民商事特别法中。有必要加以说明的是,第1项停止侵害、第2项排除妨碍、第3项消除危险,往往在法律条文中一并规定,并且旧的民法立法和理论认为专属于物权法上的责任方式(物权请求权),而现今的民法立法和理论认为亦属于侵权法上的责任方式;第4项返还财产与第5项恢复原状,存在后者涵盖前者的关系,即"恢复原状"往往包含"返还财产",且属于民事法律行为无效、被撤销及确定不发生效力的法定法律效果;第6项修理、重作、更换,属于物的瑕疵担保责任,并且遗漏了"减价"和"退货";第7项继续履行,特指合同编第八章违约责任规定的"强制实际履行";第8项赔偿损失,通称"损害赔偿",是现代民法最重要、适用最广的民事责任形式,并且其作为违约责任形式因损失的计算不同,分为履行利益的赔偿(实际损失加可得利益)与信赖利益(机会损失)的赔偿,而作为侵权责任形式的损害赔偿只赔偿实际损失(不赔偿可得利益),

但侵权责任另有精神损害赔偿（违约责任原则上不赔偿精神损害）；第 9 项支付违约金，即当事人预先约定的损害赔偿（额），分为补偿性违约金与惩罚性违约金，而以补偿性违约金为原则，惩罚性违约金为例外；第 10 项消除影响、恢复名誉及第 11 项赔礼道歉，往往一并适用，且属于侵害名誉权的侵权责任形式。

大陆法系民法严格区别民事责任与行政责任（及刑事责任），民事责任的功能仅在填补损失（损害），不包括对责任人的惩罚。但英美法系的损害赔偿，则有所谓惩罚性损害赔偿。中国民法系继受大陆法系民法，原有立法和理论亦坚持损害赔偿责任的填补损害原则，不承认所谓惩罚性损害赔偿。但 20 世纪末制定《消费者权益保护法》时参考借鉴英美法（美国法）规定了惩罚性损害赔偿制度，其后制定《侵权责任法》及此次《民法典》编纂进一步扩大了惩罚性损害赔偿的适用范围。尽管如此，中国民法中作为民事责任主要形式的“损害赔偿”（赔偿损失），仍然以填补损害（损失）为原则，而以所谓惩罚性赔偿为例外。本条第 2 款所谓“法律规定惩罚性赔偿的，依照其规定”，即明示此旨。须注意的是，此所谓“法律”，仅指全国人民代表大会及其常务委员会制定的法律，不包括“行政法规”。可见，行政法规、地方法规及部门规章均不得规定惩罚性赔偿，自不待言。

本条第 3 款规定，“本条规定的承担民事责任的方式，可以单独适用，也可以合并适用”。须注意，对条文“可以单独适用，也可以合并适用”之所谓“可以”，绝不应理解为“随意或者任意”。前已谈及，哪些民事责任形式可以合并适用，哪些民事责任形式只能单独适用,须根据其性质和功能、适用习惯以及适用的对象而定。

第一百八十条　不可抗力

因不可抗力不能履行民事义务的,不承担民事责任。法律另有规定的,依照其规定。

不可抗力是不能预见、不能避免且不能克服的客观情况。

近现代民法认可不可抗力为免除民事责任的法定事由。1981年的《经济合同法》,即有关于不可抗力免责的规定(第34条)。1986年制定《民法通则》,特设关于不可抗力定义的规定(第153条);此不可抗力定义,遂成为裁判实务的判断标准,并获得学术界的肯定。此后,1999年的《合同法》规定不可抗力为免除违约责任的法定事由(第117条),2009年的《侵权责任法》规定不可抗力为免除侵权责任的法定事由(第29条)。本条系以《民法通则》(第153条)的规定为基础。

本条第1款第一句规定,“因不可抗力不能履行民事义务的,不承担民事责任”,此系原则规定。第二句规定“法律另有规定的,依照其规定”,此系例外规定。《民法典》合同编第590条第2款规定“当事人迟延履行后发生不可抗力的,不免除其违约责任”,即属于第二句所谓“法律另有规定的”“例外”(不能免除民事责任)。

本条第2款规定“不可抗力”定义。所谓不可抗力,是指“客观情况”(不包括人的行为在内);但并非一切客观情况均属于不可抗力,仅其中“不能预见、不能避免或者不能克服”的客观情况,才属于不可抗力。须注意的是,判断是否“不能预见、不能避免且不能克服”,应以社会一般人为标准。不可抗力,指社会一般人不能预见、不能避免且不能克服的客观情况。某种客观情况,如社会一般人能够预见、能够避免且能够克服,仅当事人不能预见、不能避免并不能克服,则该客观情况不构成不可抗力。

第一百八十一条　正当防卫、防卫过当

因正当防卫造成损害的,不承担民事责任。

正当防卫超过必要的限度,造成不应有的损害的,正当防卫人应当承担适当的民事责任。

所谓正当防卫,指对于现时不法侵害,为防卫自己或他人权利或公共利益所为的行为。此种行为,虽致他人损害,行为人不负赔偿责任。但正当防卫超过必要限度,造成不应有的损害的,构成防卫过当,则防卫人应当承担责任。

依民法理论,正当防卫应具备下述要件:其一,侵害须为现时不法之侵害。正当防卫的首要条件,是须有现时不法之侵害。若不存在侵害行为,当然谈不到正当防卫。而此侵害行为须具有违法性,即应属于不法侵害。法律所许可的侵害,如公务员之依法执行职务,虽有侵害,也不允许进行正当防卫。其侵害行为仅须在客观上具有违法性即可,至于行为人之是否属于故意过失,均可不问。又此不法侵害须为现时之侵害,亦即其侵害行为已经开始实行而尚未完毕。换言之,对于正在进行的不法侵害,允许进行正当防卫,而对于尚未开始进行的不法侵害或已经进行完毕的不法侵害,均不允许进行正当防卫。其二,须为防卫自己或他人权利或公共利益。所防卫的权利,不分公权、私权,也不分财产权或人身权。且不限于防卫自己的权利,防卫属于他人的权利或者公共利益,亦可成立正当防卫。其三,须不超过正当防卫的限度。正当防卫行为,系针对正在进行的侵害行为而予以反击。因此,法律对正当防卫有程度的限制,要求不超过必要的限度。正当防卫行为,超过必要限度的,称为防卫过当,行为人应承担适当的责任。至于是否超过必要限度,应斟酌正当防卫人和不法侵害人双方具体情形及当时客观条件决定之。大体言之,其防卫行为须具备两项条件:一是必要性。即以达到制止不法侵害之防卫目的为已足。例如,用威吓足以制止侵害者,不必加以实害;用腕力足以防卫者,不必用器械。二是相当性。即考量因进行正当防卫所生的损害与所欲避免的侵害,是否大体相当。如进行防卫行为所生损害与所欲避免的侵害,在社会一般人看来显失均衡者,即应属于防卫过当。

具备上述三项要件,即构成正当防卫行为。正当防卫行为,属于违法性阻却事由之一种。虽正当防卫行为使不法侵害人受有损害,亦不构成侵权行为,正当防卫行为人依法不承担任何损害赔偿责任。但防卫行为超过必要限度,即属于防卫过当,按照本条第2款的规定,正当防卫人对于所造成的不应有的损害,应承担适当的责任。此民事责任的成立,仅以防卫行为超过必要限度为要件,不考虑其是否具有过错,因此属于严格责任。

第一百八十二条　紧急避险、避险过当

因紧急避险造成损害的，由引起险情发生的人承担民事责任。

危险由自然原因引起的，紧急避险人不承担民事责任，可以给予适当补偿。

紧急避险采取措施不当或者超过必要的限度，造成不应有的损害的，紧急避险人应当承担适当的民事责任。

所谓紧急避险，是指为避免自己或他人生命、身体、自由、财产之急迫危险，所为躲避危险的行为。此种行为，虽致他人损害，不负赔偿责任。

本条关于紧急避险的规定，并未明示紧急避险的构成要件。依据民法理论，紧急避险的构成要件如下：其一，须有急迫危险。如果不存在危险，当然谈不到紧急避险。所谓“危险”，指一切危害而言，如天灾地变、战乱、强盗绑架、恶犬追逐均包括在内。所谓“急迫”，指近在眼前，刻不容缓。凡危险已达急迫程度，即可以实行紧急避险行为，至于此急迫危险系由何种原因引起，均可不问。此急迫危险之受危险对象应有限制，限于生命、身体、自由、财产四种。此与正当防卫不同。在正当防卫，只须权利受到不法侵害，而不问何种权利，均可实行正当防卫行为。而紧急避险唯限于生命、身体、自由和财产四种权利。此外之权利，如名誉、信用受到危险，纵然属于急迫危险，亦不构成紧急避险的条件。凡生命、身体、自由和财产四种权利遭受急迫危险，无论是属于自己或属于他人，或属于社会公共财产，均可构成紧急避险的条件。此与自助行为之

仅限于自己的权利不同。其二,须为避免自己或他人生命、身体、自由、财产或公共财产上急迫危险而为避险行为。此要件系指紧急避险之本体。紧急避险是一种为躲避危险而损害他人财物的行为,简称避险行为。所谓“他人”,包括危险物之所有人及第三人。虽存在急迫危险,而未实行任何避险行为,当然不发生紧急避险问题。因此,讨论紧急避险,须有此避险行为。例如,为躲避肇事汽车而踏坏摊贩之商品,为避免大火延烧而拆毁邻人房屋。法律绝不允许借口紧急避险而损害他人生命、身体。故为避免与来车相撞而伤及行人,不得主张紧急避险。此避险行为,须为避免自己或他人生命、身体、自由、财产或公共财产上急迫危险,无此避险目的而损害他人财物,不构成避险行为,而属于不法侵害他人,应成立侵权行为。其三,须避险行为不超过必要限度。法律设紧急避险制度的目的,在于允许当事人于面临急迫危险时以较小的损害为代价避免遭受较大的损害。因此,对于避险行为应有限制,即要求当事人所实行的避险行为不超过必要限度。此必要限度一语,属于不确定概念。应于具体案件结合避险行为所加于他人的实际损害及所避免的急迫危险可能造成的损害,并考虑危险发生时的具体情形,进行综合判定。

概言之,避险行为须符合两项要求:一是必要性。要求当事人所实行的避险行为应为避免危险所必要,亦即以达到避免危险为止。不允许以避险为借口,滥行损害他人财物。能走避而不走避,损害危险物或他人财物的,不能成立紧急避险。二是相当性。虽实行避险行为有其必要,但对因此所加于他人的损害程度应有限制。须所加于他人的实际损害,不超过所避免的危险可能造成的损害程度。为避免自己财产上之较小损害而加于他人财产较大损害,为法所不许。超过必要限度的避险行为,称为避险过当,避险人应负赔偿责任。

具备上述要件,即可成立紧急避险,避险人对于所加于他人的损害,依法不承担赔偿责任。本条关于避险行为所造成的损害应由何人承担有较详细的规定。依本条规定,区分为以下情形:

第一,如果危险是人为造成的,则应由引起危险发生的人承担赔偿责任。依解释,如果引起危险的人属于第三人,应由该第三人承担责任;如果引起危险的人是避险行为人,则应由避险行为人承担责任,换言之,这种情形避险行为人不能免责;如果引起危险的人是遭受危险的"他人",则该"他人"既是引起危险的人,又是享受避险利益的人,当然应由他对避险行为所造成的损害承担责任。

第二,如果危险是由自然原因造成的,本条规定,"危险由自然原因引起的,紧急避险人不承担民事责任,可以给予适当补偿"。依解释,虽然危险是由自然原因造成的,但如果避险人是为避免自己所遭遇的危险,即避险人自己享受避险利益,则应由避险人对于避险行为所加于他人的损害给予适当的补偿。至于是否"适当",应衡量实际发生的损害与所避免的危险可能造成的损害,及当时具体情形决定之。如果避险人是为避免他人或公共财产所遭遇的危险,则避险人不应承担责任或给予补偿,这种情形应由享受避险利益的"他人"或"公共财产"的管理人对于避险行为所造成的实际损害给予补偿。

第三,因紧急避险采取措施不当或超过必要限度,即属于避险过当的,依本条第2款规定,应由避险人对于所造成的不应有的损害承担适当的民事责任。此民事责任的成立,以避险措施不当或超过必要限度为要件,不考虑避险人是否具有过错,因此属于严格责任。

第一百八十三条　因保护他人致自己受害

因保护他人民事权益使自己受到损害的,由侵权人承担民事责任,受益人可以给予适当补偿。没有侵权人、侵权人逃逸或者无力承担民事责任,受害人请求补偿的,受益人应当给予适当补偿。

本条新增关于因保护他人使自己遭受损害的规定。区分为两种情形:其一,侵权人能够承担民事责任的,按照本条第一句规定,由侵权人承担民事责任,受益人可以给予适当补偿。请注意条文用"可以"一词,表明受益人的补偿不具有强制性,应出于受益人的自愿,受益人不自愿的,不得强制其补偿。其二,没有侵权人、侵权人逃逸或者无力承担民事责任的,按照本条第二句规定,受害人有权请求受益人补偿,受益人应当给予适当补偿。请注意条文用"应当"一词,表明受益人有给予适当补偿的义务,只要受害人请求,受益人就必须给予适当补偿。但须注意,即使在这种情形,法庭也不能判决受益人"全部补偿",因为毕竟不是受益人直接造成受害人

损害。

第一百八十四条　自愿实施紧急救助

因自愿实施紧急救助行为造成受助人损害的，救助人不承担民事责任。

本条规定，“因自愿实施紧急救助行为造成受助人损害的，救助人不承担民事责任”。所谓自愿紧急救助行为，应指不承担救助他人义务（职责）的一般人（自然人），未受任何组织和个人的委托，见他人（限于自然人）处于紧急危险状态而自愿、主动实施救助的行为。实施紧急救助他人的行为，却造成受助人损害，本应构成侵权责任，但考虑行为人的目的及《民法典》鼓励帮助、救助他人之政策目的，故本条规定，紧急救助行为，造成受助人损害的，救助人不承担民事责任。

须注意两点：其一，本条所谓自愿实施紧急救助的人和受助人，均应当限于自然人。法人、非法人组织实施救助行为，不应适用本条。根据民法的价值取向，不应当允许任何人借口所谓“自愿实施紧急救助”干涉法人、非法人组织的事务。其二，本条性质上属于法定免责事由。如严格贯彻本条，即使因救助人重大过失造成受助人重大损害也不承担任何责任，难免有以目的正当性代替社会正义之虞。可见本条存在法律漏洞。[2]

考虑现行《刑法》有过失伤害犯罪，于救助人的行为已足以构成刑法上的过失伤害罪时，建议不适用本条而直接追究行为人过失伤害的侵权责任。实际是采用目的性限缩方法以限缩本条文义(适用)范围,而将因救助人重大过失造成受助人严重损害(如死亡、严重伤残)足以构成过失伤害犯罪的案型,从本条适用范围中排除出去。[3]

第一百八十五条　侵害英烈人格

侵害英雄烈士等的姓名、肖像、名誉、荣誉,损害社会公共利益的,应当承担民事责任。

本条所谓"英雄烈士"指生前或者死后被公权力机关授予"英雄""烈士"称号的自然人(死者),后面的"等"字,究何所指?是否涵盖中华民族历史上抗击外国侵略的英雄人物,不无疑问。本条所谓"侵害",应当解释为采用文字作品、音像作品形式损害英雄烈士姓名、肖像、名誉、荣誉的行为;侵害人(责任人)应当是该文字作品、音像作品的作者及出版人、发行人。依据条文,此项责任构成要件有二:其一,采用文字作品、音像作品形式损害英雄烈士姓名、肖像、名誉、荣誉;其二,(因此)损害社会公共利益。

鉴于英雄烈士本身属于历史,关系历史研究自由、文学艺术创作自由、公民的了解权等公法权利,而这些公法权利亦属于社会公共利益的重要内容。因此,法庭在判断加害作品是否损害社会公共利益时,须着重权衡系争作品对于历史研究自由、文学艺术创作自由及公民了解权的意义,绝对不能仅以"是否真实"作为判断标准。如果仅有要件之一,即采用文字作品、音像作品形式损害英雄烈士姓名、肖像、名誉、荣誉，而不具备要件之二，即并未因此损害社会公共利益，加害人当然不应承担民事责任。在构成侵害英雄烈士人格的民事责任情形，加害人所承担的责任，主要是消除影响、恢复名誉、赔礼道歉。此外，还应责令停止侵害（禁止发行、销毁加害作品），自不待言。

值得研究的是，本条所生诉权由谁行使，即谁有权担任侵害英雄烈士人格的侵权案件的原告？这取决于对案件性质属于私诉（普通侵权诉讼）还是公诉（公益诉讼）的界定。按照《精神损害赔偿解释》第3条，“以侮辱、诽谤、贬损、丑化或者违反社会公共利益、社会公德的其他方式，侵害死者姓名、肖像、名誉、荣誉”，致其近亲属“遭受精神痛苦”的，属于私诉（普通侵权诉讼），死者的近亲属有诉权。可知，由近亲属充当原告的“私诉”（普通侵权诉讼），须有致其近亲属“遭受精神痛苦”要件，且无“损害社会公共利益”要件。显而易见，本条规定的侵害英雄烈士人格的侵权案件，不属于“私诉”（普通侵权诉讼）而属于“公诉”（公益诉讼），在当下应由各级人民检察院行使诉权，将来开放纳税人公益诉讼之后，凡不属于英雄烈士近亲属的普通公民均有权以纳税人身份依据本条提起公益诉讼。[4]

第一百八十六条　责任竞合

因当事人一方的违约行为，损害对方人身权益、财产权益的，受损害方有权选择请求其承担违约责任或者侵权责任。

近现代民法,关于侵权责任与违约责任的关系,有承认竞合与不承认竞合两种立法例:(1)不承认竞合的立法例。其理论依据是所谓“法条竞合说”。此说否认所谓“责任竞合”,认为只存在不同法律条文的“竞合”。认为违约责任所违反的是特别义务,侵权责任所违反的是一般义务,如同一行为既违反合同法也违反侵权法,应当依据特别法优先适用原则,适用合同法关于违约责任的规定,而不应适用侵权法关于侵权责任的规定。(2)承认竞合的立法例。根据承认竞合的学说,一个案件事实既符合侵权责任的构成要件,也符合违约责任的构成要件时,构成侵权责任与违约责任的竞合,当事人可以依据合同法追究违约责任(违约责任请求权),也可以依据侵权法追究侵权责任(侵权责任请求权)。

在承认责任竞合的前提下,作为承认责任竞合的理论依据,又有两种:一是请求权竞合说。此说认为,在发生侵权责任与违约责任竞合的情形,存在两个相互独立的请求权(违约责任请求权与侵权责任请求权),权利人有权选择其一行使,选择行使任一请求权达到目的,则另一请求权因而消灭。二是请求权基础(规范)竞合说。此说认为,在发生侵权责任与违约责任竞合的情形,并不存在两个相互独立的请求权,只存在一个请求权(损害赔偿请求权),而有两个法律规范作为该请求权的基础(依据)。如案件事实同时符合违约责任和侵权责任的构成要件时,只存在一个损害赔偿请求权,权利人可以选择合同法关于违约责任的规定作为请求权基础,也可以选择侵权法关于侵权责任的规定作为请求权基础。选择其一请求权基础之后,不得再选择另一个请求权基础。须特别说明,上述两种理论的差别，属于同一法律方案的不同解释，对当事人起诉和法庭裁判结果并无影响。

《合同法》制定时，起草人考虑，同一案件事实符合违约责任和侵权责任构成要件的情形较为常见，而两种责任在归责原则、赔偿范围、过失相抵、免责约款等方面有差异。违约责任为严格责任，侵权责任有过错责任（包括推定过错）和无过错责任；违约责任承认免责约款，侵权责任不承认免责约款；违约责任赔偿可得利益，侵权责任只赔偿实际损失；违约责任一般不赔偿精神损害，侵权责任可以赔偿精神损害；违约责任不适用过失相抵，侵权责任适用过失相抵。不同选择，得到的结果不同。认可当事人有权选择，符合意思自治原理和处分原则。因此，设立《合同法》第 122 条规定，承认违约责任与侵权责任竞合，赋予当事人“选择权”。当事人“有权选择”依照合同法追究违约责任，或者依照侵权法追究侵权责任。至于依据本条规定，是产生一个请求权，抑或产生两个请求权？其理论基础是请求权竞合说，抑或是请求权规范竞合说？因对法律适用及裁判结果没有实质影响，立法机关没有必要表态，而留给学说解释。本条系沿用《合同法》条文。

第一百八十七条　民事责任优先

民事主体因同一行为应当承担民事责任、行政责任和刑事责任的，承担行政责任或者刑事责任不影响承担民事责任；民事主体的财产不足以支付的，优先用于承担民事责任。

按照本条规定,如果民事主体因同一行为应当承担民事责任、行政责任(罚款)甚至还应承担刑事责任(罚金、没收财产)的,其承担行政责任或者刑事责任不影响承担民事责任;但其责任财产不足以支付时,应当优先承担民事责任。

按照民法原理,民事主体的同一行为既构成民事责任(侵权责任、违约责任),同时也构成行政责任(罚款)甚至刑事责任(罚金、没收财产)时,发生两种或者三种责任的并存。本条第一句规定,发生民事责任与行政责任或者刑事责任并存时,责任人承担行政责任或者刑事责任,不影响其承担民事责任。亦即并存的责任不得相互代替,即使责任人已经承担行政责任或者刑事责任,不得因此免除其应当承担的民事责任。

请特别注意,本条第二句规定的意思是:法院在审理某个民事责任(侵权责任、违约责任)案件的时候,发现被告人不仅应当承担侵权责任,还被行政机关追究行政责任(罚款),甚至还被法院刑事审判庭判处刑事责任(罚金、没收财产),而被告人的责任财产不足以支付的,法院应当优先执行该院作出的民事责任判决,向原告(受害人)支付损害赔偿金。其前提条件是,该院对被告人的财产采取了保全措施,其不动产已被查封、动产已被扣押、账户已被冻结,且被告人应当承担的行政责任、刑事责任均还未执行。质言之,被告的责任财产处在该院控制之下。因此,行政机关执行行政处罚(罚款)、刑事审判庭执行刑事责任(罚金、没收财产),均有待于该院解除保全措施。而按照本条第二句的规定,法院只在优先执行该院作出的民事责任判决(从保全财产中向原告支付损害赔偿金)之后,才对被告余下的财产解除保全措施,让行政机关去执行罚款、其他法院去执行刑事判决(罚金、没收财产)。

本条第二句规定民事责任优先,是关于生效判决(裁决)如何执行的程序规则。其前提条件是:被告的责任财产处在该院控制之下,且被告人应当承担的行政责任、刑事责任都还没有执行。在该案判决之前,被告已经被行政机关或者其他法院执行罚款、罚金或者没收的财产,已经不再属于该案被告的财产,该院没有权利去追索。即使被告应当承担的行政责任、刑事责任还没有执行,如果该院没有对被告的责任财产采取查封、扣押、冻结等保全措施,该院也无权阻止行政机关或者其他法院对被告执行罚款、罚金或者没收财产。如在该案判决之前,已经执行了行政责任、刑事责任,侵权人的财产已被罚没,被罚没的财产已经进了国库,不再属于被告人所有,不再属于被执行的财产范围。

注 释

1 但日本的情况有所不同,特别值得注意。日本民法学者对"民事责任"进行总括研究的著作颇多,最早的是团野新之著《民事责任论》(岩松书店 1922 年出版、1925 年再版)。其他重要的著作有:石本雅男著《民事责任的基本理论》(有斐阁 1979 年出版)、中井美雄等编《民事责任的规范构造:中川淳先生古稀纪念论文集》(世界思想社 2001 年出版)、饭塚和之著《民事责任的诸相与司法判断》(尚学社 2012 年出版)。这里不再列举。既然有必要对各类民事责任作总括的理论研究,则在民法典的总则编设置民事责任章,作为民法典各分则编关于各类民事责任规定及民商事特别法关于各类民事责任规定的总则,也就具有其合理性。

2 此亦属于隐藏的漏洞。参见[德]卡尔·拉伦茨:《法学方法论》,陈爱娥译,商务印书馆2003年版,第254页。

3 实际上是采用目的性限缩方法补充法律漏洞。

4 最高人民法院指导性案例第99号裁判要旨:英雄、烈士的美誉、荣誉受侵害,其近亲属起诉的,法院应当受理。肯定英雄、烈士近亲属可以依据本条行使诉权。值得注意。

诉讼时效

所谓时效，指一定事实状态在法定期间持续存在，从而产生与该事实状态相适应的法律效力的制度。

第一百八十八条　时效期间

向人民法院请求保护民事权利的诉讼时效期间为三年。法律另有规定的，依照其规定。

诉讼时效期间自权利人知道或者应当知道权利受到损害以及义务人之日起计算。法律另有规定的，依照其规定。但是，自权利受到损害之日起超过二十年的，人民法院不予保护，有特殊情况的，人民法院可以根据权利人的申请决定延长。

本条第1款规定的3年诉讼时效期间，属于普通时效期间。第2款第二句规定的20年长期时效期间，属于特别诉讼时效期间。两种时效期间的开始计算时点是不同的。3年普通时效期间，有中止、中断的制度,而20年长期时效期间不发生中止、中断的问题,但有由法院决定延长的制度。

(一)诉讼时效(期间)的开始计算

诉讼时效(期间)的开始计算,简称诉讼时效的起算,或称诉讼时效开始进行。本条第2款第一句规定,“诉讼时效期间自权利人知道或者应当知道权利受到损害以及义务人之日起计算”。依此规定,诉讼时效开始计算需两项条件:一是权利人知道(应当知道)其权利受到侵害的事实;二是权利人知道(应当知道)侵害其权利的义务人。仅具备第一项条件,知道(应当知道)其权利受到侵害,而不具备第二项条件,即不知道(不应当知道)义务人,诉讼时效不开始计算。条文所谓“义务人”,包括违约人、加害人,所谓知道(应当知道)加害人,不仅指知道(应当知道)义务人是谁,还应包括知道(应当知道)义务人的住所及联系方式。因为知道谁是义务人及义务人的住所和联系方式,是权利人行使权利、向法院起诉的必备条件。如果法律对某些请求权诉讼时效起算另有规定的(《民法典》第189条、第190条、第191条),自应依照其规定。

须注意,本条第2款第一句是关于诉讼时效起算的极原则规定。因具体请求权的根据及标的之不同,其诉讼时效期间的起算,亦即权利人对权利被侵害“应当知道”之时点之判断有种种差异。谨依民法理论和各请求权的差异,分述如下:(1)附条件、附期限的请求权,从条件成就、期限到来起算。(2)有履行期的请求权,从履行期到来起算。(3)无履行期的请求权,从权利人可行使权利之时起算。未约定履行期限或履行期限不明确的请求权,按照《民法典》合同编第511条第4项的规定,债权人可以随时要求履行。因此,3年普通时效期间应当从债权人要求履行之次日起算。(4)物权请求权的起算,因请求权发生根据不同而有区别:无权占有财产的返还请求权,从该财产被无权占有之时起算;抵押物、质物和留置物的返还请求权,从所担保债务受清偿之时起算;租赁物的返还请求权,从租赁合同终止之时起算;合同无效、被撤销或者确定不生效的返还请求权,从合同被确认无效、被撤销或确定不生效之时起算。(5)标的为不作为的请求权,从义务人有违反行为之时起算。(6)因违约行为而发生的强制实际履行请求权、损害赔偿请求权和违约金请求权,从违约行为成立之时起算。(7)因侵权行为发生的请求权,从受害人知道有侵害行为并知道加害人姓名、住址之时起算。(8)返还不当得利请求权,从债权人知道或者应当知道不当得利事实及债务人之时起算。(9)因无因管理发生的请求权,管理人对本人的给付必要管理费用请求权、损害赔偿请求权,从无因管理行为结束并且管理人知道或者应当知道本人之日起计算;因不当无因管理发生的本人对管理人的损害赔偿请求权,从本人知道或者应当知道管理人及损害事实之日起计算。

(二)长期时效期间

考虑社会生活的复杂性,如果权利人只知道权利受侵害而不知道(不应当知道)加害人(义务人),或者未规定履行期的债权的债权人长期不要求履行,3年的普通时效期间将无从开始计算,势将违背民法设立诉讼时效制度的目的。因此《民法典》另设20年长期时效期间,无论何种请求权均应从该权利成立之日起计算20

年长期时效期间,20 年时效期间届满的,人民法院不予保护。条文所谓“人民法院不予保护”的意思是,该请求权因 20 年时效期间届满而成为理论上所谓“自然债”。

按照民法原理,依时效期间之起算不同,分为主观时效期间与客观时效期间。主观时效期间,自权利人知道(应当知道)权利受侵害及义务人(加害人)之日起算;客观时效期间自权利成立之日起算。并且,普通时效期间(短期时效期间)属于主观时效期间,长期时效期间为客观时效期间。例如,《法国民法典》规定主观时效期间为 5 年,客观时效期间为 10 年、20 年;《德国民法典》规定主观时效期间为 3 年,客观时效期间为 20 年。本条第 1 款规定的 3 年普通时效期间属于主观时效期间,第 2 款规定的长期时效期间属于客观时效期间,与民法原理及法、德等立法例相同,理论上称为“双重时效期间”。

3 年普通时效期间与 20 年长期时效期间的区别如下:其一,时效期间的起算点不同。3 年的普通时效期间,从当事人知道或应当知道权利受侵害及义务人之时起算;20 年长期时效期间,从权利成立(权利受侵害)之时起算。其二,期间性质不同。3 年的普通时效期间有中止、中断问题,性质上为可变期间;20 年长期时效期间不发生中止、中断问题,性质上为不变期间,类似于除斥期间。

《民法典》总则编设双重时效期间,其重要意义在于:凡权利人知道或应当知道权利被侵害及义务人的,即应适用 3 年普通时效期间,期间进行中可因法定事由发生中止、中断,但无论如何不得超过从权利被侵害时起的 20 年。这种情形,20 年的长期时效期间,为对3年普通时效期间因中止、中断而延长的限制。如权利人不知道或不应当知道权利被侵害及义务人的,则应适用20年长期时效期间,从权利被侵害时起算超过20年的,时效期间即届满;即使在20年后权利人知道权利被侵害及义务人,亦不得再适用3年普通时效期间。这种情形,20年时效期间应属于对3年普通时效期间的补充,因为在权利人不知道(不应当知道)权利被侵害及义务人的情形,3年普通时效期间并未开始计算。

特别要说明的是,《民法通则》规定了三种时效期间,即第135条规定2年普通时效期间,第136条规定1年特别时效期间,第137条规定20年长期时效期间,《民法典》总则编废止1年特别时效期间,保留普通时效期间(将2年改为3年)和长期时效期间(维持20年不变),构成双重时效期间。其中,3年普通时效期间属于主观时效期间,20年长期时效期间属于客观时效期间。

这里举一个适用长期时效期间的案例:受害人因变压器高压电击伤害失去两条胳膊,损害发生时受害人年仅10岁,不知可以要求损害赔偿,不久其父亲因煤矿坍塌被压死,母亲改嫁,受害人与年迈的祖父母生活,祖父母均不识字,地处偏僻,交通信息闭塞,不知法律。受害人于损害发生第14年后的1994年在街边用脚趾画画请求帮助时,一位律师告知其有《民法通则》规定可以向被告要求赔偿。一审、二审法院均以(2年)诉讼时效期间经过为由驳回受害人的赔偿请求,最终再审法院依据《民法通则》关于20年长期时效期间的规定支持了受害人的损害赔偿请求。

(三)长期诉讼时效期间的延长

本条第2款末句规定,“有特殊情况的,人民法院可以根据权利人的申请决定延长”(20年诉讼时效期间)。可见,所谓时效期间的延长,只能适用于20年长期时效期间。3年的普通时效期间,因有中止、中断的规定,不发生延长问题。

时效期间延长的决定权在法院。时效期间的延长,与时效期间的中止、中断的重要区别在于:时效期间的延长,须由法院根据权利人申请作出延长时效期间的决定,方才发生时效期间延长的效力。而时效期间的中止、中断则相反,只要有发生中止、中断的法定事由,即当然发生中止、中断的效力,无须由法院作出决定。须注意的是,在权利人提出申请后,法院对于决定时效期间是否延长,有完全的裁量权。法律上的用语是“可以”决定延长,而不是“必须”延长。依法律本意,系将决定是否延长的裁量权委托法院行使。即委托法院就当事人所提出的客观情况是否属于“特殊情况”作出裁量,及就该特殊情况下是否延长时效期间作出裁量。即使当事人所提出的客观情况被认定为属于法律所谓“特殊情况”,法院在就是否延长时效期间作决定时,还应考虑是否有予权利人特殊保护的必要,基于权利人长期不行使权利的事实状态所发生的其他法律关系是否更有应予保护的理由。

本条第2款末句规定,有特殊情况的,可以延长时效期间。法律未对所谓“特殊情况”作出明确规定。依解释,《民法典》总则编之规定20年长期时效期间,其立法者意思在于以此长期时效期间弥补普通时效期间对于权利人保护之不足,而关于时效期间延长的规定,又在于进一步弥补20年长期时效期间之不足。20年长期时效期间已经属于普通时效期间之例外,则20年长期时效期间在特殊情况下的延长,更属于例外之例外。鉴于此,法庭对于时效期间的延长,当然应严格掌握,不允许滥用,对所谓"特殊情况"应作严格解释。

这里介绍一件以"特殊情况"延长20年长期诉讼时效的案例。通化市中级人民法院关于赵某某等诉通化市人民医院侵犯身份权赔偿案民事判决(2003年5月18日),案件事实是,原告乙于1981年10月29日在被告医院妇产科顺产一名男婴。按被告的规定,新生儿由院方医护人员在婴儿室看护3日。3日后,原告乙同被告交予的男婴一同出院,该男婴取名赵某,由二原告抚养至今。2001年4月6日,赵某在大学参加义务献血时,得知自己的血型为AB型,二原告方知赵某并非其亲生子。后经多方寻找,并经辽宁省公安厅进行DNA亲子鉴定,结论为二原告与赵某无血亲关系,与原告乙同在被告处生产的李某某之子孙某系二原告亲生子。造成这一后果的直接原因是被告疏于管理。二原告诉请依法判令被告赔偿直接经济损失及精神损害赔偿金。被告通化市人民医院主张原告的诉讼请求已超过20年法定最长诉讼时效期间,不应受法律保护。二审法院认为,本案原告20年的时间不知权利受到侵害,不能主张权利,属于《民法通则》第137条规定的"特殊情况",本案可以延长诉讼时效期间,因此驳回被告的时效抗辩主张。

(四)"禁止诉讼时效滥用"的法理

侵害自然人的生命、身体和健康的侵权行为,造成受害人的死亡或者严重残疾,如果事实证据确凿、因果关系清楚而加害人又有赔偿能力,却因适用诉讼时效的效果致受害人及其亲属得不到任何赔偿,不仅将使受害人或依赖其扶养的亲属坠入痛苦和绝望的深渊,也悖离法律设诉讼时效制度的目的而违背社会正义。因此,发达国家和地区的法院,于这种情形,以诉讼时效滥用为由,拒绝加害人援用诉讼时效的抗辩,判决加害人承担损害赔偿责任。此项判例规则,受到民法学界的肯定,被称为禁止诉讼时效滥用的法理。

鉴于科学技术和工业交通事业的高速发展,使人类面临各种各样的、防不胜防的危险,造成死亡和严重残疾人数剧增。粗略估计,单我国每年因高压输电设施、高速运输工具等高度危险源所造成的死亡和严重残疾人数,就在数十万以上。受害人多数属于社会生活中的弱者,因种种原因未及时主张权利,致时效期间届满而得不到任何赔偿的实例,比比皆是。本条第 2 款末句规定,“有特殊情况的,人民法院可以根据权利人的申请决定延长”(20 年长期诉讼时效期间),其立法意旨,与发达国家和地区所谓“禁止诉讼时效滥用的法理”相同。但人民法院以“特殊情况”为由决定延长诉讼时效期间,仅限于 20 年长期诉讼时效。现实生活中,受害人虽然知道权利受侵害及加害人(3 年普通时效期间开始计算),而因种种原因在 3 年普通时效期间届满之后起诉,没有适用时效中止、中断的可能,将不能得到任何救济。尤其在受害人死亡、严重残疾情形下,加害人明明有经济实力亦不予赔偿,实在有悖于社会正义及民法悲悯情怀。鉴于《民法典》已经明文规定禁止权利滥用原则

（第 132 条），人民法院审理侵害生命、身体、健康致受害人死亡或者严重残疾的侵权案件，即使 3 年普通时效期间已经届满，如果事实证据确凿、因果关系清楚且加害人有予以赔偿的经济实力，应当果断适用《民法典》第 132 条禁止权利滥用原则，否定加害人的时效抗辩，判决加害人承担损害赔偿责任。

第一百八十九条　分期履行债务时效期间的起算

当事人约定同一债务分期履行的，诉讼时效期间自最后一期履行期限届满之日起计算。

本条规定分期履行债务时效期间自最后一期债务的履行期限届满之日起计算。例如，分期付款买卖、银行按揭贷款、租赁合同的租金，均属于分期履行的债务。按照本条规定，分期履行债务，无论其分多少期履行，均属于同一债务，适用同一诉讼时效期间，而此诉讼时效期间自最后一期债务履行期限届满之日起计算。条文具体准确，易于掌握，毋庸赘言。

第一百九十条　对法定代理人的请求权

无民事行为能力人或者限制民事行为能力人对其法定代理人的请求权的诉讼时效期间，自该法定代理终止之日起计算。

无民事行为能力人、限制民事行为能力人，须由法定代理人代为实施民事法律行为及代为行使权利。其与法定代理人之间的债权债务,若由其法定代理人代为行使权利,法定代理人有滥用其代理权损害无民事行为能力人、限制民事行为能力人合法利益之虞。且由法定代理人代理权利人对法定代理人自己行使权利(起诉)构成自己代理,违背《民法典》禁止自己代理之规则。因此,无民事行为能力人、限制民事行为能力人,将无法行使对于法定代理人的请求权。

本条规定,无民事行为能力人、限制民事行为能力人对其法定代理人的请求权,在法定代理关系存续期间,诉讼时效不开始进行,自该法定代理关系终止之日起开始计算诉讼时效期间。所谓法定代理关系终止,包括两种情况:(1)无民事行为能力人、限制民事行为能力人取得(恢复)完全民事行为能力,其法定代理关系终止。这种情形,权利人已经享有完全民事行为能力,可以自己行使对原法定代理人的请求权。(2)法定代理关系因法定代理人被撤销监护人资格而终止,这种情形须待新法定代理人(监护人)就职之时起,诉讼时效期间开始计算。这种情形,可以由新法定代理人代理权利人行使对原法定代理人的请求权。

第一百九十一条　未成年人受性侵害的请求权

未成年人遭受性侵害的损害赔偿请求权的诉讼时效期间,自受害人年满十八周岁之日起计算。

鉴于对未成年人的性侵害行为的特殊性,受害人自己属于限制民事行为能力人或者无民事行为能力人,不可能自己寻求法律救济。于监护人疏于履行监护职责甚至监护人自己就是加害人的情形,受害人往往得不到法律保护;受害人成年之后自己寻求法律保护,却因诉讼时效期间届满被法院拒绝受理或者予以驳回。为了给受性侵未成年人预留其成年之后寻求法律保护之机会,发达国家立法例有三种方案:方案一,为受性侵害的损害赔偿请求权规定足够长的时效期间,保障其成年之后能够寻求法律保护(诉讼时效期间尚未届满)。例如,《法国民法典》第 2226 条第 2 款规定:"对未成年人实施拷打或野蛮行为、暴力或性侵犯造成损害的,诉讼时效期间为 20 年。"方案二,规定受性侵害未成年人的损害赔偿请求权诉讼时效期间,于受害人成年且能够行使诉权之前不开始计算,以确保其成年之后能够获得法律保护。例如,《德国民法典》第 208 条规定:"基于性的自主决定(sexuellen Selbstbestimmung)受侵害的请求权,于受害人满二十一周岁前,时效不开始进行。时效开始时受害人与加害人处在家庭共同生活关系的,于共同生活关系解除前,诉讼时效不开始进行。"方案三,将受性侵未成年人损害赔偿请求权诉讼时效与性侵害犯罪行为的追诉时效相联系,规定于性侵害犯罪行为追诉时效届满之前诉讼时效亦不届满,以保障受害人可以行使损害赔偿请求权。例如,《荷兰民法典》第 3:310 条第 4 款规定:"对不满 18 周岁的女性的性侵害犯罪行为,损害赔偿的诉讼时效在犯罪的追诉时效届满前不届满。"三种方案,以第二种即德国的方案最为简便易行。故《民法典》总则编起草人参考德国的方案,创设本条规定。

第一百九十二条　诉讼时效期间届满的效力

诉讼时效期间届满的,义务人可以提出不履行义务的抗辩。

诉讼时效期间届满后,义务人同意履行的,不得以诉讼时效期间届满为由抗辩;义务人已经自愿履行的,不得请求返还。

各国家和地区关于诉讼时效效力的规定,可区别为三种类型:(1)实体权消灭主义。此种立法,将诉讼时效的效力规定为直接消灭实体权。系采纳德国学者温特夏德的主张。属于此种类型立法的代表为《日本民法典》,该法典第167条规定:债权,因10年时效期间不行使而消灭,债权或所有权以外的财产权,因20年时效期间不行使而消灭。(2)诉权消灭主义。此种立法,系采纳德国学者萨维尼(Savigny)的主张。萨氏认为,诉讼时效完成后,其权利本身仍然存在,仅诉权归于消灭,此为罗马法消灭时效之本旨。时效届满后的权利,因诉权消灭不能请求法院为强制执行,即成为所谓自然债。属于此种主义的立法,如1922年《苏俄民法典》第44条规定:起诉权,逾法律规定之期间而消灭。1994年《俄罗斯联邦民法典》亦采诉权消灭主义(第195条、第199条)。《匈牙利民法典》第325条第1款规定:时效完成的请求权,不能在法院强制执行。(3)抗辩权发生主义。系采纳德国学者欧特曼(Oertmann)的主张。欧氏认为,时效完成后,义务人因而取得拒绝履行的抗辩权。如义务人自动履行的,视为抛弃其抗辩权,该履行应为有效。此种主义如《德国民法典》第222条规定:消灭时效完成后,义务人有拒绝给付的权利。中国台湾地区“民法”、《葡萄牙民法典》、《国际商事合同通则》、《欧洲民法典草案》的规定与此相同。1964 年的《苏俄民法典》第 87 条规定:诉讼时效在起诉前过期,是拒绝应诉的理由。

在《民法通则》生效后的一段时间,学界曾经认为《民法通则》关于诉讼时效的规定系采纳诉权消灭主义。后经比较研究注意到,无论属于何种主义,其诉讼时效的效力都是一致的,即诉讼时效完成后,债务人可以拒绝履行债务。例如,我国《澳门民法典》第 297 条、我国台湾地区"民法"第 144 条、《德国民法典》第 214 条、《土库曼斯坦民法典》第 163 条,均明文规定,债务人可以拒绝履行债务。《法国民法典》《意大利民法典》《日本民法典》《俄罗斯民法典》《越南民法典》等虽无明文规定,因采实体权消灭主义,债权既已消灭,则债务人当然有权拒绝履行债务。在采请求权或诉权消灭主义的民法典,请求权或诉权既然消灭,权利人已不能通过法院强制义务人履行义务,则义务人之有权拒绝履行,当是题中应有之义。

2008 年,最高人民法院发布《关于审理民事案件适用诉讼时效制度若干问题的规定》(法释〔2008〕11 号,以下简称《诉讼时效解释》),其第 3 条规定:"当事人未提出诉讼时效抗辩,人民法院不应对诉讼时效问题进行释明及主动适用诉讼时效的规定进行裁判。"此项司法解释,表明中国裁判实务由诉权消灭主义,改为抗辩权发生主义。因此,本条第 1 款明确规定,"诉讼时效期间届满的,义务人可以提出不履行义务的抗辩"。即义务人因此享有抗辩权,可以据此对抗权利人的履行请求。

本条第 2 款规定,"诉讼时效期间届满后,义务人同意履行的,不得以诉讼时效期间届满为由抗辩;义务人已经自愿履行的,不得请求返还”。条文“义务人同意履行”,指对债务作出承认或者表示愿意履行的意思或者为债务履行提供担保。所谓义务人对债务作出承认,如与债权人达成分期或延期还款的协议,请求债权人准予延期还款的函件,以及在债权人催款的函件上签名或盖章等。所谓义务人表示愿意履行的意思,是指义务人作出愿意履行该给付的允诺。所谓义务人为债务履行提出担保,包括义务人为担保债务的履行而提供人的担保、物的担保或其他担保方式。条文“义务人自愿履行”,指义务人已实际履行义务,如已交货、已付款。

诉讼时效的效力除本条规定外,还有第三项效力:诉讼时效的完成(时效期间届满),不影响时效完成前已经适于抵销的债务的抵销。此在我国台湾地区“民法”第 337 条、我国《澳门民法典》第 841 条、《德国民法典》第 215 条、《意大利民法典》第 1242 条、《日本民法典》第 508 条、《土库曼斯坦民法典》第 453 条,均有明文规定。《法国民法典》虽无明文规定,但依其第 1290 条的规定,“债的抵销得依法律之效力当然发生,即使债务人不知,亦然”。则时效完成前适于抵销的债务,自两债务并存时起,已当然发生抵销的法律效力,自然不受此后完成的时效的影响。此项效力在《民法通则》虽无明文规定,但实务中已有据此判决的案例。[1]

第一百九十三条　法院不得主动适用时效

人民法院不得主动适用诉讼时效的规定。

罗马法时效制度有一项重要原则,即时效只能由当事人主张而不能由法庭主动援用。发达国家和地区民法,均继承了这一罗马法原则,禁止法庭主动适用诉讼时效。例如,《法国民法典》第2223条规定:法官不得自动援用时效的方法。《日本民法典》第145条规定:除非当事人援用时效,法院不得根据时效进行裁判。《意大利民法典》第2938条规定:法官不得依职权提起没有主张的时效。但是,在苏联为首的东欧社会主义国家,出于计划经济和单一公有制的要求,否定了这一罗马法原则。例如,1964年的《苏俄民法典》第82条规定,不论双方当事人申请与否,法院均应适用诉讼时效。

关于法院可否主动适用诉讼时效,《民法通则》并无明文规定,民法理论和裁判实践因受东欧社会主义民法的影响,在《民法通则》施行后的一段时间,曾经认为法庭和仲裁庭可依职权主动适用诉讼时效,而无须当事人主张。20世纪90年代以来,民法理论和实务界已经认识到,法庭不待当事人主张而主动适用诉讼时效,违背民法时效制度的本质和市场经济的要求,严重不利于人民和企业合法权益的保护,《诉讼时效解释》第3条明确规定:"当事人未提出诉讼时效抗辩,人民法院不应对诉讼时效问题进行释明及主动适用诉讼时效的规定进行裁判。"《民法典》总则编将此项司法解释上升为正式法律条文。本条规定,"人民法院不得主动适用诉讼时效的规定",当然也不得主动审查诉讼时效期间是否经过及不得就诉讼时效期间是否届满进行释明。

第一百九十四条　诉讼时效中止

在诉讼时效期间的最后六个月内,因下列障碍,不能行使请求权的,诉讼时效中止:

(一)不可抗力;

(二)无民事行为能力人或者限制民事行为能力人没有法定代理人,或者法定代理人死亡、丧失民事行为能力、丧失代理权;

(三)继承开始后未确定继承人或者遗产管理人;

(四)权利人被义务人或者其他人控制;

(五)其他导致权利人不能行使请求权的障碍。

自中止时效的原因消除之日起满六个月,诉讼时效期间届满。

所谓时效期间的中止,指在时效期间行将完成之际,有与权利人无关的事由而使权利人无法行使其请求权,法律为保护权利人而使时效期间暂停计算,待中止事由消灭后继续计算。

本条第 1 款规定:在诉讼时效期间的最后 6 个月内,因不可抗力或者其他障碍不能行使请求权的,诉讼时效中止。第 2 款规定,自中止时效的原因消除之日起满 6 个月,诉讼时效期间届满。

按照本条第 1 款规定,发生诉讼时效期间中止,须具备两项要件:

第一项要件是,须有阻碍权利人行使权利的法定原因(法定事由),包括:(1)不可抗力。所谓“不可抗力”,指“不能预见、不能避免且不能克服的客观情况”(《民法典》第 180 条第 2 款)。(2)无民事行为能力人或者限制民事行为能力人没有法定代理人,或者法定代理人死亡、丧失民事行为能力、丧失代理权。(3)继承开始后未确定继承人或者遗产管理人。(4)权利人被义务人或者其他人控制。[2](5)其他导致权利人不能行使请求权的障碍。[3]

第二项要件是,此障碍权利人行使权利的法定原因(法定事由),须发生在3年普通时效期间的最后6个月内。发生在最后6个月之前,不发生诉讼时效中止的效力。前已述及,20年长期时效期间,属于不变期间,不存在时效中止问题。

时效期间中止的效力,在于使时效期间暂停计算,待中止的原因消灭后,亦即权利人能够行使其请求权时,再继续计算时效期间。这里有一个问题,即继续计算的时效期间如果不足6个月,应否延长到6个月?各国民法诉讼时效制度关于时效期间中止,大抵有延长到6个月的规定。因此,本条第2款规定,“自中止时效的原因消除之日起满六个月,诉讼时效期间届满”。其意思很明确,自中止时效的原因消除(权利人能够行使请求权)之日起,继续计算的时效期间须满6个月,时效期间才能中止。换言之,继续计算的时效期间如果不够6个月,必须延长到满6个月。

第一百九十五条　诉讼时效中断

有下列情形之一的,诉讼时效中断,从中断、有关程序终结时起,诉讼时效期间重新计算:

(一)权利人向义务人提出履行请求;

(二)义务人同意履行义务;

(三)权利人提起诉讼或者申请仲裁;

(四)与提起诉讼或者申请仲裁具有同等效力的其他情形。

所谓时效期间的中断,指在有法定事由发生时,此前已计算的时效期间全归无效,待中断事由消灭后时效期间重新计算。时效期间中断与时效期间中止,其立法宗旨均在于保护权利人利益,但二者有下述区别:其一,发生中止的原因属于与当事人无关的客观情况,而发生中断的原因系当事人的行为,亦即取决于当事人的意思。其二,在时效期间中止,中止以前已经进行的时效期间有效,应与中止原因消灭后继续计算的时效期间合并计算;在时效期间中断,中断以前已经进行的时效期间无效,中断原因消灭后重新计算时效期间。其三,时效期间中止,中止原因应发生在时效期间的最后6个月内,才能发生时效中止的效力;而时效期间中断,中断原因无论发生在时效期间的哪一段,均应发生时效中断的效力。

按照本条规定,引起时效期间中断的法定事由如下:(1)权利人向义务人提出履行请求。依解释,此所谓"向义务人提出履行请求",应包括通知、催告义务人履行义务,要求侵权行为人承担责任。(2)义务人同意履行义务。(3)权利人提起诉讼或者申请仲裁。(4)与提起诉讼或者申请仲裁具有同等效力的其他情形。

第1项所谓"向义务人提出履行请求",究何所指?根据《诉讼时效解释》第10条第1款,应当包括:(1)当事人一方直接向对方当事人送交主张权利文书,对方当事人在文书上签字、盖章或者虽未签字、盖章但能够以其他方式证明该文书到达对方当事人的;

(2)当事人一方以发送信件或者数据电文方式主张权利,信件或者数据电文到达或者应当到达对方当事人的;(3)当事人一方为金融机构,依照法律规定或者当事人约定从对方当事人账户中扣收欠款本息的;(4)当事人一方下落不明,对方当事人在国家级或者下落不明的当事人一方住所地的省级有影响的媒体上刊登具有主张权利内容的公告的。根据《诉讼时效解释》第 19 条还包括:权利人对同一债权中的部分债权主张权利以及向债务人发出债权转让通知。

第 2 项,所谓"义务人同意履行义务",根据《诉讼时效解释》第 16 条,应包括:义务人作出分期履行、部分履行、提供担保、请求延期履行、制定清偿债务计划等承诺。

第 4 项"与提起诉讼或者申请仲裁具有同等效力的其他情形",根据《诉讼时效解释》第 13 条至第 15 条,包括:申请支付令;申请破产、申报破产债权;为主张权利而申请宣告义务人失踪或死亡;申请诉前财产保全、诉前临时禁令等诉前措施;申请强制执行;申请追加当事人或者被通知参加诉讼;在诉讼中主张抵销。还包括:权利人向人民调解委员会以及其他依法有权解决相关民事纠纷的国家机关、事业单位、社会团体等社会组织提出保护相应民事权利的请求。还应包括:权利人向公安机关、人民检察院、人民法院报案或者控告,请求保护其民事权利的。

时效期间中断的效力,在于使此前已经进行的时效期间归于无效,"从中断、有关程序终结时起,诉讼时效期间重新计算"。因发生中断的原因不同,其重新计算时效期间的起算点亦有不同:

(1)属于提起诉讼、提起仲裁、申请调解或向有关机构或机关要求保护民事权利等原因而致中断的,应从判决、裁定、裁决或调解协议生效或有关机构或机关作出决定之时起,重新计算时效期间。(2)属于以其他方式主张权利的,应从中断原因发生时起重新计算时效期间。(3)属于义务人同意履行义务的,亦应从中断原因发生时起重新计算时效期间。

第一百九十六条　不适用诉讼时效的请求权

下列请求权不适用诉讼时效的规定:

(一)请求停止侵害、排除妨碍、消除危险;

(二)不动产物权和登记的动产物权的权利人请求返还财产;

(三)请求支付抚养费、赡养费或者扶养费;

(四)依法不适用诉讼时效的其他请求权。

本条是关于不适用诉讼时效的权利的规定。第1项规定,停止侵害、排除妨害、消除危险请求权,不适用诉讼时效。包括基于所有权及其他物权的停止侵害、排除妨害、消除危险请求权,以及基于不动产相邻关系的停止侵害、排除妨害、消除危险请求权。基于所有权及其他物权的停止侵害、排除妨害和消除危险请求权,为所有权及其他物权的消极功能和重要内容,基于物权的性质和效力,不应适用诉讼时效。基于不动产相邻关系的停止侵害请求权、排除妨害、消除危险请求权,不适用诉讼时效,理由亦在于权利的目的,即这类权利的目的在解决权利纷争,发挥物权的效用。

本条第2项规定,不动产物权和登记的动产物权的权利人请求返还财产的请求权,不适用诉讼时效。不动产物权采登记生效主义,非经登记不生效力,若规定不动产物权及登记的动产物权的权利人请求返还财产的请求权适用时效,将与不动产、动产登记制度的基础相抵触。因此,不动产所有人和登记动产所有人的返还请求权不适用诉讼时效。

本条第3项规定,请求支付抚养费、赡养费和扶养费的请求权,不适用诉讼时效。因为受抚养、扶养或受赡养者一般是年幼、年老或其他缺乏劳动能力的人,抚养费、扶养费、赡养费是这些人生活的来源,若无此等费用,将严重影响他们的生活,甚至生存。

本条第4项规定"依法不适用诉讼时效的其他请求权",是一个兜底条款。条文"依法"一词,应当解释为,不仅指法律明文规定不适用诉讼时效的请求权,如本条规定;还应包括依据最高人民法院司法解释不适用诉讼时效的请求权、依据最高人民法院指导性案例不适用诉讼时效的请求权,以及"依照法律原理(法理)"不适用诉讼时效的请求权。这样解释,则下列请求权亦应不适用诉讼时效:(1)法人、非法人组织基于投资关系请求出资人缴付出资金额请求权,以及出资人的收益分配请求权。(2)基于存款关系的支付存款本金和利息的请求权。(3)基于债券关系的还本付息请求权。此处的债券包括公司债券、企业债券、政府债券等法律允许发行的债券。此三项请求权,按照最高人民法院司法解释(法释〔2008〕11号)第1条解释,不适用诉讼时效。[4](4)业主(建筑物区分所有人)应交纳的专项维修资金请求权,依据最高人民法院第65

号指导性案例,不适用诉讼时效。(5)基于财产共有关系的请求权。所谓基于财产共有关系的请求权,是指共有人基于共有关系请求分割共有物的权利。如分割合伙财产请求权和分割家庭共有财产的请求权等。按照民法原理(法理),此项权利虽名为请求权,实质上属于形成权而非请求权,故不适用诉讼时效。(6)继承人请求分配遗产的请求权。按照民法原理(法理),继承开始(被继承人死亡之时),被继承人生前所有全部财产即成为"遗产",归全体继承人共有。继承人请求分配遗产的权利,性质上属于请求分割共有物的形成权,而非请求权,故不适用诉讼时效。

第一百九十七条　诉讼时效的强行性

诉讼时效的期间、计算方法以及中止、中断的事由由法律规定,当事人约定无效。

当事人对诉讼时效利益的预先放弃无效。

本条第1款规定,当事人不得变更时效期间的长短及其计算方法,变更时效期间及其计算方法的合意无效。立法例关于法律规定的时效期间,当事人是否可以合意变更,有三种立法主义:

1. 时效规定属于强行性规定,不得由当事人依自由意思予以排除,时效期间不得由当事人协议予以加长或缩短,时效利益不得由当事人预先予以抛弃。当事人关于排除时效适用、变更时效期间或预先抛弃时效利益的约定,依法当然无效。瑞士、意大利、葡萄牙、希腊、俄罗斯、魁北克、巴西等民法采此规定。日本民法虽无明文规定,但民法学者作同样解释。

2. 允许当事人约定减轻时效,尤其是缩短时效期间,但不允许约定加重时效,尤其是延长时效期间。奥地利、荷兰、丹麦等国民法采此规定。《法国民法典》2008 年修正前、《德国民法典》2001 年修正前原第 225 条亦同。

3. 允许当事人约定减轻或加重时效,但设有一定限制。《法国民法典》2008 年修正后第 2254 条第 1 款第一句、第 2 款规定,当事人可以协议缩短或延长时效期间,亦可协议在法定的时效中止与中断事由之外增加其他事由。《德国民法典》2001 年修正后第 202 条第 1 款规定,在因故意而发生责任的情形,不得预先以法律行为减轻时效;第 2 款规定,不得超出自法定时效起算点起 30 年时效期间以外以法律行为加重时效。《匈牙利民法典》第 325 条第 2 款规定,当事人得协议缩短时效期间,其协议须为书面始生效力;时效期间短于 1 年者,当事人得以书面形式延长,但最长不超过 1 年,其他情形下延长时效期间的协议无效。西班牙、瑞典、丹麦、爱沙尼亚等国民法亦属此例。《国际商事合同通则》第 10.3 条第 1 款规定:当事人可以变更时效期间。《欧洲合同法通则》第 14:601 条第 1 款、《欧洲民法典草案》第二编第 7:601 条第 1 款规定:当事人可协议变更时效的规定,特别是缩短或者延长时效期间。

《民法通则》对此未有明文规定,但学者意见及裁判实践,多认为诉讼时效期间的规定属于强行性规定,绝对不得变更。《民法典》总则编起草人考虑,诉讼时效制度的本质是对民事权利的法定限制,关乎社会公共利益和法律秩序的统一,允许改变时效的立法效果如何,尚待观察研究。且考虑我国特殊国情,刚走上法治之路,如允许变更时效,难免影响法律秩序,有处于优势地位当事人通过变更时效损害相对人合法权益之虞,决定维持时效规定的强行性。根据《民法通则》以来的裁判实践和民法理论,参考我国台湾地区"民法"、我国《澳门民法典》以及《瑞士债务法》、《意大利民法典》、《俄罗斯民法典》等相关规定,制定本条。

本条第2款规定,预先抛弃时效利益的意思表示无效。按照对本款的反对解释,则事后抛弃时效利益的意思表示有效。所谓抛弃时效,是指时效完成(时效期间届满)后,债务人或其代理人作出自己不欲享受因时效完成而发生的法律上利益的意思表示。如债务人表示尽管时效已经完成,自己仍愿履行该债务,即为抛弃时效。抛弃时效,属于单方民事法律行为,须依意思表示为之,无须权利人接受或同意,自其成立时起发生法律效力。抛弃时效,可在诉讼中也可在诉讼外作出,可以是明示的也可以是默示的。明示的抛弃,是指债务人将其抛弃时效的意思以书面或口头的方式向相对人表示。默示的抛弃,是指债务人作出的、可以推定其有抛弃时效利益意思的行为。诉讼时效期间届满后,债务人自愿履行,即属于默示的抛弃。

时效抛弃的构成要件如下:(1)须于时效完成后为之。时效完成前,不得预先抛弃时效。(2)时效的抛弃,属于单方行为,抛弃人须有行为能力。(3)时效的抛弃,须由对时效完成所生利益有处分权的人,即债务人及其继承人为之。债务人为未成年人或者成年障碍者时,其监护人无权抛弃时效。

第一百九十八条　仲裁时效

法律对仲裁时效有规定的，依照其规定；没有规定的，适用诉讼时效的规定。

本条规定："法律对仲裁时效有规定的，依照其规定；没有规定的，适用诉讼时效的规定。"所谓"法律对仲裁时效有规定的"，如劳动争议仲裁的仲裁时效期间，法律规定为 1 年。(法律对仲裁时效期间)"没有规定的，适用诉讼时效的规定"，如《仲裁法》未规定商事仲裁的仲裁时效期间，则商事仲裁应当适用《民法典》规定的 3 年诉讼时效期间。

第一百九十九条　除斥期间

法律规定或者当事人约定的撤销权、解除权等权利的存续期间，除法律另有规定外，自权利人知道或者应当知道权利产生之日起计算，不适用有关诉讼时效中止、中断和延长的规定。存续期间届满，撤销权、解除权等权利消灭。

本条规定撤销权、解除权等权利的存续期间，不适用诉讼时效的规定。撤销权、解除权属于形成权，其权利存续期间称为"除斥期间"，区别于诉讼时效期间。除斥期间由法律规定，《民法典》第 152 条规定撤销权除斥期间，第 564 条规定解除权的除斥期间。除斥期间一旦届满，权利当然消灭，不存在(诉讼时效那样的)中止、中断和延长问题。但关于除斥期间的起算及是否存在中止、中断和延长,在上述条文中未有明文规定,故本条统一规定除斥期间的起算,不适用有关诉讼时效的中止、中断和延长的规定,除斥期间届满权利消灭,在实务上具有重要意义。

注　释

1　福州市中级人民法院(2007)榕民初字第575号民事判决。

2　实务中典型的情形是,权利人被羁押或服刑,多数判决肯定此类情况属于权利人被控制,有的判决认为属于其他导致权利人不能行使权利的障碍,均发生诉讼时效中止的效力。

3　实务中法院认为属于“其他导致权利人不能行使请求权的障碍”,例如,权利人住院治疗、患传染病被隔离。

4　《诉讼时效解释》第1条:下列债权请求权不适用诉讼时效:(1)支付存款本金及利息请求权;(2)兑付国债、金融债券以及向不特定对象发行的企业债券本息请求权;(3)基于投资关系产生的缴付出资请求权;(4)其他依法不适用诉讼时效的债权请求权。

期间计算

时间也属于法律事实之一种，且时间在法律事实中占有重要位置，其适用亦最频繁。

第二百条　期间计算方法

民法所称的期间按照公历年、月、日、小时计算。

民法关于期间的计算方法，分为自然计算法与历法计算法。所谓自然计算法，系按实际时间精确计算的方法。例如，约定从本日10时起的2日，即自该时起计足48小时，为期间届满。依此计算法，以一日为24小时，一月为30日，一年为365日。此自然计算法，所得结果固然精确，但有欠简便，用以计算长期间，则颇不方便。

所谓历法计算法，指按日历所定之日、月、年进行计算的方法。例如，约定1日之期间，则自零时迄于24时；约定1月之期间，则从月之1日至月之末日;约定1年之期间,则自元月1日至12月31日。此历法计算法不论月之大小,年之平闰,悉依历之所定。其计算简便,但缺点在欠精确。

两种计算法,在以日定期间的情形,结果并无不同。问题在于,以月或年定期间的情形,其计算结果有差异。例如,约定1个月的期间,从2月1日起算,如采历法计算法,则应于2月28日(平年)或2月29日(闰年)届满;而采自然计算法,则应算足30日,至3月2日或3月1日届满。两种计算方法,所得结果既有差异,则期间之计算究竟采用何种计算法,不能不由法律明确规定。此即《民法典》总则编设立本章之立法理由。

本条规定,"民法所称的期间按照公历年、月、日、小时计算。"从条文"按照公历"四字可知,《民法典》采历法计算法无疑。应予说明的是,在以日、小时定期间的情形,两种计算法并无不同,故本条规定采历法计算法,其实际意义在于以年、月定期间的计算。条文中未区别连续期间与非连续期间,应解释为:连续期间采历法计算法,非连续期间应以采自然计算法为宜。

第二百零一条　期间之起算

按照年、月、日计算期间的,开始的当日不计入,自下一日开始计算。

按照小时计算期间的,自法律规定或者当事人约定的时间开始计算。

本条第1款规定:“按照年、月、日计算期间的,开始的当日不计入,自下一日开始计算。”例如,于4月1日约定3日的期间,则应从4月2日起算至4月4日24时届满。以年、月计算期间也是如此,开始的当日不计入,而自下一日开始计算。

本条第2款规定:“按照小时计算期间的,自法律规定或者当事人约定的时间起计算。”例如,约定自本日9时起的3小时,则从该日9时起算至12时届满。

第二百零二条　期间之终止日

按照年、月计算期间的,到期月的对应日为期间的最后一日;没有对应日的,月末日为期间的最后一日。

期间之终止点既为期间最后一日之终止点,则如何决定期间之最后一日至关重要。此在以日定期间的情形,则算足该期间之日即为最后一日,不致发生问题。在以年、月定期间的情形,则因是否正好自年、月之第一日起算而有不同。若在以年、月第一日起算的情形,则当然以该期间之末日即年终(日)、月终(日),为期间最后一日。若不以年、月之第一日起算,则应如何确定期间最后一日?

本条规定:“按照年、月计算期间的,到期月的对应日为期间的最后一日;没有对应日的,月末日为期间的最后一日。”此所谓“对应日”,指与起算之日名称或数字对应之日。例如,起算之日为12日,则凡12日为对应日。如遇最后之月无与起算日对应之日,则应以该月之末日为期间最后一日。

第二百零三条　法定假日顺延

期间的最后一日是法定休假日的,以法定休假日结束的次日为期间的最后一日。

期间的最后一日的截止时间为二十四时;有业务时间的,停止业务活动的时间为截止时间。

本条第1款规定:“期间的最后一日是法定休假日的,以法定休假日结束的次日为期间的最后一日。”因中国采行每星期五日工作制,则应解释为如遇最后一日是星期六、星期日或其他法定休假日,应以休假日的次日为期间最后一日。

本条第2款规定:“期间的最后一日的截止时间为二十四时;有业务时间的,停止业务活动的时间为截止时间。”依此规定,则凡属于有业务活动时间的,如营业时间、办公时间,则应以规定停止营业或办公的时间为期间之终止点。例如,业务时间为8时至17时,则应以期间最后一日的17时,为终止点;而无业务活动时间的,则应以期间最后一日的24时,为终止点。

第二百零四条　特别规定、约定优先

期间的计算方法依照本法的规定,但是法律另有规定或者当事人另有约定的除外。

按照本条规定,如果对于期间的计算方法,法律另有规定或者当事人另有约定的,应当依照法律规定或者当事人约定的计算方法,而不适用本章的规定。其理自明,毋庸赘言。

图书在版编目(CIP)数据

民法总则讲义 / 梁慧星著. -- 2 版(修订本). -- 北京 : 法律出版社, 2021(2025.2 重印)
ISBN 978 - 7 - 5197 - 5086 - 2

Ⅰ. ①民… Ⅱ. ①梁… Ⅲ. ①民法—总则—基本知识—中国 Ⅳ. ①D923.1

中国版本图书馆 CIP 数据核字(2020)第 210715 号

民法总则讲义(修订版)
MINFA ZONGZE JIANGYI
(XIUDINGBAN)

梁慧星 著

责任编辑 吴 昉
装帧设计 凌点工作室

出版发行	法律出版社	**开本**	787 毫米×1092 毫米 1/32
编辑统筹	法律教育出版分社	**印张**	12.125 **字数** 242 千
责任校对	王晓萍 王语童	**版本**	2021 年 1 月第 2 版
责任印制	刘晓伟	**印次**	2025 年 2 月第 2 次印刷
经 销	新华书店	**印刷**	三河市兴达印务有限公司

地址:北京市丰台区莲花池西里 7 号(100073)
网址:www.lawpress.com.cn 销售电话:010 - 83938349
投稿邮箱:info@lawpress.com.cn 客服电话:010 - 83938350
举报盗版邮箱:jbwq@lawpress.com.cn 咨询电话:010 - 63939796

书号:ISBN 978 - 7 - 5197 - 5086 - 2 **定价**:58.00 元
凡购买本社图书,如有印装错误,我社负责退换。电话:010 - 83938349